A ECONOMIA
DESUMANA

David Stuckler e Sanjay Basu

A ECONOMIA DESUMANA

COMO AS POLÍTICAS PÚBLICAS AFETAM A NOSSA SAÚDE

Tradução de
Maria Lúcia de Oliveira

1ª edição

best.
business
RIO DE JANEIRO – 2022

EDITOR-EXECUTIVO
Rodrigo Lacerda

GERENTE EDITORIAL
Duda Costa

ASSISTENTES EDITORIAIS
Thaís Lima
Caíque Gomes

ESTAGIÁRIA
Nathalia Necchy

REVISÃO TÉCNICA
Elfio Ricardo Doninelli Mendes

REVISÃO
Carlos Maurício da Silva Neto
Marcos Aurélio de Souza

DIAGRAMAÇÃO
Juliana Brandt

CIP-BRASIL. CATALOGAÇÃO NA PUBLICAÇÃO
SINDICATO NACIONAL DOS EDITORES DE LIVROS, RJ

Stuckler, David

S921e   A economia desumana: como as políticas públicas afetam a nossa
saúde / David Stuckler, Sanjay Basu; tradução Maria Lúcia de Oliveira.
– 1. ed. – Rio de Janeiro: Best Business, 2022.

Tradução de: The body economic: why austerity kills
Inclui bibliografia e índice
ISBN 978-65-5670-017-5

1. Economia – Aspectos sociais. 2. Política econômica. 3. Crises
financeiras – Aspectos sociais. 4. Saúde pública. 5. Justiça social.
I. Basu, Sanjay. II. Oliveira, Maria Lúcia de. III. Título.

                        CDD: 306.3
22-75678   CDU: 316.334.2

Meri Gleice Rodrigues de Souza - Bibliotecária - CRB-7/6439

Direitos exclusivos de publicação em língua portuguesa para o Brasil
adquiridos pela Best Business, um selo da Editora Best Seller Ltda.
Rua Argentina 171 - 20921-380 - Rio de Janeiro, RJ - Tel.: (21) 2585-2000,
que se reserva a propriedade literária desta tradução.

Impresso no Brasil

ISBN 978-65-5670-017-5

Seja um leitor preferencial Record.
Cadastre-se em www.record.com.br
e receba informações sobre nossos
lançamentos e nossas promoções.

Atendimento e venda direta ao leitor:
sac@record.com.br

EDITORA AFILIADA

A política não é mais que a medicina em grande escala.

Rudolph Virchow, 1848

Sumário

Prefácio   09
Introdução   17

PARTE I: HISTÓRIA

1. Atenuando a Grande Depressão   25
2. A crise de mortalidade pós-comunismo   45
3. De milagre a miragem   69

PARTE II: A GRANDE RECESSÃO

4. Deus proteja a Islândia   87
5. Tragédia grega   111

PARTE III: RESILIÊNCIA

6. Cuidar ou não cuidar   135
7. Voltando ao trabalho   149
8. Uma praga em todas as suas casas   165
   Conclusão: Curando o corpo econômico   183

Notas   191
Publicações de pesquisas   249
Agradecimentos   253
Índice   257

Prefácio

Gratos por sua participação neste estudo clínico. Talvez não se lembre de ter se registrado, mas você foi inscrito em dezembro de 2007, no início da Grande Recessão. Este experimento não seguiu as regras de consentimento informado nem os procedimentos de segurança médica. Seu tratamento não foi administrado por médicos ou enfermeiros. Foi dirigido por políticos, economistas e ministros das Finanças.

Durante este estudo, você foi submetido, junto com bilhões de outras pessoas em todo o mundo, a um dos dois importantes tratamentos experimentais oferecidos: austeridade ou estímulo. Austeridade é um medicamento que se destina a reduzir sintomas de dívidas e déficits e a curar recessões. Inclui cortes nos gastos públicos com serviços de saúde, auxílio a desempregados e auxílio a moradia. Quando este teste foi iniciado, seus potenciais efeitos colaterais não eram bem compreendidos.

Quando o experimento de austeridade teve início, você tinha um prognóstico sombrio e incerto. Nos Estados Unidos, a bolha imobiliária explodiu em 2007, derrubando economias em todo o mundo. Alguns políticos, como o primeiro-ministro inglês David Cameron, decidiram seguir uma política de austeridade para reduzir déficits. Em outras regiões da Europa, o Fundo Monetário Internacional e o Banco Central Europeu pressionaram os governos da Grécia, da Espanha e da Itália a fazer experimentos de austeridade: cortar bilhões de dólares nos programas sociais. Se você recebeu uma dose experimental de austeridade, é possível que tenha notado algumas graves mudanças no mundo à sua volta.

Entretanto, outros políticos escolheram investir em programas de saúde e em redes de segurança social. Se você estivesse no grupo de países que adotaram políticas de estímulo — ou seja, se você vive atualmente na Suécia, na Islândia ou na Dinamarca —, sua comunidade terá sido maciçamente afetada pelo desemprego e pela recessão, mas, em grande medida, foi poupada da austeridade. Em vez disso, seus governos usaram fundos de estímulo para reforçar as redes de segurança social e os sistemas de saúde durante a recessão. Se você estivesse vivendo em um desses países, talvez não tenha notado muitas mudanças em sua vizinhança, nas filas de espera no hospital, nos preços dos alimentos ou no número de pessoas desabrigadas.

Esse experimento não foi o primeiro caso de embate entre estímulo e austeridade. Oitenta anos atrás, um dos maiores testes desse tipo foi feito nos Estados Unidos. Como saída para a Grande Depressão, o presidente Franklin Delano Roosevelt propôs uma série de programas conhecidos como New Deal, que foram aprovados pelo Congresso. O New Deal criou empregos e fortaleceu as redes de segurança social. Mas, enquanto vários governos estaduais nos Estados Unidos adotavam os novos programas, outros se recusaram a implementá-los. Em consequência, esses estados tiveram resultados inteiramente diferentes dos primeiros. A saúde pública melhorou nos estados pró-New Deal, mas não nos que se opuseram à proposta. Há duas décadas, a austeridade também foi testada na Rússia pós-comunismo e na Ásia Oriental, e produziu resultados incrivelmente semelhantes.

Esses experimentos forneceram *insights* fundamentais sobre as principais conclusões deste livro: as escolhas econômicas não são apenas questões de taxas de crescimento e déficits, mas questões de vida e morte.

A economia desumana lida com dados e com as histórias por trás desses dados. Ao longo da última década, nós estivemos preocupados com uma questão: como nossa saúde é afetada por crises econômicas — inclusive pela Grande Recessão atual. Nosso interesse não é apenas acadêmico — é pessoal.

Ambos já passamos por situações de vulnerabilidade financeira e pelas consequências que tiveram em nossa saúde. David abandonou o ensino médio para seguir sua paixão e tocar em uma banda. A música não rendia muito dinheiro (e, retrospectivamente, a banda não era lá essas coisas) e ele passou a fazer alguns bicos, trabalhando como garçom e fazendo serviços de manutenção em um conjunto de apartamentos para conseguir pagar os gastos básicos. Mas quando, sem aviso prévio, ele foi demitido, não conseguiu pagar o aluguel. Viveu em uma barraca, depois no carro ou em sofás de amigos. Quando chegou o inverno, começou a adoecer. Tendo sofrido de asma desde a infância, pegou uma bronquite e, então, pneumonia. Enquanto estava sem trabalho, não tinha seguro saúde nem dinheiro ou um lugar onde morar por conta própria. Em algum momento, conseguiu se aprumar e entrar para a faculdade com o apoio da família. Estudou Economia e Estatística na área de saúde e descobriu que sua situação não era única: em toda a América, as pessoas estavam vivendo com o dinheiro do mês e sempre a um passo do desabrigo, precisando de ajuda exatamente como acontecera com ele.

Desde muito jovem, a vida de Sanjay também havia sido afetada por doenças. Durante anos, sua mãe esteve doente, com uma infecção pulmonar chamada coccidioidomicose (a "febre do vale" do sudoeste americano). Seu pai viajava de um estado a outro para conseguir trabalho e cobrir as despesas. A família entrava e saía de hospitais; máquinas de oxigênio eram entregues todas as semanas na garagem. Mas Sanjay era bom em matemática e, quando se matriculou como aluno de graduação no MIT, descobriu a matemática da vida e da morte — como as estatísticas descreviam as razões de alguns viverem e outros morrerem.

Nós nos encontramos na faculdade, estudando saúde pública e medicina porque queríamos ajudar a outras pessoas. Desde aquela época, estamos estudando como as políticas sociais e econômicas afetam nossa saúde, pois, em última instância, essas políticas têm maior poder de definir quem vive e quem morre do que qualquer pílula, cirurgia ou plano de saúde. A boa saúde não começa em hospitais e clínicas; ela inicia em nossas casas e nos nossos bairros, nos alimentos que comemos, no ar que respiramos, na segurança de nossas ruas. Na verdade, um dos principais indicadores de sua expectativa de vida é seu código postal. Isso porque grande parte daquilo que nos mantém saudáveis tem a ver com nosso ambiente social.[1]

Todas as pesquisas sobre saúde e políticas sociais apresentadas neste livro foram submetidas a uma ampla avaliação por especialistas. Importantes profissionais independentes — economistas, epidemiologistas, médicos e estatísticos — conferiram nossos dados, nossos métodos e a forma como apresentamos as conclusões. Baseamo-nos nas mais recentes pesquisas na área e também em muitos dos estudos que realizamos. Nosso trabalho tem sido publicado em destacadas revistas científicas e médicas, como *The Lancet, British Medical Journal* e *PLoS Medicine*, além de revistas de economia e ciências sociais.

No entanto, as publicações acadêmicas podem ser obscuras, e por isso este livro é uma tentativa de traduzir os dados em uma linguagem simples. Nosso objetivo é fornecer às pessoas as informações de que precisam para fazer escolhas bem embasadas e democráticas a respeito de sua economia e de sua saúde. Também queremos injetar provas concretas e testemunhos decisivos no debate sobre austeridade — um debate que vem sendo moldado muito mais por ideologia do que por fatos.

O debate político sobre a Grande Recessão tem sido intenso. Os defensores do livre mercado e os proponentes da austeridade tendem a acreditar na amortização de dívidas, independentemente do preço humano a ser pago. Alguns de seus oponentes acreditam na manutenção de uma robusta rede de segurança social, mesmo que isso signifique um menor crescimento econômico. Esse desacordo de longa data sobre princípios básicos degenerou em uma cacofonia de vozes estridentes e pontos de vista belicosos. E os dois lados têm falhado inteiramente em ver que o debate está girando em torno de uma falsa dicotomia.

Escolhas inteligentes de políticas podem impulsionar o crescimento sem produzir custos humanos. Muitas vezes, essas escolhas requerem investimentos iniciais em programas de saúde pública. Se administrados corretamente, esses programas podem ajudar a estimular o crescimento no curto prazo, além de trazer benefícios de longo prazo. Em outras palavras, nossos dados revelam que podemos ter boa saúde e, ao mesmo tempo, lidar com nossas dívidas. Mas, para se chegar a esse equilíbrio, é necessário financiar os programas governamentais adequados.

Na medicina, a fim de identificar os melhores medicamentos e tratamentos os médicos usam grandes experimentos aleatoriamente controlados (*randomized controlled trials*, ou RCT, em inglês). Mas é difícil, se não impossível, arrolar sociedades inteiras em experimentos desse tipo para testar e identificar nossas melhores políticas sociais. Assim, para compreender como as políticas afetam nossa saúde, usamos métodos estatísticos rigorosos para estudar o que se conhece como "experimentos naturais". Esses experimentos surgem, por exemplo, quando diferentes formuladores de políticas enfrentam problemas semelhantes, como uma grande recessão, mas escolhem cursos de ação diferentes. Essa divergência cria uma oportunidade para que nós, como pesquisadores, possamos aprender como as escolhas políticas acabam afetando nossa saúde, para o bem ou para o mal.

Podemos nos dar o luxo de pagar por programas de proteção social — assistência à saúde, atenção à saúde mental, auxílio-alimentação e programas habitacionais — quando estamos enfrentando uma grande dívida pública? Os resultados de nossa pesquisa demonstram que os gastos em programas específicos de saúde pública realmente reduzem a dívida pública, pois deflagram novo processo de crescimento econômico. Cada dólar investido nesses programas produz um retorno de três dólares no crescimento econômico, que podem ser usados para amortizar a dívida. Em contraste, aqueles países que adotam cortes abruptos no curto prazo acabam sofrendo declínios econômicos no longo prazo. Quando o governo corta seus gastos durante uma recessão, reduz drasticamente a demanda num momento em que já está baixa. As pessoas gastam menos; os negócios sofrem, e isso acaba levando a mais perdas de empregos e à criação de uma espiral viciada, com cada vez menor demanda e cada vez maior desemprego. Ironicamente, a austeridade tem um efeito oposto ao buscado. Longe de diminuir a dívida, a austeridade a aumenta à medida que a economia desacelera. E, assim, a dívida piora no longo prazo quando não estimulamos o crescimento econômico.

As consequências econômicas da austeridade já podem ser vistas nos primeiros resultados dos experimentos dos Estados Unidos e do Reino Unido. Conforme mostrado, a seguir, na Figura P.1, os dois países sofreram um grande colapso econômico depois do desastre financeiro de Wall Street. A partir de 2009, quando o presidente Obama assumiu o cargo, os Estados Unidos começaram a seguir a via do estímulo. Aquela escolha marcou uma virada decisiva na recessão americana — desde então, a economia vem se recuperando, e agora o PIB é maior do que antes do início da crise. Em contraste, depois que os conservadores assumiram o poder no Reino Unido em 2010, o governo britânico começou a cortar bilhões de libras nos gastos públicos. Sua economia vem se recuperando a uma taxa que é menos da metade da taxa americana; ainda não se alcançou a recuperação total, e agora há sinais de que o país está entrando em uma temida recessão *"triple dip"*, ou seja, num terceiro mergulho recessivo desde o início da crise em 2008.

Esse padrão — os benefícios dos estímulos, os malefícios da austeridade — revela-se em quase um século de dados sobre recessões e desempenho econômico em países espalhados por todo o mundo.

Figura P.1. A economia dos Estados Unidos está se recuperando após estímulo, mas o Reino Unido ainda está em recessão após austeridade[2]

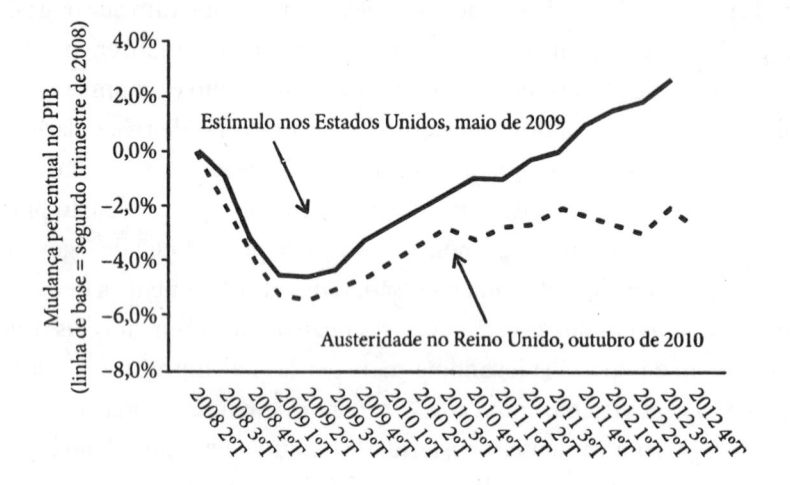

O pensamento convencional sustenta que as recessões são inevitavelmente ruins para a saúde humana. Assim, deveríamos esperar um aumento nos casos de depressão, suicídio, alcoolismo, surtos de doenças infecciosas e muitos outros problemas de saúde. Mas isso é falso. As recessões apresentam tanto ameaças quanto oportunidades para a saúde pública, e às vezes podem até melhorar os resultados. A Suécia sofreu um maciço colapso econômico no início da década de 1990, maior do que o enfrentado na Grande Recessão, mas não teve nenhum aumento no número de mortes associadas a suicídios ou alcoolismo. Da mesma forma, nesta recessão temos visto a saúde melhorar na Noruega, no Canadá e até para alguns grupos nos Estados Unidos.[3]

Figura P.2. Gastos com seguridade social aumentam a expectativa de vida ao nascer, 2008[4]

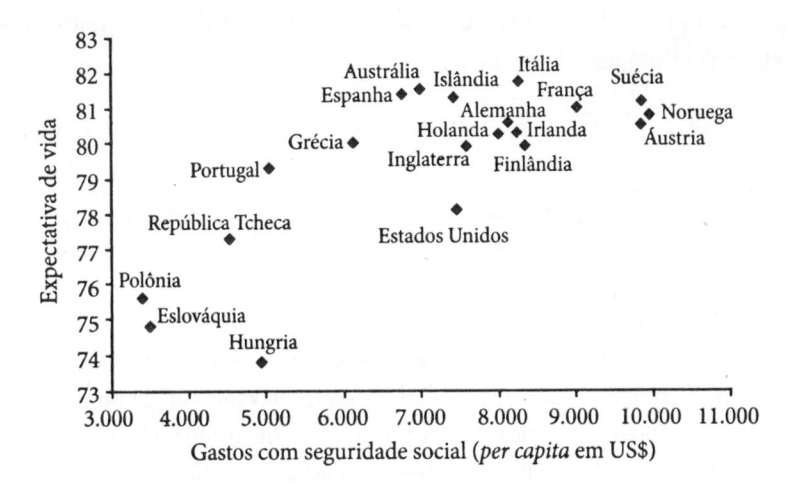

O que descobrimos foi que o verdadeiro perigo para a saúde pública não é a recessão propriamente dita, mas a austeridade. Quando as redes de proteção social são cortadas, os choques econômicos decorrentes da perda de um emprego ou de uma casa podem se transformar em uma crise de saúde. Como mostrado na Figura P.2, um forte determinante de nossa saúde é a solidez de nossas redes de proteção social. Quando o governo investe mais em programas de bem-estar social — programas habitacionais, auxílio-desemprego, pensões para idosos e serviços de saúde —, a saúde melhora pelas razões que explicaremos. E isso não é uma mera correlação, mas uma relação de causa e efeito vista em todo o mundo.

É por isso que a Islândia — sacudida pela pior crise bancária da história — não registrou um número crescente de mortes durante a Grande Recessão. O país escolheu manter seus programas de bem-estar social e foi ainda mais longe, reforçando-os. Em contraste, a Grécia, a cobaia europeia para testar a austeridade, foi pressionada a realizar cortes draconianos — os maiores vistos na Europa desde a Segunda Guerra Mundial. No início, sua recessão era menor do que a da Islândia, mas agora piorou em consequência da austeridade. Os custos humanos ficaram dramaticamente evidentes: um aumento de 52% nos casos de aids, o dobro de suicídios, número crescente de homicídios e o retorno da malária — tudo isso enquanto programas de saúde cruciais eram cortados.

Além de consistentes, esses perigos decorrentes da austeridade são também profundos. Na história, e em pesquisas realizadas durante várias décadas, o preço da austeridade tem sido registrado nas estatísticas de morte e na contagem de corpos.

Uma parcela excessiva das conversas em torno da Grande Recessão tem se centrado nas perdas do PIB, nos déficits e na redução de dívidas. E muito pouca atenção tem sido dada às questões relativas à saúde e ao bem-estar humanos. Em março de 1968, o senador Robert Kennedy criticou essa fetichização do crescimento econômico:

> Nosso produto interno bruto ultrapassa agora oitocentos bilhões de dólares por ano, mas esse produto interno bruto — caso devamos julgar por ele os Estados Unidos da América —, esse produto interno bruto inclui poluição do ar e propaganda de cigarros e ambulâncias para atender às vítimas da carnificina em nossas estradas. Ele inclui trancas especiais para nossas portas, e prisões para aqueles que as quebram. Inclui a destruição das sequoias e a perda de nossas maravilhas naturais sacrificadas à expansão caótica. Inclui napalm, e inclui ogivas nucleares e carros blindados para a polícia combater as rebeliões em nossas cidades. Inclui os programas de televisão que glorificam a violência a fim de vender brinquedos para nossos filhos.
>
> Mas o produto interno bruto não leva em conta a saúde de nossas crianças, a qualidade da educação que recebem ou a alegria de suas brincadeiras. Não inclui a beleza de nossa poesia ou a durabilidade de nossos casamentos, a inteligência de nossos debates públicos ou a integridade de nossos funcionários. Não mede nossas habilidades nem nossa coragem; não mede nossa sabedoria nem nosso saber; tampouco nossa compaixão ou nossa devoção ao país; mede tudo, em suma, exceto aquilo que faz a vida valer a pena, e pode nos dizer tudo sobre a América, exceto nossas razões para nos orgulharmos de ser americanos.[5]

Nós levamos a sério a proposição de Robert Kennedy. Em *A economia desumana*, centramos a atenção nas escolhas feitas pelos governos e nas implicações dessas escolhas não apenas para as economias, mas também para nossos corpos. Dispomos agora de grande quantidade de dados que revelam quais as medidas que matam, e quais as que salvam vidas. Como cidadãos, podemos apelar a nossos governos para que tomem as decisões corretas — decisões que protejam nossa saúde durante tempos difíceis.

Introdução

Olivia se lembra de estar pegando fogo.

Tinha 8 anos e estava apavorada com o som de pratos se espatifando no chão da cozinha. Era mais uma briga dos pais. Ela subiu a escada até seu quarto e se escondeu debaixo de um travesseiro. Exausta de chorar, adormeceu.[1] Acordou com uma dor lancinante no lado direito do rosto. O quarto estava escurecido de fumaça. Seu lençol havia pegado fogo. Gritando, ela correu para fora do quarto e caiu direto nos braços de um bombeiro que subia a escada em disparada. Ele a envolveu inteiramente em uma coberta. Mais tarde, ela ouviu as enfermeiras no hospital sussurrando que o pai havia posto fogo na casa num ataque de fúria etílica.

Isso foi na primavera de 2009, durante a atual Grande Recessão. O pai de Olivia, que trabalhava na indústria de construção, havia sido despedido. Milhões de americanos haviam se juntado às listas de desemprego; alguns se voltaram para as drogas ou, como no caso deste pai, para o álcool.[2]

O pai de Olivia acabou na prisão. Ela precisou de intensos tratamentos para as queimaduras e, sem dúvida, precisará de anos de psicoterapia para curar as cicatrizes mentais daquela noite pavorosa.

Mas Olivia sobreviveu. Outros não tiveram tanta sorte.

Três anos mais tarde, e do outro lado do mundo (e a meio mundo de distância), na manhã de 4 de abril de 2012, Dimitris Christoulas saiu em direção ao prédio do Parlamento grego no centro de Atenas. Aos 77 anos de idade, ele não via nenhuma outra saída. Dimitris se aposentara como farmacêutico em 1994, mas estava tendo dificuldade para comprar seus remédios. A vida havia sido boa, mas o governo grego reduzira sua pensão e tudo ficara intolerável.[3]

Naquela manhã, Dimitris foi até a praça Sintagma, no centro da cidade. Subiu os degraus do Parlamento, encostou um revólver na cabeça e declarou: "Eu não estou cometendo suicídio. Eles estão me matando." E puxou o gatilho.

Mais tarde, foi divulgado um bilhete encontrado em sua mochila.[4] Nele, Dimitris equiparava o novo governo ao muito odiado governo de Georgios Tsolakoglou que, durante a Segunda Guerra Mundial, colaborou com os nazistas:

> O governo Tsolakoglou aniquilou todas as possibilidades de minha sobrevivência, que estava baseada em uma pensão muito digna que eu próprio paguei durante 35 anos sem nenhuma ajuda do Estado. E como minha idade avançada não me permite uma forma de reagir dinamicamente (embora, se um companheiro grego empunhasse uma Kalashnikov, eu me poria logo atrás dele), não vejo nenhuma outra solução além desse digno fim que dou à minha vida antes que me encontre um dia revirando latas de lixo para poder sobreviver. Acredito que pessoas jovens, sem nenhum futuro, um dia pegarão em armas e enforcarão os traidores deste país na praça Sintagma, assim como fizeram os italianos com Mussolini em 1945.

"Isso não foi suicídio", disse alguém mais tarde, durante um protesto. "Ele foi assassinado." Uma pessoa que pranteava sua morte pregou uma nota em uma árvore perto do lugar onde Dimitris morreu. "Basta! Chega!", dizia. "Quem será a próxima vítima?"

Olivia e Dimitris podem ter estado a 8 mil quilômetros de distância um do outro, mas suas vidas foram entrelaçadas pelos fios da pior crise econômica já vista desde a Grande Depressão. Dado que somos dois pesquisadores da saúde pública — um em Stanford, na Califórnia, e o outro em Oxford, na Inglaterra —, ficamos preocupados com a ideia de que a Grande Recessão cobraria seu preço e cairia pesadamente sobre os corpos das pessoas. Ouvíamos histórias de nossos pacientes, amigos e vizinhos que haviam perdido seus seguros-saúde, mas também sofrido danos que abrangiam muito mais que suas dificuldades com o posto de saúde ou a farmácia, infiltrando-se na própria estrutura de suas vidas — em sua possibilidade de comprar alimentos saudáveis, de evitar o alto estresse de perder um emprego e manter um teto sobre a cabeça. Ficávamos nos perguntando qual seria o impacto da Grande Recessão sobre as taxas de doenças cardíacas, de suicídio e depressão, e até de disseminação de doenças contagiosas. Em busca de respostas, garimpamos dados de todas as partes do mundo e séries históricas que cobriam décadas de recessões anteriores. Descobrimos que a saúde pública pode ser profundamente afetada por choques econômicos. Algumas de nossas descobertas já eram esperadas. Quando as pessoas perdem empregos, têm maior probabilidade de recorrer a drogas ou a bebidas ou de se suicidar. Quando perdem suas casas ou ficam atoladas em dívidas, frequentemente passam a consumir *junk food*, seja para encontrar algum consolo ou simplesmente para economizar dinheiro.

Por mais trágicos que sejam, os infortúnios de pessoas como Olivia e Dimitris não surpreendem. Mais de seiscentos cidadãos gregos se mataram em 2012. Antes da Grande Recessão, a Grécia tinha a mais baixa taxa de suicídios da Europa. Agora, a taxa dobrou.[5] E a Grécia não está sozinha. Os suicídios em outros países da União Europeia vinham caindo sistematicamente durante mais de vinte anos, até que teve início a Grande Recessão.

Mas, em nossa pesquisa global, também encontramos algumas surpresas. Algumas comunidades, até nações, ficaram *mais saudáveis* que nunca à medida que suas economias eram devastadas. A Islândia atravessou a pior crise bancária de todos os tempos, mas, na verdade, a saúde da população melhorou. A saúde na Suécia e no Canadá também melhorou. A Noruega alcançou a maior expectativa de vida de toda a sua história. Mas isso não tinha nada a ver com o clima frio! O Japão, que havia sofrido uma "década perdida" em consequência dos efeitos prolongados de recessões periódicas, agora informa algumas das melhores estatísticas de saúde do mundo.

Alguns economistas examinaram esses dados e concluíram que as recessões produziam "um estilo de vida que era uma bênção disfarçada", pois causavam aqueles ganhos em saúde. Graças à perda de renda na Grande Recessão, argumentaram, as pessoas ficaram mais saudáveis: bebiam e fumavam menos e, em vez de usar o carro, caminhavam. Eles descobriram que, em muitos lugares, as recessões estavam correlacionadas a uma queda nas taxas de mortalidade. Lançando um olhar sombrio sobre o futuro, um economista predisse que uma recuperação econômica mataria 60 mil pessoas nos Estados Unidos. Esses pronunciamentos excêntricos e contrários à intuição são contestados pelos dados de Departamentos de Saúde de todo o mundo. Durante a Grande Recessão, a expectativa de vida nos Estados Unidos pareceu cair em alguns municípios pela primeira vez nas últimas quatro décadas. Em Londres, houve um aumento de 2 mil infartos na fase mais caótica do mercado. E as pilhas de relatos de casos de morte por suicídio e por bebidas continuavam a crescer em nossas escrivaninhas.[6]

Esses dados eram um quebra-cabeça. Como explicar que algumas pessoas tivessem ficado mais saudáveis durante recessões, enquanto outras terminaram como Olivia e Dimitris?

As respostas podiam ser encontradas na política da Grande Recessão. A eleição presidencial de 2012 nos Estados Unidos ajudou a definir uma controvérsia aparentemente eterna entre austeridade e estímulo, entre arrecadação e serviços. E, pasmem: a austeridade perdeu! O presidente Barack Obama fez uma campanha baseada no aumento dos impostos dos ricos e em investimentos em serviços sociais, e ganhou. À medida que os Estados Unidos vão lentamente saindo da recessão, outros países devem ficar atentos, observando. O Reino Unido, sob o governo do Partido Conservador desde 2010, decretou um regime de austeridade que, de acordo com dados de janeiro de 2013, dá sinais de estar reconduzindo o país à recessão.

Ao longo da última década, examinamos enormes pilhas de dados e relatórios em busca de respostas. Austeridade ou estímulo? Cortes ou aumento nos impostos dos ricos? Cortes ou aumento nos serviços para os pobres? Para encontrar respostas, viajamos do mais frio gulag na Sibéria às zonas de meretrício de Bangcoc e à maior unidade de tratamento intensivo nos Estados Unidos. Os dados que coletamos conduziram, inquestionavelmente, a esta conclusão: as sociedades que se livraram de epidemias durante recessões quase sempre tinham fortes redes de segurança, forte proteção social.

Desastres como o inferno de Olivia e o suicídio de Dimitris nem sempre fazem parte do cenário de recessões econômicas. Em vez disso, são consequências de uma simples escolha política — uma escolha que socorre os banqueiros e corta as redes de proteção de todo o restante da sociedade. Descobrimos que bastam algumas poucas decisões cruciais para impedir que uma recessão se transforme numa epidemia. E nossa pesquisa mostra que a austeridade inclui políticas sociais das mais mortíferas. As recessões podem ferir, mas a austeridade mata.

Houve uma época em que o maior assessor econômico do mundo, o Fundo Monetário Internacional (FMI), era um dos principais proponentes de medidas de austeridade que cortavam as redes de proteção durante recessões. Em um relatório recente, o Fundo reverteu sua política. Agora, acha que a austeridade efetivamente desacelera as economias, agrava o desemprego e abala a confiança dos investidores. Na Europa, o empresariado está vociferando contra a austeridade depois de ver a demanda secar. As políticas de rede de proteção que defendemos não apenas melhoram a saúde das pessoas, mas também as ajudam a retornar ao trabalho, conservar os rendimentos e manter a economia funcionando em tempos difíceis.[7]

Coletivamente, perdemos de vista aquilo que é o mais importante. Dívidas, receitas e crescimento são importantes. Mas, quando perguntamos às pessoas em todo o mundo o que mais valorizam, elas não puxam as carteiras dos bolsos nem falam da última reforma que fizeram em suas casas, ou das marcas de seus carros, nem mesmo da última engenhoca que viram na loja da Apple. Em pesquisa após pesquisa, as pessoas são consistentes sobre aquilo que mais lhes importa: acima de tudo, dizem, elas valorizam sua saúde e a de suas famílias.

Suponhamos que reformulemos o debate para focalizar a "economia do corpo": os efeitos das políticas econômicas sobre a saúde. Dado que nossas escolhas econômicas têm um enorme impacto sobre a saúde, elas devem passar pelo mesmo teste rigoroso que aplicamos a outras coisas que a afetam, como se faz com os medicamentos. Se for requerido que as políticas econômicas se provem "seguras" e "eficazes" como qualquer outra droga sendo aprovada para nossos pacientes, pode ser que tenhamos uma oportunidade de tornar nossas sociedades mais seguras e mais saudáveis. Em vez disso, no momento, naqueles países em que a austeridade está em ascensão, estamos todos sendo submetidos a um maciço e não testado experimento com a saúde humana, e a única coisa que podemos fazer é contar os mortos.

O preço da austeridade é calculado em vidas humanas. E as vidas perdidas não retornarão quando o mercado de ações se recuperar.

PARTE I

HISTÓRIA

1

Atenuando a Grande Depressão

"Eu nunca os perdoarei", escreveu Kieran McArdle, um garoto de 13 anos, ao *Daily Record*, um jornal de circulação nacional baseado em Glasgow, na Escócia. "Não conseguirei encarar a morte do meu pai até conseguir que lhe façam justiça."[1]

Brian, o pai de Kieran, tinha 57 anos e havia trabalhado como guarda de segurança em Lanarkshire, perto de Glasgow. No dia seguinte ao natal de 2011, Brian teve um ataque cardíaco que o deixou com o lado esquerdo paralisado, cego de um olho e sem conseguir falar. Não podia mais continuar a trabalhar para sustentar a família, e apresentou ao governo britânico um pedido de auxílio-invalidez.

O governo, que estava nas mãos do primeiro-ministro conservador David Cameron desde as eleições de 2010, não se mostrou nada amigável com os McArdles. Cameron afirmou que centenas de milhares de ingleses estavam fraudando o programa de auxílio-invalidez do governo. O Departamento de Trabalho e Pensões permitiu-se discordar, estimando que menos de 1% dos fundos de auxílio-invalidez ia para pessoas que não eram realmente inválidas.[2]

Ainda assim, Cameron continuou a cortar bilhões de libras dos benefícios da previdência social, incluindo o auxílio a pessoas inválidas. Numa tentativa de atingir as metas de Cameron, o Departamento de Trabalho e Pensões contratou a Atos, uma empresa francesa de "integração de sistemas". A Atos cobrou 400 milhões de libras para realizar avaliações médicas das pessoas que recebiam auxílio-invalidez.[3]

O pai de Kieran foi notificado de que deveria comparecer à Atos para se submeter a uma série de testes e verificar sua "adequação para o trabalho". Ele estava nervoso. Desde o derrame, tinha dificuldade para caminhar e angustiava-se pensando como sua cadeira de rodas motorizada conseguiria subir as escadas até o local do exame, pois soubera que 25% das avaliações de invalidez da Atos eram feitas em prédios sem acesso para cadeirantes. "Embora meu pai tivesse tido outro derrame poucos dias antes do exame, estava decidido a comparecer", disse Kieran. "Ele fazia o maior esforço para caminhar e falar, pois era um homem muito orgulhoso."[4]

Brian conseguiu chegar às instalações da Atos e, depois da avaliação, voltou para casa. Poucas semanas depois, a família recebeu uma carta do Departamento de Trabalho e Pensões: os benefícios haviam sido cortados. A Atos havia considerado que Brian estava "apto para o trabalho". No dia seguinte, ele teve um colapso e morreu.

Era difícil para nós, como pesquisadores da saúde pública, compreender a posição do governo. Afinal, o Departamento havia considerado que a fraude era uma questão relativamente irrelevante. Do total de benefícios concedidos, apenas 2 milhões de libras correspondiam a fraudes, um número muito inferior ao contrato da Atos, e o Departamento estimou que um dano muito maior estava sendo causado por falhas no sistema: a cada ano, deixavam de ser pagos 70 milhões de libras em benefícios devidos. Mas a ideologia fiscal do governo criara a força propulsora que alimentava os cortes radicais.[5]

Do outro lado do Atlântico, nos Estados Unidos, o presidente Barack Obama referia-se à recessão em curso como sendo a pior crise econômica desde a Grande Depressão. A comparação era adequada. As pessoas começaram a se voltar para os políticos e economistas da era da Depressão em busca de orientação sobre como proceder durante o novo período de retração. O presidente republicano Herbert Hoover e o presidente democrata Franklin Delano Roosevelt haviam governado durante a Depressão nos Estados Unidos, e o economista inglês John Maynard Keynes defendera uma política governamental ativista de gastos visando a estímulos para acabar com a Depressão.[6]

Nos primeiros meses de pânico de 2008, poucas pessoas questionavam a necessidade de se agir rapidamente para resgatar a economia. A dúvida gritante era como fazer isso: com aumento de gastos ou cortes orçamentários? Havia o medo real de que várias economias nacionais poderiam desabar se os bancos quebrassem. O setor financeiro tornara-se uma parte tão grande da vida econômica, que os políticos achavam que alguns bancos eram "grandes demais para falir". Se os deixássemos quebrar, diziam, o dano seria ainda mais catastrófico para a economia do que o alto preço de ajudá-los — haveria mais pânico, corridas caóticas aos bancos e menos dinheiro para empresários e pequenos negócios.[7]

Os governos dos Estados Unidos e de países europeus mobilizaram um pacote de resgate sem precedentes para o setor bancário. Embora os bancos tivessem perdido dinheiro privado, seriam usados fundos públicos dos contribuintes para socorrê-los — ao custo considerável de dois trilhões de dólares nos Estados Unidos e no Reino Unido. Observando esse aumento maciço do gasto público, Martin Wolf, um jornalista do *Financial Times*, proclamou: "Agora somos todos keynesianos." Talvez ele tenha falado cedo demais.[8]

Em resposta à gigantesca dívida governamental, políticos conservadores nos Estados Unidos e na Europa lançaram sua nova política econômica: uma compulsão de diminuir gastos, não com a redução dos benefícios especiais concedidos às corporações privadas, como os bancos, mas atacando os gastos com a seguridade social.

No Reino Unido, o argumento dos conservadores em defesa da austeridade era simples: o governo tinha uma enorme dívida pendente, e agora aquela dívida precisava ser paga. Caso contrário, tornar-se-ia cada vez mais difícil obter empréstimos e ficaria cada vez mais caro pagá-los. Ninguém, afinal, quer emprestar dinheiro a uma entidade que vive de créditos; por isso, as taxas de juros aumentariam, dificultando cada vez mais a amortização da dívida. Se passássemos a imprimir dinheiro, a inflação reduziria o valor de nossa moeda, criando tempos difíceis em uma economia já perturbada. Assim, argumentavam eles, a única opção era cortar os gastos com a seguridade social — pois os programas nesse setor, segundo Cameron, estavam desacelerando a economia.[9]

O argumento era simples, intuitivo e errado. Conforme disse o economista Paul Krugman, ganhador do Prêmio Nobel, isso equivalia a "afirmar que os restaurantes populares e a sopa dos pobres foram os responsáveis pela Grande Depressão".[10]

A dívida pública não é como a dívida pessoal. Se um de nós deixa de pagar uma parcela da hipoteca, corre o risco de danificar seu crédito e, possivelmente, até de perder sua casa. Assim, se devemos dinheiro, precisamos encontrar uma forma de pagá-lo o mais cedo possível. Mas a dívida pública não precisa ser paga de imediato — na verdade, seria perigoso fazer isso. Numa economia na qual estamos todos no mesmo barco, o gasto de uma pessoa é a renda de outra; por isso, quando o governo corta gastos, ele reduz a renda das pessoas, provocando queda nos negócios, aumentando o desemprego e alimentando um círculo vicioso de desaceleração da economia.

O ponto central na administração da dívida é manter as dívidas em um nível sustentável. Para ser sustentável, o pagamento da dívida pública deve ser mantido abaixo da taxa de receita derivada do crescimento econômico. Se isso acontecer, conseguimos sair da dívida, já que o estímulo econômico gera mais renda e mais receita tributária para diminuir a dívida. Mas os cortes orçamentários reduziram o ritmo do crescimento — e é exatamente por isso que, a despeito de todos os cortes radicais feitos pelo Reino Unido, os dados mais recentes mostram que a dívida britânica continua a aumentar.[11]

Sendo pesquisadores da saúde pública, ficamos chocados e preocupados com a falta de lógica dos defensores da austeridade e com os dados concretos sobre os custos humanos e econômicos dessas medidas. Percebemos que o impacto da Grande Recessão havia ido muito além da perda de casas e empregos. Tratava-se de um assalto maciço à saúde das pessoas. No cerne da discussão estava a pergunta sobre o que significa ser uma sociedade e qual é o papel adequado do governo para proteger as pessoas.

Os economistas vinham estudando a Grande Depressão em busca de orientação sobre como acabar com a Grande Recessão. Examinavam detalhadamente longas séries estatísticas sobre crescimento econômico. Nós tomamos uma direção diferente: começamos a escavar os arquivos do Departamento de Saúde Pública dos Estados Unidos para descobrir como e por que as pessoas haviam morrido durante a Depressão. Nem todos os padrões que encontramos eram sinistros — na verdade, constatamos que algumas pessoas haviam se tornado mais saudáveis durante a Grande Depressão. O que determinou sua saúde não tinha a ver apenas com ciclos econômicos, mas dependia, de forma crucial, de como os políticos haviam escolhido responder à crise. A Depressão revelou que algumas escolhas políticas podem, ao mesmo tempo, melhorar a saúde das pessoas e ajudar a economia a se recuperar.

A primeira pista de que estávamos no rumo certo veio com nosso entendimento de como havia começado a Depressão. Factualmente, ela é associada ao pânico que levou à venda de 16 milhões de ações na Terça-Feira Negra de 29 de outubro de 1929. Mas, na verdade, as raízes da Depressão estão em uma série de eventos notavelmente semelhantes aos encontrados na Grande Recessão: extrema desigualdade, uma bolha imobiliária e uma crise bancária.[12]

Nos últimos anos da década de 1920, os super-ricos americanos — os Ford, Vanderbilt, Carnegie e Rockefeller — eram os donos dos mercados financeiros do país. Esse grupo representava 1% da população e detinha mais de 40% da riqueza da América, e seus investimentos comandavam a ascensão e a queda dos preços das ações, bem como a bolha imobiliária. Houve uma "orgia de construção de apartamentos" na Flórida durante os frenéticos anos 20, quando terrenos em Miami foram comprados e vendidos até dez vezes em um mesmo dia. Os bancos que faziam empréstimos comerciais afrouxaram as exigências, e era fácil conseguir uma hipoteca. A dívida relacionada a hipotecas dobrou entre 1922 e 1928.[13]

Em dado momento, a bolha imobiliária estourou, levando ao colapso de 1929. Na Depressão que se seguiu, mais de 90 mil empresas quebraram, e pelo menos 13 milhões de americanos — um em cada quatro trabalhadores — ficaram desempregados. Meio milhão de agricultores perderam suas terras. Três em cada cinco americanos foram classificados como vivendo na pobreza. Acampamentos feitos com pedaços de caixas de papelão e barracas transformaram-se em favelas chamadas "Hoovervilles", numa alusão ao presidente Hoover. As filas para os restaurantes populares e as sopas dos pobres eram encontradas em toda parte.[14]

Quando começamos a examinar essas estatísticas da pobreza durante a Depressão, esperávamos constatar que o impacto sobre a saúde das pessoas havia sido sísmico, e trágico. E parte dele realmente foi. Depois da Terça-Feira Negra, as taxas de suicídio subiram. Embora fossem comuns os casos de corretores da bolsa e de banqueiros que saltavam da janela, um dos primeiros suicídios documentados foi o de um operário que trabalhava na construção do Empire State: havia sido demitido, e saltou do prédio para a morte. Ele era representativo do estresse imposto à classe trabalhadora. Na realidade, o risco de suicídios concentrava-se não entre aqueles que perderam suas apostas no mercado de ações, mas entre os que tinham as menores economias, as menores oportunidades de conseguir outro emprego depois de demitidos e o mais alto risco de perder suas casas ou não conseguir alimentar suas famílias se ficassem sem salário.[15]

Mas também fomos surpreendidos por algumas conclusões inesperadas. Por exemplo, um atuário da seguradora Metropolitan Life Insurance, dr. Louis Dublin, anunciou em 1932: "Nunca existiram condições de saúde tão satisfatórias nos Estados Unidos e no Canadá como durante os primeiros nove meses deste ano." Seu trabalho era acompanhar as taxas de mortalidade entre os 19 milhões de segurados da empresa. Ele descobriu que a mortalidade entre os segurados brancos estava bem abaixo do mínimo registrado em 1927; entre os negros, a taxa era a menor em uma década.[16]

Talvez nossas hipóteses sobre crises financeiras e saúde estivessem erradas. O estresse talvez não fosse suficiente para explicar as mortes de pessoas durante recessões. Alguma outra coisa deveria estar atuando. Mas, antes, precisávamos verificar se as estatísticas de Dublin estavam corretas. Uma possibilidade era que as estatísticas sobre pessoas com seguros estivessem contando apenas a metade da história. Quem compra seguros é quem tem melhor condição econômica, e os dados de seguradoras poderiam estar ocultando o quadro completo de sofrimento entre as pessoas mais pobres que não entravam na base de dados de Dublin.

No entanto, ao aprofundar a pesquisa, verificamos que outras fontes de dados confirmavam os relatos da empresa de seguros. O dr. Edgar Sydentricker, um estatístico do Departamento de Saúde Pública dos Estados Unidos, fez um estudo independente sobre atestados de óbito em todo o país e chegou à mesma conclusão. Em 1933, ele escreveu: "O ano de 1931 foi um dos mais saudáveis na história do país", acrescentando que, "após vários anos de grave estresse econômico, a taxa bruta de mortalidade alcançou o menor nível de que se tem registro. No país como um todo, a mortalidade de bebês e as mortes por tuberculose não cresceram; ao contrário, continuaram a declinar."[17]

Os especialistas em saúde pública estavam intrigados com as tendências mostradas pelos dados. O diretor de Saúde Pública dos Estados Unidos atribuiu as melhorias a um inverno suave, sugerindo que o bom tempo poderia ter mantido à distância uma "epidemia inevitável" de febre tifoide ou de coqueluche. Nem todo mundo estava convencido dessa explicação, especialmente porque aquele ano de inverno suave durante a Depressão havia sido uma exceção entre os invernos rigorosos de outros anos. Um argumento alternativo era que a Depressão em si era a explicação das melhorias na saúde, embora as razões disso não fossem óbvias. Talvez estudos de laboratório pudessem ajudar a esclarecer a questão e oferecer alguma explicação para a melhoria dos índices de mortalidade durante tempos de dificuldade econômica. Em 1928, o biólogo americano Raymond Pearl publicara um estudo clássico sobre moscas das frutas no qual concluía que as moscas que cresciam mais rapidamente eram as que tinham vidas mais curtas. Aplicando esses argumentos aos humanos, alguns comentaristas propuseram que o ritmo de vida alucinado dos *Roaring Twenties* — o estilo de vida agitado e tempestuoso, cheio de álcool e cigarros — havia produzido uma regressão nas tendências de saúde, que começaram a reverter à medida que a Depressão produzia um modo de vida mais calmo, "mais normal". Quando as pessoas perdiam empregos, já não trabalhavam o dia todo e talvez passassem mais tempo com a família ou decidissem fazer mais exercícios. E, quando tinham uma perda de renda, as pessoas beberiam e fumariam menos, ou caminhariam em vez de usar o carro. Todas essas mudanças contribuiriam para melhorar a saúde.[18]

Para verificar se essa era uma explicação plausível, fomos buscar a mais confiável fonte de dados disponíveis para o período: os atestados de óbito compilados pelos Centros de Controle e Prevenção de Doenças (Centers for Disease Control and Prevention, cuja sigla em inglês é CDC). Esses dados cobriam 114 cidades em 36 estados durante a década 1927-1937, antes e depois da Grande Depressão. Os atestados nos permitiram comparar o que aconteceu com a saúde das pessoas em diversos lugares e analisar as diferentes causas de morte para identificar padrões consistentes. Além disso, permitiram compreender quais eram as tendências da expectativa de vida antes do colapso de 1929. A partir disso, podíamos verificar se os eventos ocorridos durante a Grande Depressão estavam mudando tendências preexistentes ou se eram apenas parte de um padrão mais amplo de tendências na saúde pública, não relacionadas à crise econômica.[19]

Começamos analisando os dados dos Centros para verificar a exatidão dos relatórios de saúde pública produzidos pelas empresas seguradoras e pelo Departamento de Saúde Pública. Pudemos confirmar que as taxas de mortalidade caíram cerca de 10% durante a Grande Depressão em todos os Estados Unidos. Conforme mostrado, a seguir, nas Figuras 1.1 e 1.2, quando a Grande Depressão começou em 1929, a renda média caiu cerca de um terço, mas as taxas de mortalidade também começaram a cair. Quando teve início a recuperação, em 1933, as taxas de mortalidade começaram a subir novamente.

Figura 1.1. Renda estadual *per capita*, EUA, 1927-1973[20]

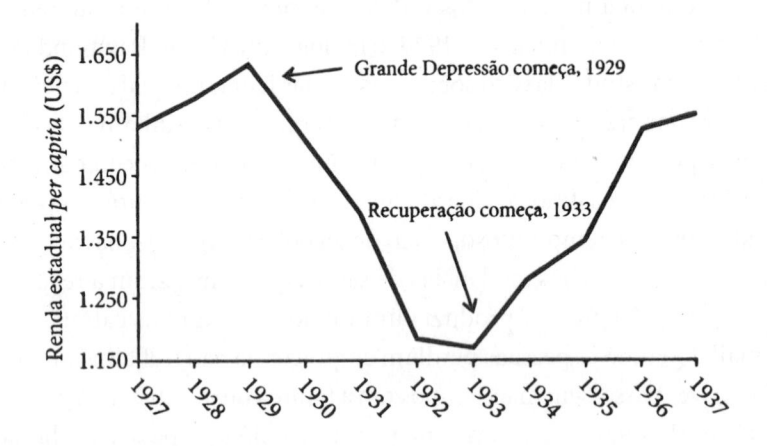

Figura 1.2. Tendências das taxas brutas de mortalidade (incluem todas as causas), EUA, 1927-1937[21]

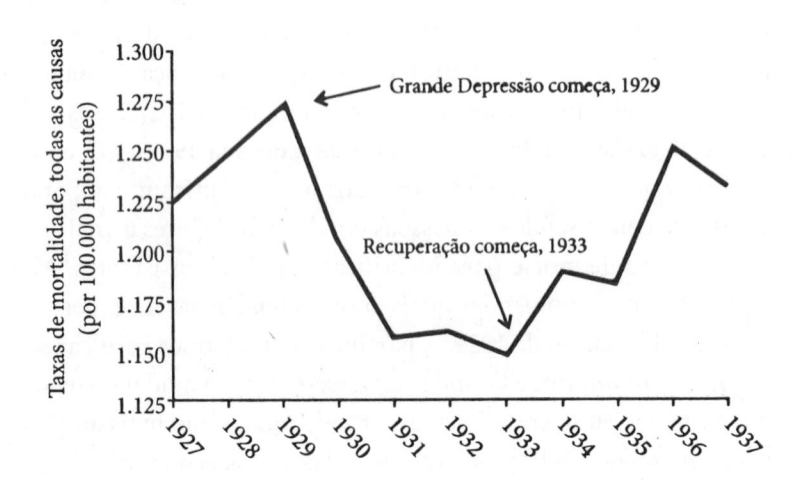

Quando consideradas as diferentes causas de morte, verificamos que estavam ocorrendo simultaneamente muitas mudanças complexas no setor de saúde. A mais importante era uma tendência básica que sempre ensinamos a nossos alunos de saúde pública: a transição epidemiológica. Essa transição refere-se a uma tendência geral encontrada nas sociedades em desenvolvimento, nas quais as pessoas morrem cada vez menos de doenças infecciosas transmissíveis, como a tuberculose, e cada vez mais de doenças não infecciosas não transmissíveis, como diabetes e câncer. Ou seja: à medida que as sociedades constroem sistemas de esgotos, a higiene melhora, as pessoas vivem em melhores condições de limpeza, têm mais acesso a alimentos nutritivos e diminui o número de bebês e crianças que morrem de diarreia e subnutrição. Além disso, aumenta a longevidade da maior parte das pessoas, que passam a ter doenças típicas da idade adulta e da velhice.[22]

Durante a Grande Depressão, parecia que a maior parte das mudanças nas taxas de mortalidade não estava sendo causada pela crise econômica propriamente dita. As principais causas eram devidas a tendências de longa maturação que já vinham ocorrendo como parte da transição epidemiológica. Por exemplo, as taxas de pneumonia e gripe haviam caído cerca de 10%, e as mortes por câncer e outras doenças não infecciosas estavam crescendo paralelamente ao longo do tempo — antes, durante e depois da Depressão.[23]

Queríamos saber como a Grande Depressão havia impactado a saúde das pessoas. Talvez ela tivesse ocorrido justamente numa época em que outras taxas de doenças estivessem mudando devido a fatores de longo prazo não associados aos problemas econômicos. Para esclarecer isso, usamos modelos estatísticos que podiam isolar e identificar o padrão de longo prazo da transição epidemiológica, distinguindo-o de flutuações de curto prazo relacionadas à Grande Depressão. Concentramos a atenção nas principais causas de morte para as quais é possível identificar mecanismos plausíveis que as ligam a problemas financeiros — como a conexão entre perda de emprego e suicídio, ou a conexão entre estresse agudo e infartos. Surgiu um padrão nítido: embora as taxas gerais de mortalidade tenham diminuído durante a Depressão, houve alguns aumentos em taxas específicas de mortalidade que foram mascarados pelo declínio geral das taxas. Na Depressão, os índices de suicídio mostraram um aumento significativo que estava ocultado pelo declínio geral das taxas de mortalidade. Conforme mostrado, a seguir, na Figura 1.3, a partir de 1929 as taxas de suicídio cresceram 16%, passando de 18,1 por 100.000 habitantes para 21,6 por 100.000 habitantes em seu ponto mais alto, em 1932.[24]

Figura 1.3. Tendências nas taxas de suicídio, EUA, 1927-1937[25]

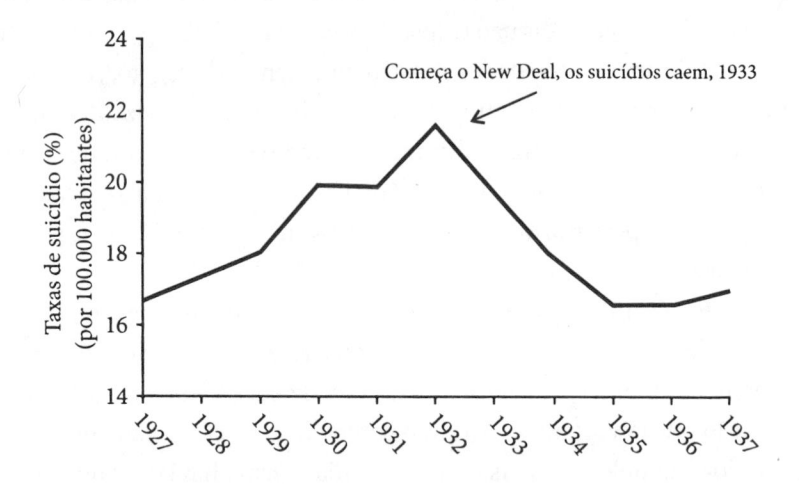

No entanto, ao examinar os dados mais detalhadamente, vimos que havia enormes variações entre os 36 estados que compunham a base de dados dos Centros de Controle e Prevenção de Doenças, com os suicídios aumentando a taxas diferentes em épocas diferentes. No estado de Connecticut, os suicídios deram um salto de 41%, mas, em Nova Jersey, chegaram a cair oito por cento. Usando modelos estatísticos, descobrimos que aqueles estados, como Connecticut, que haviam tido maior número de falências bancárias eram os que registravam os maiores aumentos nas taxas de suicídio.

Mas os suicídios são uma causa de morte relativamente rara. Assim, embora tenhamos descoberto que o colapso econômico estava associado a um aumento no número de pessoas que davam fim à própria vida, havia algo mais contrabalançando e superando o aumento do número de mortes por suicídio e levando a um declínio geral nas taxas de mortalidade durante a Depressão.

Aprofundando a análise dos dados, constatamos que o aumento de suicídios estava ocultado por um grande decréscimo nas taxas de mortalidade devido a acidentes de trânsito. Nas primeiras décadas do século XX, segurança no trânsito era um conceito escassamente compreendido, e os acidentes de carro haviam se tornado uma das principais causas de morte. No total do país, as mortes por acidentes de carro na década de 1930 excederam a soma das mortes por tifo, sarampo, escarlatina, difteria, coqueluche, meningite e parto. Mas, à medida que a Depressão se instalava, as tendências mudaram: o início dos anos 30 registrou a primeira queda no número de mortes no trânsito até então. A maior parte dos americanos já não podia se dar o luxo de comprar carros ou pagar a gasolina, e simplesmente havia menos trânsito nas vias. Quando examinamos os dados por estados, verificamos que aqueles em que a economia sofrera a maior retração também tiveram quedas paralelas no volume de trânsito e no número de mortes por acidentes de carro. Essas quedas ocorreram mais destacadamente nos estados que, de início, tinham os piores padrões de segurança no trânsito (em outras palavras, aqueles com o mais alto risco de morte por acidente de trânsito). Nesses casos, a recessão parecia ser uma boa coisa para a saúde das pessoas.[26]

Ficamos nos perguntando se essas tendências históricas na saúde também poderiam se aplicar à Grande Recessão atual. Quando examinamos os dados, verificamos que a evidência derivada de nosso exame da Grande Depressão realmente pressagiava um aumento nos suicídios e uma queda nas mortes por acidentes de carro durante esta recessão. Nos últimos anos, em todos os Estados Unidos, as taxas de suicídio se aceleraram e ultrapassaram as anteriores. Antes do aumento explosivo de execuções de hipotecas iniciado em 2007, os suicídios já estavam crescendo a uma taxa de um em cada 10 mil pessoas por ano. Quando começou a recessão, a taxa saltou para cinco em cada 10 mil pessoas por ano. No todo, estimamos que houve um aumento estatisticamente significativo de cerca de 4.750 suicídios "em excesso" durante a recessão, o que significa que esses foram suicídios que não teriam sido esperados se a recessão não tivesse ocorrido. No Reino Unido, também estimamos que houve aproximadamente mil suicídios em excesso durante o mesmo período.[27]

Se as tendências na área da saúde mental registradas durante a Grande Depressão também se aplicassem à recessão atual, então poderíamos esperar uma queda nas mortes por acidentes de carro. E, na verdade, houve 3.600 mortes a menos em 2010 — alcançando o número mais baixo em 66 anos. Havia menos trânsito nas ruas e estradas, especialmente quando os salários caíram e o preço do combustível aumentou durante a recessão, o que estava estatisticamente correlacionado à queda nas mortes por acidentes de carro. Relatos semelhantes sobre a redução dos acidentes de trânsito chegaram da Europa. A Irlanda do Norte informou o menor número de mortes nessa categoria já registrado no país, com um declínio sem precedentes de 50% nas mortes e de 20% nos casos de ferimentos graves. Ironicamente, isso levou os cirurgiões de Londres a reclamar da falta de órgãos para cirurgias de transplante em 2008, já que sua fonte habitual de suprimento — as mortes por acidentes de carro — havia secado.[28]

Alguns observadores têm interpretado essas tendências de forma bastante favorável. A NBC News estampou a manchete "Boas-novas! A recessão pode tornar você mais saudável." Mas essas interpretações estavam perdendo de vista as principais lições da Grande Depressão. Embora a Depressão parecesse trazer certa vantagem para a saúde, o que talvez fosse muitíssimo mais importante — tanto durante a Depressão quanto nas décadas que se seguiram — era como o governo americano escolheu responder à crise.

Estudamos dois grandes debates sobre políticas que ocorreram nos Estados Unidos durante a Grande Depressão. O primeiro girou em torno das bebidas alcoólicas. A época da Grande Depressão coincidiu com a vigência da proibição imposta pela apelidada "Lei Seca", também conhecida como lei Volstead (formalmente "Lei de Proibição Nacional", proposta pelo senador Andrew Volstead), aprovada em 1919, ordenava que "nenhuma pessoa deverá manufaturar, vender, trocar, transportar, importar, exportar, entregar, fornecer ou possuir nenhuma bebida alcoólica". No entanto, a lei dividiu o país. Naqueles estados que impuseram a Lei Seca rigorosamente, as pessoas se abstiveram ou foram forçadas a comprar bebidas alcoólicas (às vezes misturas artesanais bastante tóxicas, com metanol, chamadas "gim de banheira") em bares subterrâneos clandestinos. Mas outros estados — como Connecticut e a Califórnia — atravessaram todo o período apoiando a venda de bebidas alcoólicas. A combinação de falências de negócios e disponibilidade de álcool contribuiu parcialmente para que esses estados "molhados" tivessem taxas de suicídio mais altas em comparação com os que adotaram a Lei Seca. Mas, durante a Grande Depressão, os estados com as campanhas mais severas tiveram um resultado positivo: um número significativamente menor de mortes relacionadas à ingestão de bebida alcoólica. Nos estados molhados, como Connecticut, os índices de mortalidade associados à bebida foram 20% mais altos do que nos estados secos. Assim, a Lei Seca impediu cerca de 4 mil mortes nos estados secos, que teriam resultado do uso perigoso de bebidas alcoólicas durante a Depressão. Se tivesse sido igualmente aplicada em todo o país, a Lei Seca teria salvado pelo menos 7.300 vidas (não que estejamos defendendo uma volta à Lei Seca — estamos apenas colhendo uma lição que ela nos deixou).[29]

Talvez a prova mais convincente de que a Lei Seca protegeu as pessoas contra danos tenha sido revelada depois de sua revogação. No início dos anos 30, havia um protesto público contra a Lei Seca: era vista como uma das fontes da crescente criminalidade, pois gângsteres como Al Capone faziam operações ilícitas contrabandeando bebidas das fronteiras do Canadá e do México. Além disso, a Lei Seca também realçara a interferência do governo na vida das pessoas. Mas o argumento de política que levou ao fim da proibição de bebidas teve menos a ver, em última instância, com a ética ou a justiça criminal, e mais com a política da dívida. O presidente Roosevelt queria ganhar votos da classe operária e, ao mesmo tempo, dinamizar a vacilante economia dos Estados Unidos, estimulando o mercado de consumo. Sua resposta foi: que as pessoas comprem mais bebidas e paguem os impostos sobre elas. Conforme mostrado, a seguir, na Figura 1.4, as mortes relacionadas à bebida durante a Grande Depressão não dispararam até 1944, quando a Lei Seca foi revogada. Imediatamente depois, registrou-se um aumento marcante, e a tendência continuou durante várias décadas.[30]

Figura 1.4. Taxas de mortalidade por bebida alcoólica, EUA, 1927-1937[31]

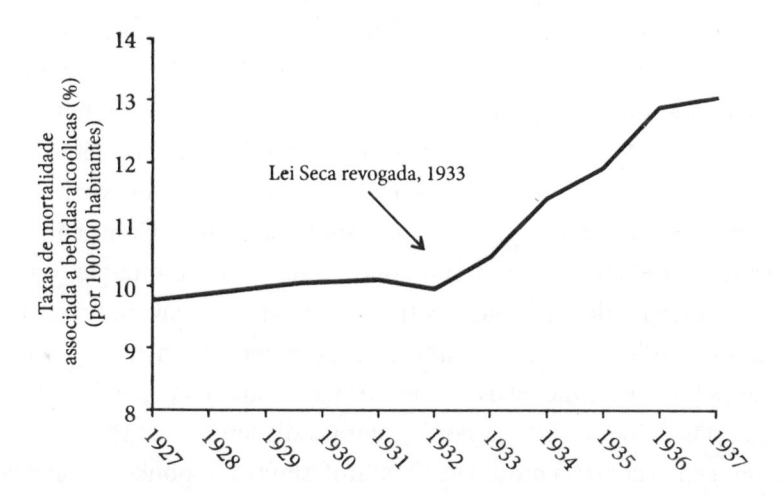

Mas a segunda política em debate nos Estados Unidos teve implicações ainda maiores para a saúde pública do que a relativa às bebidas alcoólicas. A discussão centrava-se no papel que caberia ao governo durante uma crise econômica.

No período que antecedeu a eleição de 1932, o eleitorado americano encontrava-se polarizado. A economia estava em ruínas, e o total da dívida americana havia saltado de 180% do PIB em 1929 para 300% em 1932, a taxa mais alta até então (e só superada durante a atual recessão). A guerra política desencadeada em torno da austeridade dividiu o país entre os que exigiam cortes orçamentários e os que demandavam programas de proteção social para ajudar os milhões que haviam perdido empregos e casas durante a Depressão. Deveria o governo intervir com mais gastos para resgatar a economia americana? Ou seria necessário cortar orçamentos para impedir um colapso adicional?[32]

A eleição contrapôs o presidente em exercício, o republicano Herbert Hoover, ao democrata Franklin Delano Roosevelt. Para os milhões de americanos afundados na pobreza, o conselho da campanha de Hoover de que as pessoas deveriam "sair do buraco por seus próprios esforços" parecia especialmente fora de sintonia com a realidade. Hoover acreditava que, se alguém devesse fornecer assistência aos desempregados e desabrigados, seriam as instituições de caridade particulares e os governos locais, não o governo federal.[33]

Embora, no início, a opinião de Roosevelt não fosse muito diferente dessa, ele sofria enormes pressões políticas da esquerda. Grande parte dessa pressão vinha de uma grande onda de agitações no meio operário. Entre 1929 e 1931, os salários dos trabalhadores na indústria automobilística tiveram uma queda de 54%. Em 1932, mais de 200 mil pessoas já haviam perdido o emprego e, um terço delas, demitidas das fábricas da Ford. Em 7 de março de 1932, em Dearborn, no estado de Michigan, 4 mil trabalhadores desempregados fizeram uma Marcha Contra a Fome. Haviam se juntado para protestar contra o destino comum que os unia: fome, pobreza e desemprego. Os trabalhadores carregavam faixas com slogans como "Queremos Trabalho, Não Queremos Pão nem Migalhas", e "Taxe os Ricos e Alimente os Pobres". A manifestação era pacífica até que os guardas de segurança da Ford tentaram dispersá-la. Dispararam gás lacrimogêneo contra a multidão. Os manifestantes responderam jogando pedras. E então os guardas de segurança da Ford atiraram contra eles, matando 14 manifestantes e ferindo cinquenta. O que havia começado como a Marcha Contra a Fome da Ford terminou como o Massacre da Ford.[34] A Marcha da Ford foi seguida por batalhas semelhantes em todo o país. Os trabalhadores começaram a se reunir, às vezes em novas organizações coletivas como o United Auto Workers Union (o sindicato da indústria automobilística), criado em 1935. Os super-ricos passaram a ser vistos como os acionadores da crise, dado seu envolvimento nos arriscados negócios de terras e nas transações financeiras que haviam precipitado a Terça-Feira Negra. Essa crítica popular aos ricos levou a uma grande expansão do apoio ao Partido Socialista dos Estados Unidos, formado, em grande parte, por agricultores que perderam suas terras e por operários industriais demitidos.[35]

A esquerda política tornou-se mais poderosa do que nunca na história dos Estados Unidos. Roosevelt estava cada vez mais preocupado com a possibilidade de que o apoio sindical ao candidato socialista à presidência, Norman Thomas, pudesse dividir o voto da esquerda e dar a Hoover um segundo mandato. Assim, ele prometeu implementar políticas de proteção social para ajudar os agricultores e os operários a se recuperar da Depressão. Essa promessa fez a balança pender a seu favor, e ele ganhou a eleição. No discurso de posse, Roosevelt disse: "Eu lhes prometo, e prometo a mim mesmo, um novo acordo (um *New Deal*) para o povo americano."[36]

Com o tempo, o New Deal incluiu programas fundamentais como a Federal Emergency Relief Act [Lei Federal de Ajuda Emergencial] e a Works Progress Administration [Agência para o Progresso de Obras Públicas], que deu trabalho a 8,5 milhões de americanos desempregados ao criar novos projetos de construção; a Home Owner's Loan Corporation [Corporação de Empréstimos a Proprietários de Casas], que evitou pelo menos um milhão de execuções hipotecárias; o Food Stamp Program [Programa de Cupons de Alimentação], que dava vouchers de alimentação aos que não podiam pagar uma cesta básica; a Public Works Administration [Agência de Obras Públicas], que construiu hospitais e fornecia vacinas para americanos que não podiam pagar; e a Social Security Act [Lei de Seguridade Social] para combater a pobreza entre os idosos.[37]

O New Deal teve um efeito monumental sobre a saúde pública. Embora não fosse concebido com essa intenção, seus programas significavam a diferença entre perder os cuidados médios e mantê-los; entre passar fome e ter comida suficiente na mesa; entre ficar desabrigado e ter um teto. Ao fornecer apoio indireto para a manutenção do bem-estar das pessoas, o New Deal foi, na realidade, o maior programa de saúde pública implementado nos Estados Unidos em todos os tempos.

Para estudar os efeitos do New Deal sobre a saúde pública, examinamos detalhadamente as diferenças entre as taxas de mortalidade registradas depois de sua implantação. Mas não podíamos simplesmente olhar o país como um todo, porque a saúde estava sendo afetada pela recessão em andamento e pela transição epidemiológica. Precisávamos medir as variações no grau de exposição de cada estado ao New Deal a fim de isolar estatisticamente o efeito dos programas de Roosevelt.

Para isso, buscamos pistas no cenário político do New Deal. Havia grandes diferenças entre os estados em termos do grau de adoção dos programas do presidente. Na pesquisa em ciências sociais, chamamos esse episódio histórico de "experiência natural", porque nos dá a oportunidade de identificar os efeitos de uma política. Em geral, constatamos que estados com governadores voltados para a esquerda, politicamente alinhados com Roosevelt, tendiam a investir mais nos programas do New Deal do que os governadores republicanos. Os políticos que apoiavam o New Deal financiavam maior número de programas de habitação, investiam mais em projetos de construção para gerar empregos e apoiavam os cupons de alimentação e a ajuda assistencial. Em contraste, os governadores conservadores tentavam minimizar os programas do New Deal, chegando a cortar os orçamentos estaduais a fim de reduzir déficits.[38]

Na pesquisa em ciências sociais, chamamos esse episódio histórico, em que os fortes contrastes entre as respostas dos estados à Grande Depressão criaram variação no grau de implementação do New Deal, de "experiência natural", porque nos dá a oportunidade de identificar os efeitos de uma política. Embora não fosse possível selecionar aleatoriamente alguns estados americanos que participariam do New Deal e outros que não participariam, como se faz em um experimento médico, as escolhas feitas pelos políticos criaram um laboratório no mundo real que nos permitiu verificar se os estados que gastaram mais com os programas do New Deal apresentavam, em consequência, melhores indicadores de saúde. Na pesquisa de ciências sociais, chamamos esses episódios históricos de um "experimento natural", pois nos dão a oportunidade de identificar os efeitos de determinada política. Estatisticamente, levamos em conta diversos outros fatores que poderiam afetar esses resultados, como diferenças demográficas, condições de saúde preexistentes, níveis de educação, renda e diversas outras variáveis de controle que incluímos em nossas análises.

Louisiana tornou-se a principal vitrine do New Deal. O governador Huey Long era um de seus mais eloquentes apoiadores, mas achava que o programa não tinha a abrangência necessária. Em 1934, lançou o movimento Share Our Wealth [Partilhe Nossa Riqueza] e reivindicou maiores impostos sobre os ricos e as empresas a fim de financiar obras públicas, escolas e benefícios previdenciários. Sob a liderança de Long, Louisiana investiu cerca de cinquenta dólares *per capita* por ano em programas de proteção social, enquanto os governadores da Geórgia e do Kansas destinaram apenas a metade disso. Louisiana criou novos programas de nutrição, saneamento e educação em saúde pública, dobrou os recursos para o sistema de hospitais públicos e forneceu vacinação gratuita para praticamente todas as pessoas que não podiam pagar por ela. Long criou escolas noturnas que ensinaram 100 mil adultos a ler, fundou a Escola de Medicina da Universidade Estadual da Louisiana, dobrou os fundos para o sistema de Santas Casas (hospitais públicos) e estendeu as vacinações a 70% da população — tudo isso durante a pior crise econômica da história.[39]

Os programas do New Deal e do Share Our Wealth fizeram uma diferença. E essa foi tão grande, que acabou criando um hiato significativo entre os estados que apoiavam o New Deal e aqueles que o rejeitavam, mesmo quando se comparavam estados que, antes da crise, mostravam situações semelhantes na saúde pública e na economia. As pessoas em Louisiana e em outros estados que implementavam as medidas do New Deal se beneficiaram significativamente, apresentando maiores declínios em doenças infecciosas, mortalidade infantil e suicídio, especialmente quando comparadas com pessoas em estados como a Geórgia e o Kansas, que não seguiram esse caminho.[40]

No conjunto, os programas do New Deal não apenas ajudaram a evitar desastres econômicos adicionais, mas estavam estatisticamente correlacionados a grandes e duradouras melhorias na saúde pública. A Grande Depressão criara condições que, de acordo com a expectativa dos especialistas em saúde pública, disseminariam doenças infecciosas, mas as infecções caíram gradualmente — e os maiores declínios ocorreram nas cidades e estados em que os programas habitacionais do New Deal ajudaram a impedir a aglomeração excessiva de pessoas em ambientes insalubres. Em média, no país como um todo, a cada cem dólares *per capita* gastos pelo New Deal foram evitadas 18 mortes por pneumonia em cada 100 mil pessoas — um avanço notável numa época em que os medicamentos efetivos para combater a doença ainda não eram amplamente disponíveis.

O New Deal também ajudou a melhorar as chances de sobrevivência das crianças, pois os programas de construção e reconstrução impediram que os acampamentos provisórios se transformassem em favelas onde as águas estagnadas e a superpopulação muitas vezes resultavam em diarreia e doenças respiratórias infantis. Em média, no país como um todo, a cada cem dólares *per capita* gastos pelo New Deal foram evitadas 18 mortes de crianças em cada mil nascimentos com vida.

E o New Deal estava associado à redução das taxas de suicídio. Como mostrado, anteriormente, na Figura 1.3, seu primeiro ano (1933) marcou o ponto de inflexão na curva, e os suicídios começaram a diminuir. Usando modelos estatísticos abrangentes para controlar outras explicações possíveis, descobrimos que cada cem dólares adicionais gastos *per capita* nos programas do New Deal estavam associados a um declínio significativo nos suicídios: quatro casos a menos em cada 100 mil pessoas.

Na ocasião, a comunidade médica americana ficou impressionada com os resultados. O dr. William Welch, presidente da Associação Médica Americana, afirmou que o investimento governamental em programas de saúde pública era não apenas uma questão de salvar vidas e melhorar a qualidade de vida das pessoas, mas também de se fazer investimentos acertados que beneficiariam a economia. "Qualquer redução indevida nos gastos com saúde", disse Welch, "com certeza será paga em dólares e centavos e em deterioração da saúde das pessoas em geral. Podemos demonstrar, convincentemente, que os benefícios para a economia e o bem-estar social derivados dos gastos com serviços de saúde pública excedem, em grande medida, os seus custos."[41]

Welch estava certo — os programas do New Deal eram financeiramente viáveis mesmo durante épocas de Depressão. Pelos padrões atuais, eles ainda valem o preço pago. As políticas de proteção social tinham uma relação custo-benefício tão boa quanto os medicamentos comuns quando se comparavam os custos por cada vida salva.[42]

No todo, os recursos desses programas de ajuda do New Deal representavam menos de 20% do PIB. E, além de reduzir as mortes, também apressaram a recuperação econômica. O New Deal produziu uma elevação imediata de 9% na renda média do americano, aumentando os gastos das pessoas e ajudando a criar novos empregos. Em vez de produzir uma espiral negativa de dívidas e déficits crescentes, conforme previsto por críticos do New Deal, o estímulo ajudou a economia americana a crescer e a sair da dívida.[43]

Na época, os políticos e o público não tinham acesso aos dados que hoje temos à nossa disposição. Retrospectivamente, é possível ver claramente os benefícios duradouros do New Deal, tanto para a economia quanto para a saúde pública.[44]

Sem dúvida, muitos dos efeitos da Grande Recessão sobre a saúde das pessoas serão diferentes daqueles vistos na Grande Depressão. Já não vigora a Lei Seca, e nossa pesquisa sobre mortes relacionadas à bebida alcoólica durante a Grande Recessão constatou que um maior número de ingleses e americanos está escolhendo se abster de álcool para economizar dinheiro. Mas também verificamos que um pequeno grupo de risco tem tido uma reação oposta diante da atual recessão: quando defrontadas com o desemprego, essas pessoas começaram a se embriagar sistematicamente. No Reino Unido, onde a maior parte das pessoas ainda está empregada e, de modo geral, bebendo menos, aquelas que ficaram sem trabalho durante a recessão tinham muito maior probabilidade de passar a beber pelo menos duas doses de álcool por dia. Do mesmo modo, a maior parte dos americanos está bebendo menos durante a Grande Recessão, mas existe um grupo oculto de cerca de 770 mil pessoas que agora bebem mais perigosamente, muitas vezes indo parar em prontos-socorros. Esses americanos sofreram um aumento súbito na mortalidade resultante de embriaguês aguda e de falência da função hepática.[45]

Dos dois lados do Atlântico, os líderes políticos estão diante de opções semelhantes àquelas enfrentadas por Hoover e Roosevelt. O povo dos dois países está sendo exposto a outro grande experimento natural. Sob as medidas de austeridade comandadas pelo primeiro-ministro inglês Cameron, estamos vendo, cada vez mais, histórias tristes como as de Brian McArdle e seu filho Kieran. A economia inglesa ainda não se recuperou, e a dívida continua a crescer. Enquanto isso, nos Estados Unidos, o presidente Obama está numa batalha constante com os "exterminadores de déficit" do Partido Republicado, mas tem insistido em manter a rede de proteção e fortalecê-la. Embora os estímulos americanos não sejam tão amplos e não cheguem a ser um New Deal, têm ajudado a conduzir o país, até agora, a uma recuperação lenta, mas real.

A Grande Depressão nos mostra que nem mesmo a pior catástrofe econômica precisa causar danos à saúde das pessoas se os políticos tomarem as medidas adequadas para proteger a saúde pública. A Grande Recessão envolve uma escolha política fundamental entre aplicar as lições da Grande Depressão e do New Deal ou avançar por um caminho inteiramente diferente que poderia ter consequências terríveis.

2

A crise de mortalidade pós-comunismo

D ez milhões de homens russos desapareceram no início da década de 1990. A República Russa da União Soviética tinha mais de 147 milhões de residentes. Sua população vinha crescendo na mesma taxa registrada no Reino Unido em 1990 e 1991, cerca de 0,3% ao ano. Mas, em 1992, a população russa começou a desaparecer. As Nações Unidas acompanhavam os dados populacionais de todos os países e, quando notaram essa queda, entraram em contato com uma equipe de pesquisadores na Rússia.[1]

A equipe de pesquisa saiu por todo o país para investigar. Os especialistas viram sinais de que alguma coisa estava errada quando chegaram às *mono-gorods* industriais (*gorod* significa "cidade pequena" em russo) criadas pelos soviéticos para apoiar as forças armadas e a economia, nas quais tudo era planejado nos mínimos detalhes. As *mono-gorods* receberam esse nome porque nelas existia apenas uma única empresa ou indústria; o Partido Comunista forçara cada uma a se especializar. Pitkyaranta, por exemplo, foi destinada a trabalhar com madeira; Norilsk era uma enorme fábrica de níquel; e diversas cidades siberianas foram concebidas para extrair carvão. Uma das cidades mineiras, Kadykchan, ficava enterrada na região de Magadan, nas profundezas da Sibéria. Havia sido construída pelos prisioneiros de Stalin durante a Segunda Guerra Mundial para fornecer carvão às forças armadas. Tudo na cidade girava em torno das minas, e, depois da guerra, os soviéticos planejaram e cuidaram de tudo o que seria necessário para os moradores: escolas e hospitais próximos às fábricas, moradias para os trabalhadores e suas famílias, e até *resorts* próximos à cidade onde as pessoas podiam passar um fim de semana. Todas as necessidades básicas estavam nos devidos lugares, concebidas para apoiar o único propósito da cidade: extrair carvão para o Estado soviético.

Quando a equipe de pesquisa chegou a Kadykchan e às pequenas cidades vizinhas, descobriu o que parecia uma cena de desastre pós-Chernobyl ou uma cidade fantasma: janelas quebradas e lojas fechadas com tapumes. A cabeça de uma escultura de Joseph Stalin, que, em épocas passadas, lançava um olhar severo do alto da prefeitura, havia desmoronado, e o queixo era agora um buraco cheio de ninhos de pássaros. Enormes usinas siderúrgicas soviéticas estavam canibalizadas, e os pedaços jaziam, silenciados, dentro de grandes blocos de gelo. Nas instalações, as ferramentas de metal eram agora montes de ferrugem, e o piso, transformado em horta, estava coberto de tomateiros e pés de batata.

Quando estavam no auge, as *mono-gorods* soviéticas tinham entre 10 mil e 100 mil habitantes, dependendo das necessidades da indústria. Houve uma época em que Kadykchan tinha 11 mil residentes. Em 1989, na época do último censo soviético, ali viviam 6 mil pessoas. Em 2000, quando chegaram os demógrafos russos, havia menos de mil. A população agora era composta basicamente por mulheres, crianças e *babushkas* (avós) que espiavam com curiosidade através de janelas quebradas.

Para onde haviam ido todos os homens?[2]

A resposta, conforme se concluiu, estava oculta na história da turbulenta transição da Rússia, que passou de uma República Socialista Soviética a uma economia de mercado ocidental. Os homens desaparecidos davam a medida de um colapso mais amplo que havia acompanhado a rápida transição para o capitalismo, e o fato resultou em uma enorme tragédia específica — uma crise demográfica que ainda assombra a Rússia até hoje, embora se tratasse, basicamente, de uma crise evitável.

A taxa de mortalidade pós-comunismo resultou não da decisão de se fazer a transição para o capitalismo, mas de escolhas de políticas específicas sobre como administrar a transição; aquelas escolhas tiveram consequências terríveis. No início dos anos 90, o sistema econômico da Rússia desabou. O PIB teve uma queda de mais de um terço, uma catástrofe numa escala jamais vista em nações industrializadas desde a Grande Depressão nos Estados Unidos. Em termos de poder de compra, a economia russa em meados da década estava reduzida ao equivalente aos Estados Unidos em 1897. Enquanto, oficialmente, o desemprego era zero na época anterior, havia saltado para 22% em 1998. Em 1995, as estatísticas do governo descobriram que a quarta parte da população estava vivendo na pobreza, mas os dados de uma pesquisa independente revelaram que a taxa era muito mais alta, chegando a mais de 40% da população. Passada uma década desde o início da transição para o capitalismo, o Banco Mundial estimou que 25% da população viviam com menos de dois dólares por dia. Nas antigas repúblicas da União Soviética, as pessoas relataram que não tinham dinheiro suficiente para cobrir suas necessidades nutricionais básicas.[3]

À medida que a União Soviética começou a se desintegrar, a queda de uma das cidades industriais deflagrou uma série de quedas num efeito dominó. As *mono-gorods* dependiam umas das outras para suprimentos e peças, materiais que não eram fabricados por nenhuma outra empresa do mundo. No tempo devido, quando uma empresa fracassava, levava na queda as *mono-gorods* que dela dependiam. Praticamente da noite para o dia, todo o propósito das cidades especializadas soviéticas deixou de existir. As pessoas ficaram abandonadas em cantos remotos da Sibéria, a milhares de quilômetros de cidades grandes como Moscou e São Petersburgo. Para sobreviver, comiam cascas de batata e coletavam raízes e bagas nas florestas. E havia o tédio, um tédio sem fim. Ninguém tinha o que fazer, nenhum lugar para onde pudesse ir e pouca esperança de um futuro melhor.[4]

Foi durante aquela rápida transição que os homens começaram a morrer a uma taxa cada vez maior. Durante a passagem da Rússia para uma nova economia de mercado, os homens nas cidades do interior e nas cidades grandes foram desaparecendo — não os velhos ou frágeis, mas homens jovens que, de outra forma, seriam a força vital da economia. O Bureau do Censo dos Estados Unidos havia previsto que a força de trabalho da União Soviética passaria de 149 milhões em 1985 para 164 milhões em 1998 — projeções que vinham sendo confirmadas até 1990. No ano seguinte, começou a queda, e a população ativa caiu para 144 milhões em 1998.[5]

Em 1999, logo depois que os dados populacionais foram publicados, a equipe de investigação das Nações Unidas publicou seu relatório oficial, alertando que "uma crise humana de proporções monumentais está emergindo na ex-União Soviética, pois os anos de transição têm tido um efeito literalmente letal sobre um grande número de pessoas." Conforme mostrado, a seguir, na Figura 2.1, a expectativa de vida entre os homens russos caiu de 64 anos para 57 anos entre 1991 e 1994.[6]

O que ficou conhecido como "a crise de mortalidade pós-comunismo" acabou se revelando a pior queda na expectativa de vida no último meio século em qualquer país que não estivesse em uma zona de guerra ativa ou passando por uma crise de fome generalizada.[7]

Mas a conexão entre o colapso econômico das *mono-gorods* e as taxas crescentes de mortalidade não ficou clara de imediato. Havíamos aprendido com a Grande Depressão que, mesmo uma terrível quebra do mercado não geraria, obrigatoriamente, uma crise de mortalidade. Assim, se uma economia quebrada não significava um resultante aumento maciço de mortes, qual a causa da morte de tantos homens russos durante a depressão econômica na década de 1990?

Figura 2.1. Crise de mortalidade pós-comunismo[8]

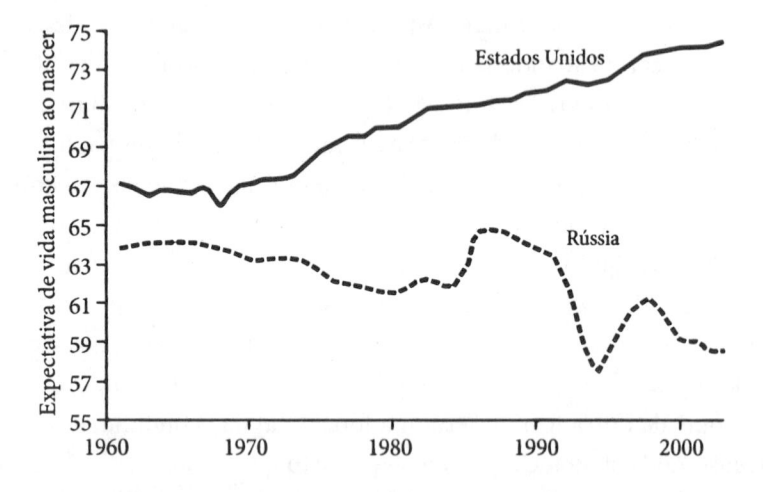

Decidimos investigar. Ao examinar os atestados de óbito desse período, nossa primeira reação foi pensar que talvez aqueles dados não fossem reais. O regime soviético era conhecido por haver mantido seus segredos; na verdade, a KGB, a polícia secreta soviética, poderia fazer um homem desaparecer sem deixar vestígio. Talvez aqueles homens tivessem sido mortos muito tempo antes e só agora suas mortes estivessem vindo à tona, depois que demógrafos independentes, franceses e russos, tiveram acesso aos dados para acompanhar a mudança. Ou talvez os soviéticos tivessem inflado os relatórios sobre o tamanho da população masculina — buscando com isso intimidar países ocidentais a respeito das perspectivas de sua potencial força militar recrutável. (Essa não era, de modo algum, uma hipótese absurda: em 1976, o Partido Comunista criara uma Comissão de Não Publicação de Dados, e uma das recomendações era que "Não devemos revelar o número de meninos nascidos. Nossos inimigos poderiam usar essa informação. Precisamos fazer disso um segredo de Estado.")[9]

Para verificar se o aumento nas taxas de mortalidade era genuíno, examinamos detalhadamente preciosos arquivos de certificados de óbito da época anterior à queda da URSS. Obtivemos dados dos arquivos da nova entidade demográfica do governo, chamada Goskomstat. Mais de 90% de todas as mortes haviam sido examinadas e certificadas por médicos que confirmaram cada uma delas e atestaram a causa da morte (essa era uma taxa de atestados mais alta do que a encontrada em muitos países ocidentais).[10]

Um aspecto incomum da crise russa foi que as mortes se concentraram nos homens jovens. Em geral, a maior parte dos surtos de doenças afeta desproporcionalmente as pessoas vulneráveis, como crianças pequenas e idosos. Na Rússia, a taxa de mortalidade aumentou intrigantes 90% no subgrupo de homens entre 25 e 39 anos, no auge de suas vidas produtivas.

Talvez tivesse havido um terrível surto de gripe aviária ou outra epidemia, ou fome disseminada — ou talvez houvesse um poluente ainda desconhecido produzido pelas fábricas soviéticas. Mas os atestados de óbito que examinamos nas agências de estatística da Rússia, junto com inúmeros outros demógrafos, não sustentaram essa teoria. O que as estatísticas mostraram foi que muitos desses jovens estavam morrendo em consequência de envenenamento por álcool, suicídio, homicídio e ferimentos. Essas mortes pareciam óbvias: os homens cujas fábricas haviam sido fechadas e que ficaram sem trabalho estavam passando por um alto nível de sofrimento mental e ansiedade; sua resposta era voltar-se para a bebida, causando danos a eles próprios e a outros.

Os homens russos jovens também estavam morrendo de infartos. No início, essa constatação nos surpreendeu. Poderíamos ter esperado ver homens nos seus cinquenta e sessenta anos com artérias entupidas e tendo um ataque cardíaco, mas raramente pessoas em seus trinta ou quarenta anos buscam hospitais com problemas cardiovasculares. Os relatórios de autópsias mostravam que aqueles jovens mortos tinham artérias limpas. Não havia acúmulo de placas. Então, o que havia causado as mortes cardiovasculares? Para compreender aqueles desconcertantes padrões de mortalidade, foi necessário examinar diferentes camadas de problemas de saúde para chegar às causas básicas. Queríamos ir além da identificação das causas imediatas de morte e dos fatores de risco como fumo, dietas prejudiciais e bebidas alcoólicas e descobrir as "causas das causas", as mudanças sociais e econômicas que levaram as pessoas a causar danos a elas e a outras.

Como essas mortes aconteceram em um período muito curto, nossa primeira suspeita foi de que os homens russos poderiam ter se automedicado para lidar com o estresse da retração econômica — consumindo enormes quantidades de vodca e bebidas artesanais. Tradicionalmente, a Rússia tem uma épica cultura de bebida, encorajada desde o século XVIII pelos tsares para evitar que o povo se revoltasse. Chega a haver uma palavra russa, *zapoi*, cunhada para descrever a condição de extrema embriaguês que deixa a pessoa incapacitada durante dias, ou até semanas. Atualmente, mais de 75% de todos os trabalhadores industriais russos seriam considerados "bebedores de risco" de acordo com os critérios médicos americanos (ou seja, pessoas que consomem mais de quatro doses de bebida alcoólica por dia).[11]

O estresse social e o álcool andam de mãos dadas; o álcool é um conhecido desencadeador de depressão, suicídios e homicídios. E também pode explicar a crescente taxa de infartos em homens jovens com artérias limpas. Os cardiologistas sabiam que, usado com moderação, o álcool pode reduzir o risco de infartos. Em grande quantidade, no entanto, provoca doenças cardíacas.[12]

Os políticos russos tentaram refrear os problemas da bebida no país. Em 1985, o líder da União Soviética, Mikhail Gorbachev, lançou uma campanha contra o alcoolismo. Teve uma notável eficácia, acrescentando, imediatamente, três anos à expectativa de vida geral. Caíram não apenas as mortes causadas pela bebida, mas também os casos de tuberculose e doença cardíaca, pois os alcoólatras muitas vezes padecem desses dois males em consequência de condições de vida precárias e do impacto do uso intenso do álcool sobre o coração. Mas a impopularidade da campanha fez com que fosse abandonada em 1987 (em certa medida, a suspensão destinava-se a ajudar o aumento das receitas públicas com a venda de bebidas pelo Estado). O alcoolismo cresceu depois que o programa terminou, e, em 1992, quando teve início a transição para o mercado, as mortes devidas ao álcool haviam voltado aos níveis elevados anteriores a 1985.[13]

Ainda mais preocupante do que a quantidade de álcool que os homens russos estavam bebendo no início dos anos 1990 era o tipo de produtos que consumiam. O que bebiam foi mudando à medida que inventavam formas criativas de se embriagar sem gastar muito dinheiro (afinal, a maior parte deles estava desempregada). Os alcoólatras na Rússia, na Ucrânia e nos países bálticos bebiam loção pós-barba, anticépticos bucais e outros produtos que continham álcool e não deveriam ser ingeridos. Essas formas de álcool eram extremamente baratas e, ao contrário do que ocorria com a vodca e outras bebidas, não eram taxadas. As misturas com esses produtos eram conhecidas como *odekolon* (*eau-de-cologne*, ou água-de-colônia) e ostensivamente vendidas como perfumes, mas todo mundo sabia qual era seu verdadeiro propósito: os rótulos indicavam sabores, não fragrâncias, e as tampas sem rosca previam que as pessoas beberiam todo o conteúdo de uma só vez. As *odekolons* eram particularmente letais: um estudo mostrou que as pessoas que ingeriam esses alcoóis impróprios para consumo tinham um fator de risco de morte por psicose alcoólica, cirrose hepática e doença cardíaca 26 vezes maior do que o das que não bebiam essas substâncias.[14]

Vladimir, um bebedor de *odekolon* de Pitkyaranta que perdeu o emprego quando faliu a fábrica de papel da cidade, forneceu um exemplo ilustrativo da cultura da bebida na época. Ele era conhecido por ser encontrado inconsciente no chão da fábrica abandonada depois de beber durante duas semanas seguidas; muitas vezes, acordava no hospital. Ele se embriagava com *odekolons* baratas (nas áreas rurais, as pessoas bebiam misturas feitas em casa, chamadas *samogons*). Gente como Vladimir bebia cada vez mais durante os primeiros anos da década, mesmo enquanto suas rendas minguavam e desapareciam. Quando um repórter do *New York Times* perguntou por que ele continuava a beber, Vladimir disse: "Não tenho uma resposta direta. Eu tenho onde morar, uma casa. Mas não tenho nada para fazer."[15]

Como acontecia com milhões de outros homens russos, Vladimir não tinha nenhuma esperança no futuro, nenhum trabalho, nada para fazer e nenhum lugar para onde ir — e as *odekolons* eram a saída mais barata. Cerca de um em cada doze jovens russos estava bebendo aqueles alcoóis venenosos. Apenas cerca de 5% dos homens empregados bebiam aquilo, mas, entre os desempregados, a taxa era de 25%. Isoladamente, esses dados não podiam nos dizer se o alcoolismo causava o desemprego ou se era o contrário, mas, qualquer que fosse o caso, o resultado era devastador; a combinação de bebedeiras (*zapoi*) e *odekolons* era espantosa. Em Izhevsk, descobriu-se que quase a metade de todas as mortes de homens em idade produtiva era atribuível ao uso descontrolado de bebidas (quando se consideram as bebedeiras e os danos causados pelos substitutos do álcool). Por toda a Rússia, estima-se que as bebidas alcoólicas tenham sido responsáveis por pelo menos duas de cada cinco mortes entre homens russos jovens durante a década de 1990, totalizando 4 milhões de mortes em toda a ex-União Soviética.[16]

Para compreender o impacto total desse fenômeno, examinamos os dados do Levantamento Russo de Monitoramento Longitudinal que havia acompanhado homens e suas famílias desde 1994 até 2006. Usando uma técnica chamada análise de sobrevivência, examinamos os dados de 6.586 homens que tinham empregos em 1995, dos quais 593 haviam morrido. Então avaliamos os fatores que poderiam prever quem teria maior probabilidade de morrer ou sobreviver. Os dados revelaram que os homens com maior probabilidade de beber vodca e bebidas não tradicionais eram trabalhadores manuais e técnicos. E eles também eram os que tinham maior probabilidade de morrer. O hiato entre as taxas de mortalidade de operários e de gerentes havia se ampliado dramaticamente no período que estudamos. Em particular, perguntava-se aos entrevistados suas percepções sobre sua posição social, usando isso como medida de estresse social. Descobrimos que as pessoas com mais baixos níveis de status econômico, poder e respeito em suas comunidades tinham risco três vezes maior de morrer do que aquelas que desfrutavam mais riqueza, respeito e poder. No todo, descobrimos que um operário russo de 21 anos podia esperar viver 56 anos, ou 15 anos menos do que os gerentes e profissionais da fábrica.[17]

Mas os piores riscos foram encontrados em pessoas como Vladimir, que já não estavam na força de trabalho; homens como ele tinham uma probabilidade seis vezes maior de morrer do que os que continuavam trabalhando. Como se a perda do emprego já não fosse um choque suficiente para a saúde das pessoas, na União Soviética isso também implicava a perda adicional dos laços comunitários e das estruturas de apoio social. Na era soviética, o emprego significava mais do que um contracheque e um propósito na vida. As condições de trabalho eram bastante diferentes das encontradas em empresas ocidentais. Embora fossem condições totalitárias e no estilo linha de montagem, também tinham alguns aspectos benéficos peculiares. Os planejadores soviéticos forneciam a seus empregados, na própria fábrica, assistência hospitalar, testes de diabetes, creches e outras medidas de proteção social. Enquanto os pais trabalhavam, as crianças podiam brincar. E, para os pais, o trabalho também não era nada muito intenso. A piada que corria entre os operários fabris era: "Nós fingimos trabalhar, e eles fingem nos pagar". E isso era verdade: as pessoas não ganhavam muito, mas tinham empregos estáveis e muitos benefícios adicionais. Todos aqueles programas de apoio social eram fornecidos gratuitamente aos trabalhadores soviéticos e às suas famílias. Nas *mono-gorods*, havia um profundo sentimento de comunidade, pois, gostassem ou não, as pessoas estavam todas juntas ali.[18]

Uma questão crucial, dado o perturbador aumento no número de mortes, é como esses danos poderiam ter sido evitados. Muitos têm argumentado que as extraordinárias taxas de mortalidade na Rússia pós-soviética não eram mais que uma consequência inevitável da passagem de uma economia comunista para uma capitalista. Depois que publicamos nossos estudos mostrando uma taxa de mortalidade crescente entre homens russos recentemente desempregados, um analista do *New York Times* nos perguntou se a crise de mortalidade não seria "apenas um resultado não antecipado e indesejável do fim do comunismo." Em outras palavras, ele perguntava se seria inevitável que a transição do comunismo para o capitalismo resultasse em choques terríveis e riscos traumáticos à saúde. Se assim fosse, se as mortes associadas ao estresse fossem um resultado *inevitável* de profundas mudanças inerentes à transição do comunismo para o capitalismo, então os dados mostrariam aumentos dramáticos de doenças e mortes em todas aquelas nações.[19]

Mas os dados não mostravam isso. Na realidade, a Polônia ficou mais saudável enquanto a Rússia ficava mais doente. As taxas de mortalidade da Rússia e da Polônia eram semelhantes em 1991, antes da queda da União Soviética. Mas, três anos depois, as mortes haviam subido 35% na Rússia e caído 10% na Polônia. O Cazaquistão, a Letônia e a Estônia tiveram grandes aumentos nas taxas de mortalidade, no mesmo nível da Rússia, mas a Bielorrússia, a Eslovênia e a República Tcheca, não.

A chave para compreender essas diferenças está nas escolhas políticas sobre como realizar a transição do comunismo para o capitalismo. A decisão crítica girava em torno do ritmo adequado da reforma. Aqueles países que adotaram uma transição muito rápida do comunismo para sistemas de mercado, com programas de privatização radicais, passaram por uma rápida sucessão de maciços deslocamentos econômicos, junto com enormes custos impostos aos programas de bem-estar social. Em última instância, os "privatizadores rápidos" sofreram piores danos à saúde do que os "gradualistas", que fizeram uma reforma mais lenta e, com isso, mantiveram seus sistemas de proteção social e conseguiram melhorias na saúde durante a transição para o capitalismo.

À medida que a União Soviética ia se desfazendo, os políticos e economistas — tanto na Rússia quanto no Ocidente — discutiam a melhor forma de implantar um capitalismo de mercado ocidental sobre as ruínas do comunismo. Estava evidente que o sistema soviético era inviável, como se podia ver claramente nas mercearias vazias e na falta de carne, leite e fósforos. Alguma forma de transição precisava ocorrer — e, na realidade, uma mudança gradualista já havia começado com as reformas conhecidas como *Perestroika* e *Glasnost*, promovidas por Gorbachev no final da década de 1980. À medida que a União Soviética entrava em colapso, a questão-chave em debate era como proceder — e a que velocidade.

Os economistas se dividiam a respeito de qual seria o ritmo adequado das reformas. Um grupo de defensores radicais do mercado livre argumentava que a transição capitalista precisava ocorrer o mais rapidamente possível. Esses economistas pressionavam para a adoção de uma terapia de choque, um pacote radical de reformas de mercado. Seus proponentes eram, quase todos, economistas de Harvard, incluindo Andrei Shleifer, Stanley Fischer, Lawrence Summers e Jeffrey Sachs, bem como líderes russos como Yegor Gaidar, um economista soviético e primeiro-ministro interino. Os proponentes de reformas rápidas argumentavam que, quanto mais cedo elas fossem implementadas, mais rapidamente surgiriam os benefícios econômicos. Ou seja, as fábricas soviéticas se reestruturariam e seriam novamente bem-sucedidas, e as pessoas seriam mais produtivas e ganhariam mais dinheiro, arrancando da estagnação a sociedade soviética. A queda do comunismo criara um período de "política extraordinária", de acordo com membros da equipe de transição econômica do Banco Mundial, durante o qual os políticos podiam requerer grandes sacrifícios da população. As reformas rápidas seriam economicamente dolorosas porque envolveriam amputar as pessoas de todos os sistemas de proteção social que haviam tido até então; mas, acima de tudo, os reformadores estavam preocupados com o fato de que, se não agissem rapidamente, os comunistas retornariam ao poder. Essa estratégia trocava sofrimento no curto prazo por ganhos no longo prazo. Esse era, em resumo, um plano essencialmente político para impedir o retorno do comunismo e garantir que a economia capitalista de mercado durasse na Rússia. Uma vez estabelecido o mercado no sistema estatal soviético, seria totalmente impossível revertê-lo.[20]

Em janeiro de 1990, um dos principais defensores dessa teoria, Jeffrey Sachs, publicou um texto memorável esquematizando seu plano. O ensaio, chamado *O que precisa ser feito*, tinha o mesmo título do panfleto que Vladimir Lenin publicara noventa anos antes expondo os planos para a revolução de outubro de 1917 e a criação do comunismo. A versão moderna defendia um plano para uma terapia de choque, um programa para implantar rapidamente uma combinação de reformas radicais baseadas no livre mercado.[21]

A terapia de choque tinha dois elementos principais. Em primeiro lugar, haveria "liberalização" econômica, o que significava afrouxar o pulso do governo sobre os preços dos bens no mercado. A União Soviética havia controlado tudo, desde os salários dos trabalhadores até o preço do pão que compravam nas cidades fabris. Para que o mercado pudesse funcionar e melhorar a situação da sociedade soviética, aquele controle precisava terminar, de acordo com o pensamento dos "terapeutas de choque".[22]

Em seguida viria um maciço programa de privatização. Isso ajudaria a remover a influência do governo e criaria estímulos para o lucro; seria preciso implantar uma ampla privatização, pondo em leilão os projetos mantidos pelo governo. Essa era a política mais controvertida e dolorosa, mas muitos economistas a consideravam fundamental. O economista Milton Friedman, defensor radical do livre mercado e padrinho da terapia de choque, a expressou sucintamente: "Privatize, privatize, privatize", rompa o domínio do Estado soviético sobre a economia o mais cedo possível. No entanto, a economia não seria a única a ser afetada. Na União Soviética, os fundos governamentais para financiar a saúde pública e os serviços sociais provinham diretamente das empresas estatais. A privatização maciça não apenas deslocaria os trabalhadores, mas também conduziria a imensos cortes no sistema de proteção social que sempre os atendera, do berço ao túmulo.[23]

Até então, ninguém havia tentado privatizar toda uma economia num período de tempo tão curto. Para se ter uma ideia do plano dos terapeutas do choque, Margaret Thatcher, a grande privatizadora da economia inglesa, privatizou cerca de vinte grandes empresas de serviços públicos ao longo de seus onze anos como primeira-ministra. Os economistas de Harvard planejavam privatizar mais de 200 mil empresas soviéticas em menos de 500 dias. Os reformadores argumentavam que a rapidez era essencial, ou a ex-União Soviética recairia no comunismo. Como disse Lawrence Summers, da Universidade de Harvard, "Apesar de os economistas terem a reputação de não conseguirem concordar sobre nada, existe um notável grau de unanimidade quanto ao conselho que tem sido dado às nações da Europa Oriental e à ex-União Soviética."[24]

Na realidade, nem todo mundo concordava com os terapeutas de choque. Um grupo de "gradualistas", especialmente Joseph Stiglitz, que havia sido o economista principal do Banco Mundial e que ganharia o Prêmio Nobel de Economia em 2001, concluiu que o capitalismo não podia ser criado da noite para o dia. Argumentando que o sistema havia levado séculos para se desenvolver na Europa Ocidental, Stiglitz e seus aliados defendiam uma transição mais lenta, recomendando que os países da Europa Oriental introduzissem lentamente os mercados e a propriedade privada enquanto as agências regulatórias e as regras legais tivessem tempo para se consolidar, garantindo que os mercados funcionassem adequadamente em vez de se tornarem entidades manipuladas pelos poderosos. Eles defendiam um sistema "*dual track*": os antigos países comunistas incrementalmente "cresceriam para fora da planificação", permitindo que o setor privado acabasse superando o obsoleto setor estatal.[25]

Como uma solução para o debate, em 1991 os economistas de Harvard propuseram a ideia de uma grande barganha, apoiada pelo governo dos Estados Unidos. Seriam prometidos até 60 bilhões de dólares de ajuda econômica para apoiar os trabalhadores soviéticos e suas famílias se o plano de reforma rápida fosse adotado; em troca, o Ocidente ganharia concessões militares e influência sobre a política externa soviética. A Agência Norte--Americana para o Desenvolvimento Internacional (USAID) liderou os esforços de ajuda, fornecendo quase um bilhão de dólares à região para promover o desenvolvimento do setor privado. No entanto, o presidente Gorbachev exigiu um ritmo mais lento de reforma. Seu adversário político, Boris Ieltsin, aprovava o plano americano. Em agosto de 1991, uma tentativa de golpe militar contra Gorbachev fracassou, em grande medida devido à posição assumida por Ieltsin contra os golpistas que queriam manter a integridade da União Soviética. Depois disso, o poder de Gorbachev e da própria União Soviética ficaram fatalmente comprometidos. Ieltsin baniu o Partido Comunista Soviético em novembro de 1991, e em 25 de dezembro a União Soviética chegava ao fim.[26]

Aquele resultado político inclinou a balança de poder na Rússia a favor dos que apoiavam o prosseguimento da terapia de choque, tendência que se afastava do ritmo gradual de reforma proposto por Gorbachev. Assim como a Rússia, a maior parte dos países do antigo bloco soviético seguiu o conselho dos terapeutas de choque; até 1994, as políticas haviam sido totalmente implementadas na Rússia e em ex-repúblicas soviéticas como o Cazaquistão e o Quirguistão.

Mas os políticos de outros países, como a Bielorrússia, decidiram seguir o caminho gradualista em vez de adotar a terapia de choque. Um grupo relativamente homogêneo de países optou por caminhos de reforma muito distintos — e isso resultou em um imenso "experimento natural" no qual sociedades bastante semelhantes passaram por reformas muito diferentes e vivenciaram consequências dramaticamente diferentes.

Figura 2.2. Colapso econômico na Rússia e na ex-União Soviética, mas rápida recuperação na Europa Central e Oriental[27]

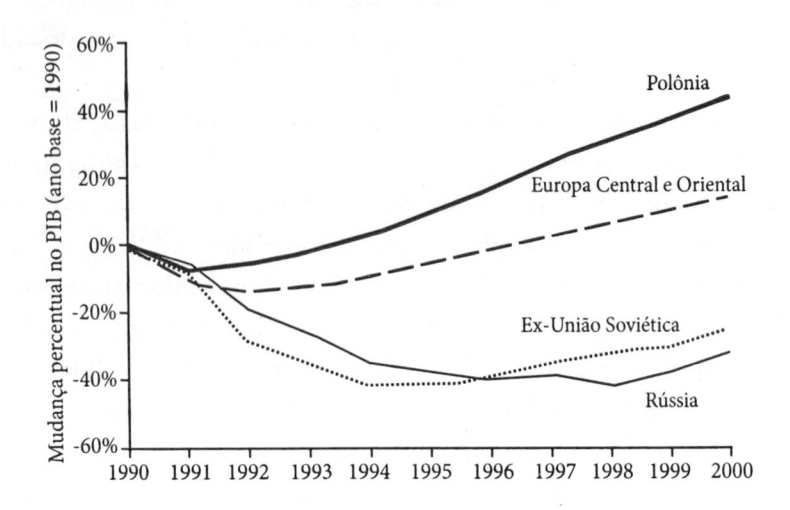

Nos países que implementaram a terapia de choque, os resultados foram desastrosos. Conforme mostrado na Figura 2.2, entre 1990 e 1996 a renda *per capita* na Rússia e na maior parte da ex-União Soviética despencou mais de 30%, ligeiramente menos do que a queda ocorrida durante a Grande Depressão. Em termos de paridade do poder de compra, a economia da Rússia em meados dos anos 1990 estava no nível equivalente à dos Estados Unidos em 1897.[28]

Esperava-se que a privatização em massa, que era a plataforma central da terapia de choque, rompesse a influência do Partido Comunista sobre a economia. Mas, na Rússia, isso simplesmente conduziu à maciça transferência da riqueza do Estado para as mãos das antigas elites do Partido Comunista, a *nomenklatura*, resultando no enriquecimento de um punhado de oligarcas e no enorme crescimento da desigualdade. Em última instância, quem perdeu foi o povo, o homem comum. A pobreza atingiu níveis estratosféricos — de 2% em 1987-88 para mais de 40% em 1995. Uma piada comum entre as famílias era "A pior coisa do comunismo é o pós-comunismo". Em 1992, o vice-presidente russo, Alexander Rutskoy, denunciou o programa de Ieltsin, chamando-o de "genocídio econômico".[29]

Mas nem todos os países tiveram o mesmo destino. A Bielorrússia, vizinha da Rússia, seguiu um caminho gradualista. Manteve as taxas de pobreza abaixo de 2% durante a transição. No período de transição, a taxa de desemprego alcançou um pico de 4%, mas permanece abaixo disso desde então e, hoje, é de menos de 1%. Em toda a região, os dados macroeconômicos de 25 países pós-comunistas relativos aos anos de 1989 a 2002 revelaram que aqueles que implementaram uma rápida privatização em massa sofreram perdas crescentes de empregos entre os homens: 56% acima do registrado entre os que seguiram um caminho de mudança gradual.

A experiência polonesa evidenciou que a privatização não era inevitavelmente ruim: em vez disso, o problema estava no ritmo acelerado seguido por outros países, que muitas vezes ficaram com suas empresas destituídas de proprietários estratégicos. A Polônia, apresentada como exemplo típico da terapia de choque, liberalizou rapidamente no início dos anos 1990, mas, na verdade, postergou as privatizações de grande porte sob a pressão dos sindicatos e de protestos furiosos. Na República Tcheca, a privatização maciça foi proposta e até tentada, mas acabou sendo parcialmente revertida após revoltas dos sindicatos em meados da década. Esse ritmo mais lento de privatização teve um impacto duradouro sobre as economias. Os países que privatizaram mais lentamente suas maiores usinas siderúrgicas foram mais capazes de atrair investidores estrangeiros interessados em administrá-las. Diferentemente dos administradores russos que assumiram o comando das empresas e canibalizaram os ativos com esquemas maciços de privatização, alguns investidores estrangeiros tinham um interesse estratégico nas empresas que estavam comprando. A Polônia conseguiu atrair a Volkswagen e outros 89 bilhões de dólares em investimentos estrangeiros entre 1990 e 2005. Da mesma forma, a República Tcheca viu a Renault e o Grupo Volkswagen competindo para assumir a fabricante estatal, a Automobilovézávody, národnípodnik, Mladá-Boleslav (hoje conhecida como Škoda). A Volkswagen ganhou a disputa em 1991, fazendo uma *joint venture* com o governo tcheco. Houve tempo em que a Škoda era motivo de riso na indústria automobilística, mas, com a ajuda da Volkswagen, logo se tornou uma das mais importantes fontes de crescimento econômico do país e hoje vende mais de 875 mil carros por ano.[30]

As transições não foram indolores em nenhum dos países do antigo bloco soviético, mas foram muito menos terríveis e menos duradouras naqueles em que as mudanças foram implementadas mais gradualmente. Os países da Europa Central e Oriental que adotaram uma privatização mais gradual para conquistar investidores estrangeiros também tiveram uma recessão econômica inicial, como todos os demais, mas evitaram uma depressão econômica maciça como a da Rússia e de outras economias privatizadas rapidamente.

O objetivo da rápida privatização em massa era romper o controle do Estado soviético sobre a economia, percebido pelo Ocidente como corrupto. Ironicamente, no entanto, a corrupção aumentou. Muitos dos membros do círculo do poder que assumiram o controle de empresas por meio de duvidosos processos de privatização não investiram no empreendimento, mas simplesmente se apossaram dos ativos, venderam-nos e depositaram o dinheiro em contas na Suíça. A fim de examinar o que ocorreu com as empresas, analisamos pesquisas sobre gestores em 3.550 empresas que funcionavam em 24 países pós-comunistas. Constatamos que a privatização e a transferência para proprietários estrangeiros levaram a uma crescente reestruturação das empresas, tornando-as competitivas, e isso aumentou os investimentos e o emprego. Foi esse, precisamente, o padrão que tínhamos visto com a Volkswagen na Europa Oriental. Mas, na Rússia, a transferência em massa para mãos particulares não produziu, na realidade, a esperada expansão econômica; em vez disso, resultou em uma economia em queda livre, com mais subornos e liquidações de ativos do que antes da privatização. O impacto econômico da privatização em massa foi perpetuar a estagnação econômica, reduzindo em 16% o produto das economias afetadas — uma queda do mesmo porte da que se vê nos países afetados pela Grande Recessão atual.[31]

Assim como os antigos países soviéticos tiveram respostas econômicas muito diferentes ao colapso do comunismo, suas escolhas tiveram efeitos claramente distintos sobre a saúde da população. Quando comparamos os dados desses países no período 1989-2002, antes e depois da transição, descobrimos que a privatização rápida continha dois principais riscos ao bem-estar das pessoas: a perda dos empregos e, quase simultaneamente, o rompimento das redes de segurança social, numa rápida sucessão de golpes.[32]

O Banco Mundial, a principal agência de desenvolvimento que apoiava a privatização em massa, reconhecia os riscos à saúde. Em 1997, o Banco argumentou que "a premissa central é que, antes de se materializarem os ganhos de longo prazo nas condições de saúde, a transição rumo à economia de mercado e a adoção de formas democráticas de governo devem levar a uma deterioração no curto prazo."[33]

Jeffrey Sachs argumentou que uma transição mais rápida favoreceria o crescimento econômico e, como resultado, minimizaria os danos à saúde. Mas, a despeito dessas declarações categóricas, os dados da Rússia mostraram um quadro desolador de sofrimento humano e pobreza crescente. Conforme o próprio Sachs reconheceria em 1995, as reformas geraram enorme estresse e ansiedade para os trabalhadores, criando vencedores e perdedores. Mas ele sustentou que a situação melhoraria no longo prazo: "As reformas certamente criaram um aumento nos níveis de ansiedade, mesmo que não tenham resultado em uma queda nos padrões de vida reais. Num sentido bastante duro, a reforma econômica em seus primeiros anos se parece um pouco com um jogo das cadeiras que envolve toda a sociedade. Uma vez introduzidas as forças de mercado, uma proporção significativa da população precisa procurar novas formas de sustento econômico. O resultado dessa procura, sem dúvida, será altamente positivo no longo prazo para a maior parte dos trabalhadores, mas o processo de mudança pode ser profundamente perturbador durante a transição, e alguns trabalhadores também acabarão como perdedores econômicos devido às mudanças."[34]

Em consonância com o antecipado pelos terapeutas de choque, a privatização em massa levou, no curto prazo, a aumentos no desemprego e a cortes de mais de 20% nos gastos públicos, inclusive nos orçamentos de saúde. As consequências mais graves foram registradas nas *mono-gorods* soviéticas. Ali, um grande aumento no desemprego deixou as pessoas sem poupanças para comprar alimentos, pagar moradia ou remédios, e até sem acesso a serviços de saúde. Contrariamente às previsões dos terapeutas de choque, no entanto, a privatização também levou a uma depressão econômica. Os países que implementaram uma privatização maciça tiveram declínios mais acentuados no crescimento econômico, recuperações mais lentas e maiores cortes nos gastos públicos com saúde. Com isso, as pessoas que viviam nesses países tiveram quedas acentuadas no acesso a serviços de saúde.[35]

A Rússia e a Bielorrússia, sua vizinha do sudoeste, servem como uma comparação ilustrativa. A Bielorrússia havia sido parte da União Soviética durante muito tempo, mas declarou independência em 1991, pouco antes de a Rússia começar o processo de privatização em massa. Um dos principais defensores da aplicação da terapia de choque na Rússia, o economista sueco Anders Åslund, chamou a Bielorrússia de "parque temático soviético" porque o país havia adotado um ritmo lento de privatizações. Mas, embora a Rússia fosse muito maior do que a Bielorrússia, desde os anos 1960 os dois países vinham apresentando tendências semelhantes na economia e nas taxas de mortalidade. As diferenças entre as políticas escolhidas em cada um criaram um tipo de experimento natural que nos permitiu comparar dois países com histórias, culturas e tendências de mortalidade até então semelhantes e que difeririam, sobretudo, nas escolhas quanto à terapia de choque. A partir daí, pudemos identificar os efeitos da privatização em massa sobre a saúde.[36]

Como se pode ver na Figura 2.3, os dois países haviam mostrado tendências semelhantes nos índices de mortalidade na década anterior. Mas, enquanto a Rússia passou por uma privatização maciça, liquidando mais de 120 mil empresas em dois anos, a Bielorrússia privatizou lentamente. A Rússia experimentou aumentos astronômicos na pobreza e nas taxas de mortalidade, enquanto a Bielorrússia manteve a pobreza em menos de 2% de sua população e continuou com as taxas de mortalidade anteriores.[37]

Figura 2.3. Tendências da mortalidade na Rússia e na Bielorrússia[38]

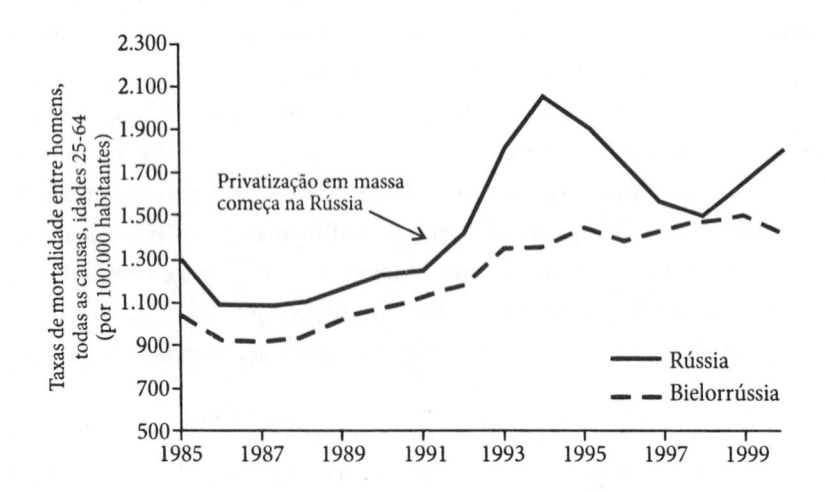

Esse padrão repetiu-se em toda a região. Os países que adotaram a terapia de choque — como o Cazaquistão, a Letônia e a Lituânia — sofreram uma súbita e expressiva queda na expectativa de vida num período de cinco anos, enquanto os vizinhos gradualistas, como a Bielorrússia e a Polônia, tiveram resultados muito melhores na área da saúde pública.[39]

Mas era possível que fatores como o tamanho da economia estivessem perturbando o quadro. Usamos modelos estatísticos que levavam em conta as diferenças no desempenho econômico do país, as crises econômicas anteriores, a existência de conflitos étnicos e militares, o nível atual de desenvolvimento, a parcela da população que vivia em cidades, a adoção de outras políticas prescritas pela terapia de choque, incluindo a liberalização de mercados, o nível de investimento estrangeiro direto e outros fatores sociais e econômicos que poderiam estar atuando nos 24 países da ex-União Soviética. Mesmo depois de usar essas múltiplas variáveis de controle, constatamos que países como a Rússia e o Cazaquistão, que haviam implementado esquemas radicais de privatização em massa, tiveram, em média, um aumento de 18% nas taxas de mortalidade depois que a política entrou em vigor, algo que não ocorreu nos gradualistas como a Bielorrússia e a Polônia.

Para checar a validade de nossas descobertas, buscamos causas de morte que não deveriam apresentar flutuações rápidas em função da austeridade, como o câncer de pulmão, que leva décadas para se desenvolver. Não encontramos nenhum efeito. Mas, na verdade, descobrimos que a privatização em massa aumentou os suicídios entre os indivíduos do sexo masculino (cinco casos adicionais em cada 100 mil pessoas), as doenças cardíacas (21 casos a mais em cada 100 mil pessoas) e as mortes associadas a bebidas alcoólicas (41 casos a mais em cada 100 mil pessoas). No todo, a privatização em massa estava correlacionada com uma queda significativa de dois anos na expectativa de vida.[40]

É óbvio que os terapeutas de choque previram o sofrimento infligido no curto prazo. Mas eles supunham que esses males levariam ao crescimento econômico no longo prazo e que isso compensaria os custos humanos. Se fosse verdade, seria possível argumentar que o marcante aumento na mortalidade poderia ser visto como danos colaterais no caminho que conduzia a um futuro mais brilhante. Uma regra prática comum é que "o mais rico é mais saudável": pessoas com rendas mais altas têm mais capacidade de pagar serviços de saúde e de levar vidas mais saudáveis, morando em ambientes mais limpos e acolhedores, consumindo alimentos mais nutritivos e vivendo em bairros mais seguros. Assim, teria o benefício econômico da terapia de choque sido suficiente para neutralizar o aumento, no curto prazo, das taxas de mortalidade do povo russo? Essa era, afinal, a teoria dos terapeutas de choque. Em outras palavras, o sofrimento no curto prazo terá mesmo levado a ganhos no longo prazo?[41]

Infelizmente, ao examinar os dados concretos nós descobrimos que a privatização em massa não acelerou a economia. Bem ao contrário, conduziu a uma queda de outros 16% no PIB, fazendo com que o impacto total da privatização equivalesse, aproximadamente, à perda de 2,4 anos na expectativa de vida.[42]

Com o tempo, mesmo alguns daqueles que haviam inicialmente defendido a terapia de choque acabaram reconhecendo suas consequências negativas para a saúde da população. Mais tarde, Milton Friedman admitiu um erro. "Imediatamente após a queda da União Soviética, muitos me perguntavam o que os russos deveriam fazer. Eu dizia 'Privatize, privatize, privatize.' Eu estava errado. [Joseph Stiglitz] estava certo."[43]

Obviamente, nem todo mundo ficou satisfeito com a descoberta de que a privatização em massa estava correlacionada a um grande aumento nas mortes — como era de esperar, os antigos defensores da terapia de choque apressaram-se a defender suas ações. Em janeiro de 2009, publicamos na revista médica inglesa *The Lancet* um artigo, revisado por especialistas, analisando os efeitos da terapia de choque sobre a saúde; uma semana depois, Sachs atribuiu o dramático aumento das más condições de saúde a dietas prejudiciais, em vez de ao impacto da terapia de choque. Mas a adoção de dietas com alto conteúdo de carne vermelha e gordura saturada era uma tendência crescente na Rússia desde os anos 1960 e não havia mudado subitamente para pior durante os poucos anos do início da década de 90. Outros que haviam recomendado a privatização em massa no bloco soviético escreveram que a crise poderia ser atribuída a "doenças resultantes de alguma exposição anterior a poluentes". No entanto, nenhuma importante exposição à poluição poderia explicar o rápido aumento de mortes concentradas apenas entre os homens jovens. Buscando explicações adicionais, outros economistas afirmaram que as mortes relacionadas a bebidas alcoólicas haviam ocorrido apenas a partir do final do programa de prevenção do alcoolismo lançado por

Gorbachev, mas deixaram de mencionar que o programa terminara muito antes e que o número de pessoas cujas vidas haviam sido salvas foi amplamente superado pelo aumento das mortes depois da terapia de choque.[44]

Figura 2.4. Expectativa de vida na Rússia: dados reais, gráfico nosso[45]

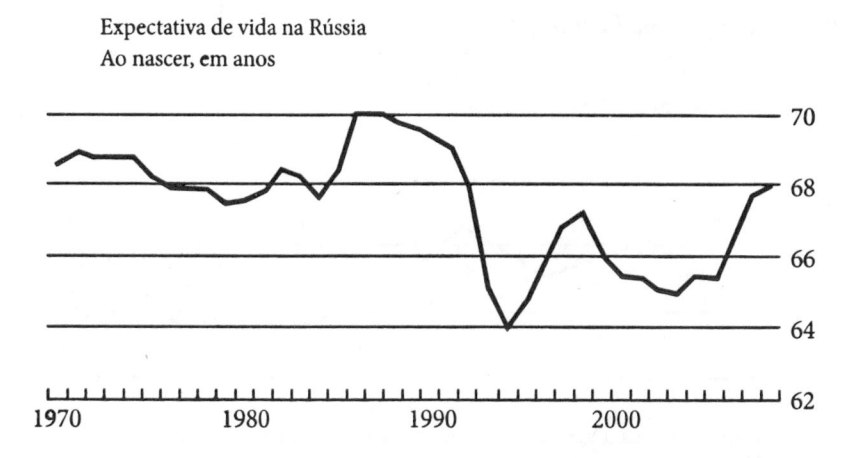

Expectativa de vida na Rússia
Ao nascer, em anos

Em seguida, os ataques tornaram-se uma rematada manipulação. Duas semanas depois da publicação de nosso artigo, a revista *The Economist*, que apoiava a terapia de choque, escreveu um artigo assinado descartando os efeitos da rápida privatização sobre a saúde, concluindo que "foram cometidos erros, mas a tragédia russa foi que fizeram a reforma muito lentamente, e não rápido demais." Os editores da revista manipularam os dados sobre a crise de mortalidade para dar a impressão de que as mortes haviam desaparecido. Tirando médias de um período de cinco anos — e selecionando alguns anos, em vez de outros —, eles suavizaram a curva das taxas de mortalidade na Rússia na década de 1990. Com isso, o aumento dramático na mortalidade ficou parecendo um declínio constante. Esse é um jeito fácil de "mentir com estatísticas". Se nossos estudantes universitários tivessem cometido aquele tipo de manipulação estatística em seus trabalhos finais, teriam sido encaminhados ao reitor. Enquanto Stalin condenara milhões de pessoas com um golpe de caneta na década de 1930, parecia que a *The Economist* havia conseguido trazer milhões dos mortos de volta à vida com um clique no mouse do computador.[46]

O que se perdeu em todas aquelas tentativas desesperadas de negar os dados foi uma das mais importantes descobertas produzidas pela pesquisa: como impedir que choques econômicos tenham impactos negativos sobre a saúde das pessoas.[47]

Figura 2.5. Expectativa de vida na Rússia: nosso gráfico na versão manipulada pela *The Economist*[48]

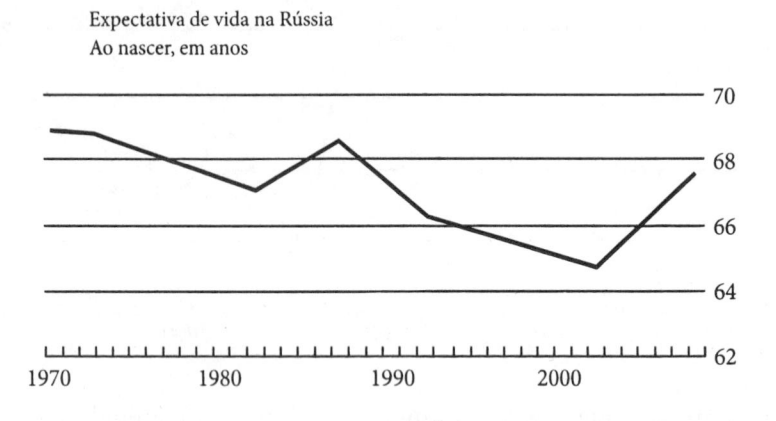

Expectativa de vida na Rússia
Ao nascer, em anos

Hoje, passadas duas décadas desde que a Rússia começou a transição para o capitalismo, a saúde dos homens russos ainda está pior do que era antes do início das reformas em 1991. No todo, a expectativa de vida para homens e mulheres era de 68 anos em 1991; em 2012, era de 66 anos. A morte de milhões de homens russos continua a assombrar a nação. Até as poderosas forças armadas russas estão sentindo o abalo, incapazes de encontrar número suficiente de recrutas saudáveis para reabastecer suas fileiras.[49]

Embora as mortes crescentes causadas pela terapia de choque tenham atingido principalmente os homens, toda a nação sofreu. As pessoas que sobreviveram enfrentam agora o peso da morte de um provedor. Na Rússia, não são apenas os idosos que hoje passam privações, mas também a geração de mulheres jovens. Depois da morte precoce de seus maridos, as mulheres russas estão diante da sombria perspectiva de ter que sustentar sozinhas o peso da dívida e os gastos domésticos.

Embora a Rússia já tenha concluído sua dolorosa transição para o capitalismo, os efeitos duradouros dessa passagem continuam a ter impacto sobre a saúde da população. Após os choques da privatização, o fragilizado sistema de clínicas médicas associadas ao local de trabalho já não conseguia controlar as doenças infecciosas. Depois de ser considerada coisa do passado na Rússia, a tuberculose voltou violentamente, começando a aumentar em 1992. Junto com a África Subsaariana, o antigo bloco soviético é agora uma das duas únicas regiões do mundo que estão perdendo a guerra contra a tuberculose. Os fracassos no controle da doença são tão graves na Rússia, que o país se tornou o epicentro de novas cepas mutantes que resistem a quase todos os antibióticos. Esse avanço da tuberculose resistente a inúmeras drogas constitui grave ameaça para todo o mundo.[50]

O golpe maciço sofrido pela saúde pública na Rússia é particularmente trágico quando se constata que a terapia de choque não alcançou os outros objetivos que pretendia. Talvez fosse mais fácil aceitar os 10 milhões de mortes se a rápida transição para uma economia de mercado tivesse melhorado os padrões de vida e saúde dos russos ao longo do tempo. Mas, em vez disso, os programas de privatização serviram, predominantemente, para criar a versão russa do "1 por cento" que conhecemos nos Estados Unidos — os oligarcas com vastas fortunas e enorme poder.

As experiências de outros países comunistas mostram que a Rússia poderia ter seguido um caminho gradual para o capitalismo. Na China, por exemplo, o Partido Comunista rejeitou as propostas de aplicar uma terapia de choque durante as décadas de 1980 e 1990 e optou por privatizar gradualmente à medida que afrouxava, aos poucos, o controle do Estado sobre a economia. As taxas de crescimento na China têm sido de dois dígitos, ano após ano, mesmo durante a recessão que começou em 2007. E a saúde da população chinesa beneficiou-se com o modelo de crescimento econômico adotado: a China agora exibe estatísticas de saúde que rivalizam com as de algumas nações ocidentais. A expectativa de vida para homens e mulheres era de 67 anos em 1985, e agora alcança 73 anos.[51]

A Rússia não foi a única vítima da terapia de choque. Ao longo de uma série de crises da dívida nas décadas de 1980 e 1990, o Fundo Monetário Internacional e o Banco Mundial empurraram políticas econômicas radicais aos países da América Latina, da África Subsaariana e da Ásia. A grande nação da Indonésia foi a segunda desafortunada cobaia para os terapeutas de choque, que entraram em cena para aconselhar o país sobre como responder às ameaças à sua economia e à saúde da população acarretadas pela crise financeira da Ásia Oriental nos anos 90.

3

De milagre a miragem

Kanya tinha apenas 16 anos quando começou a tossir e cuspir sangue. Estávamos em 2001, e ela era uma das centenas de filhas de agricultores em torno de Kanchanaburi, uma área no oeste da Tailândia, que vinham apresentando estranhos sintomas: erupções na pele, perda de peso e infecções pulmonares causadas pela pneumonia e tuberculose. Na época, Sanjay estava ajudando as "clínicas móveis" do governo tailandês — caminhonetes e vans que o Ministério da Saúde da Tailândia havia convertido em clínicas itinerantes. A parte de trás do veículo levava um estoque de medicamentos e curativos, e os choferes — duas enfermeiras e um médico local — dirigiam entre as vilas próximas da fronteira com Burma, parando em cada casa do caminho para oferecer, gratuitamente, serviços básicos de saúde às famílias de agricultores que, de outra forma, não teriam como pagá-los.

Os agricultores estavam sofrendo a pior crise financeira desde a derrocada da Rússia. A partir de 1997, a Tailândia e os países vizinhos haviam tido um aumento dramático na pobreza depois que o estouro de uma bolha imobiliária afundou a Ásia Oriental em uma profunda recessão. O Fundo Monetário Internacional, banco internacional que era o "emprestador de última instância", oferecera um plano de resgate, mas com a condição de que os países implementassem maciças medidas de austeridade nos serviços sociais e de saúde. Os cortes não poderiam ter vindo em pior momento. Centenas de milhares de agricultores que viviam em torno de Kanchanaburi haviam perdido a capacidade de vender seus produtos no mercado comum, pois as flutuações nos preços do arroz e dos vegetais os deixaram no lado perdedor das negociações comerciais. A austeridade significava não haver nada para amortecer o choque, e os agricultores lutavam para ganhar o suficiente para não passar fome.[1]

Kanya contou ao diretor da clínica o que acontecera. Depois que a crise atingiu o país, ela havia sido recrutada por "homens da cidade" que lhe prometeram um bom emprego em Bangcoc — garçonete em restaurantes ou operária numa fábrica de roupas. Com o que ganhasse, ela poderia mandar dinheiro para a família, que não estava conseguindo comprar alimentos nem remédios. Mas, em vez de restaurantes chiques ou fábricas, foi levada a uma das zonas de prostituição de Bangcoc. Ali, um turista alemão a violentou seguidamente.

Depois de ouvir essa história, o médico da clínica móvel fez o teste para HIV em Kanya e nas outras jovens de Kanchanaburi. Como ocorreu com todas as que apresentavam súbita perda de peso, erupções cutâneas, pneumonia ou tuberculose, o teste de Kanya deu positivo. Tendo ficado sem diagnóstico durante vários anos, o HIV havia enfraquecido seu sistema imunológico, deixando-a vulnerável à tuberculose.

Kanya conseguira fugir de Bangcoc e voltar para a família, mas, àquela altura, os parentes pouco podiam fazer para ajudá-la. Seu diagnóstico chegara tarde demais. Com o sistema de defesas enfraquecido, ela morreu de complicações da tuberculose.

Kanya não estava sozinha. Em 1998, a taxa de mortalidade resultante de doenças infecciosas começou a crescer na Tailândia. Nos cinco anos subsequentes, houve mais de 50 mil casos em excesso de mortes por pneumonia, tuberculose e HIV — mortes que se seguiram a uma alta dose de austeridade.

A história de Kanya começa com o surto de prosperidade financeira que teve início na década de 1980. Os investidores internacionais estavam entusiasmados com os "mercados emergentes" na Ásia Oriental. Quase a metade dos investimentos estrangeiros do mundo afluiu para a região. Os investidores tiveram lucros inesperados. A Tailândia e muitos de seus vizinhos como a Indonésia e a Malásia passavam por um notável cresci-mento econômico, com taxas em torno de 5% a cada ano. À medida que o setor imobiliário crescia, o emprego também crescia e os níveis de pobreza baixavam. Pela primeira vez, muitas crianças asiáticas (incluindo meninas) tinham a oportunidade de ir à escola e, mais que isso, seus resultados nas provas de matemática e ciências começaram a ser melhores do que os das crianças no Ocidente.[2]

O Banco Mundial rotulou vários países na região de "Tigres Asiáticos", chamando-os de "milagre asiático" e apontando-os como um "modelo" a ser seguido pelo resto do mundo.[3]

Se parecia bom demais para ser verdade é porque, provavelmente, assim era. Antes do começo da crise, a comunidade financeira internacional vinha fazendo um empenho suspeitamente intenso para preservar a imagem do Milagre Asiático. Uma denúncia no *Wall Street Journal* relatou que o Banco Mundial, por insistência do governo indonésio, havia "suavizado os relatórios sobre a economia do país, ajudando o governo a aparecer com melhores pontuações e atrair capital." Dennis de Tray, um economista que comandou a missão de 150 funcionários do Banco Mundial na Indonésia, admitiu que, "em todo país no qual atuamos, existe uma opção difícil entre, digamos, ser um purista e ajudar as pessoas" — basicamente indicando que o Banco Mundial pensava estar ajudando as pessoas ao promover o Milagre Asiático.[4]

Os relatórios inflados não enganaram a todos os observadores; alguns conseguiram perceber o que havia por trás daquele alarde e reconheceram que uma crise completa estava em gestação. Em 1994, o muitas vezes pres-ciente Paul Krugman alertou a respeito do "mito do milagre asiático". Ele percebeu que o rápido desenvolvimento da Ásia estava sendo impulsionado por altíssimas entradas de capital estrangeiro e não por investimentos que promoviam o avanço tecnológico ou uma maior eficiência do trabalho, sinal revelador de uma bolha econômica. O setor imobiliário já estava com exces-so de oferta e, em 1996, as propriedades residenciais encalhadas somavam 20 bilhões de dólares. Muitos dos novos edifícios permaneciam vazios.[5]

No início de 1997, os investidores já estavam inquietos, perguntando-se se seus negócios imobiliários estariam simplesmente inflando uma bolha. Não querendo perder nenhuma oportunidade, o investidor George Soros e seu Fundo Quantum fizeram uma aposta: as moedas da Ásia Oriental estavam supervalorizadas, e seus preços cairiam. Com isso, atiçaram sentimentos de pânico. Em toda a região, os mercados e as moedas despencaram. Em 1997 e 1998, o baht tailandês e a rupia indonésia perderam, respectivamente, 75% e 80% do valor. À medida que os dominós caíam, toda a região foi sendo rapidamente engolfada pelo pânico financeiro diante de moedas desvalorizadas. Em pouco tempo, todo o capital que até então havia inundado as economias asiáticas começou a debandar. Os investidores estrangeiros retiraram 12 bilhões de dólares da indústria de construção e de outros setores, reduzindo ainda mais o valor das moedas da região. Em meado de janeiro de 1998, as moedas de todas as economias "emergentes" no sudeste asiático haviam perdido a metade de seu valor anterior à crise.[6]

Os habitantes da Ásia Oriental padeciam sob o peso de uma catástrofe econômica semelhante à Grande Depressão nos Estados Unidos. Os preços dos alimentos dobraram; o preço do arroz e de outros alimentos básicos foram os que mais subiram porque a moeda desses países não valia mais nada. Para piorar ainda mais a situação, o ciclo climático da corrente El Niño contribuiu para uma seca generalizada em outubro de 1997, levando à falta de arroz e de cereais e a novos aumentos nos preços dos alimentos básicos. A taxa de pobreza na Indonésia saltou de 15% para 33% em apenas um ano.[7]

Foi por isso que os pais de Kanya a entregaram aos "homens da cidade" para ajudar a sustentar a família.

Defrontadas com o risco de morrer de fome, as pessoas em toda a Ásia Oriental saíram às ruas em protesto. Em maio de 1998, as revoltas que explodiram em Jacarta acabaram levando à queda do regime ditatorial do presidente Suharto. A violência aterrorizou a nação, e as comunidades afundaram no caos. Com frequência, as vítimas eram mulheres: pelo menos 169 estupros foram documentados. Uma minoria étnica chinesa, vista como a classe privilegiada dos negociantes, também foi alvo dos ataques da multidão.[8]

Os danos e traumas da violência prenunciavam o surgimento de uma crise mais significativa da saúde pública na região. Os países da Ásia Oriental — especialmente a Tailândia e a Indonésia — tinham infraestruturas de serviços de saúde muito menos abrangentes do que a Rússia, particularmente nas áreas rurais como Kanchanaburi. Havia o perigo real de uma catástrofe humana, como visto na crise pós-comunista. Não havia evidências se a Ásia Oriental responderia protegendo seu povo ou se adotaria o estilo pós-soviético, com uma rápida sucessão de violentas medidas de privatização e austeridade. Como ocorreu na Rússia no início da década de 1990, o que não faltaram foram conselhos para os governos dos Tigres Asiáticos. O FMI ofereceu suas receitas para a recuperação. O Fundo foi criado após a Segunda Guerra Mundial, quando a Europa se esforçava para se recuperar da devastação econômica. Os estatutos de fundação atribuíam àquele banco especializado a função de "promover a estabilidade econômica" e contribuir "para a promoção e manutenção de altos níveis de emprego". Em outras palavras, amansar os mercados globais voláteis e proteger as pessoas comuns dos danos da instabilidade.[9]

Antes da crise da Ásia Oriental, o FMI era amplamente reconhecido como uma força econômica impulsionadora da política americana na região. O Fundo oferecia empréstimos diretamente aos governos para ajudá-los a equilibrar seus balanços. Como no caso de todos os bancos internacionais, o FMI impunha condições para os empréstimos. Por volta de meados da década de 1980, durante a era de Ronald Reagan e Margaret Thatcher, essas condições começaram a incluir metas estritas para várias áreas: privatização de empresas estatais, liberalização de mercados por meio da remoção de regulamentações de preços e do comércio, e cortes dos gastos governamentais com saúde e educação. Segundo a lógica de seus proponentes, essas políticas incrementariam o papel das indústrias privadas nos países pobres, aumentariam a influência das forças do mercado sobre a intervenção dos governos, reduziriam a dependência de ajudas externas e impediriam a inflação. Em países de alta renda, muitos formuladores de políticas e investidores argumentavam que essas políticas eram boas para o desenvolvimento. Como essas teorias eram apresentadas por assessores políticos estabelecidos em Washington, ficaram conhecidas como o Consenso de Washington.[10]

Durante a crise da Ásia Oriental, o FMI viu-se em um dilema. Os países que agora pediam ajuda haviam seguido as recomendações econômicas que o Fundo lhes fizera durante os anos de rápida expansão. Na verdade, muitas vezes se acreditava que aquelas recomendações haviam alimentado o surto econômico e precipitado a crise financeira subsequente. Agora, o FMI era forçado a argumentar que aqueles mesmos países asiáticos precisavam fazer uma mudança dramática de políticas. Tal como em sua abordagem à crise russa na década de 1990, para a Ásia o FMI defendeu a mesma prescrição genérica dos terapeutas de choque: a troca do sofrimento no curto prazo pelos ganhos no longo prazo.[11]

As prescrições do FMI podem ter encontrado um consenso em Washington, mas deixaram preocupados os especialistas em saúde na Ásia Oriental. Em vez de permitir que os países imitassem o New Deal, o FMI requeria amplos cortes orçamentários, especialmente no setor de saúde. Os cortes partiam da premissa de que os países deviam manter um superávit orçamentário durante uma recessão, em vez de incorrer em gastos que aumentariam o déficit. De acordo com a teoria, a manutenção de tal superávit inspiraria confiança nos investidores, o que permitiria, em última instância, uma recuperação econômica mais rápida e evitaria uma catástrofe humana. No entanto, dados significativos haviam refutado a teoria de que isso fosse necessário ou sábio. A teoria estava mais baseada em afirmações repetidas do que em sucessos práticos reais — como visto na Rússia, as consequências foram desastrosas tanto para a economia quanto para a saúde pública.[12]

Nem todos os países da Ásia Oriental decidiram seguir os mesmos caminhos em resposta à crise. Alguns aceitaram os conselhos do FMI para cortar orçamentos, mas outros escolheram investir em políticas de proteção social para apoiar seus cidadãos. Assim, a crise forneceu mais um tipo de experimento natural no qual os cientistas puderam comparar vários países e populações, algo que raramente se consegue fazer. Um experimento desse tipo acontecera nos Estados Unidos durante a Grande Depressão, quando alguns estados adotaram o New Deal e outros só o fizeram parcialmente. E aconteceu novamente com a queda da União Soviética, na medida em que populações semelhantes adotaram políticas diferentes quanto à privatização e à austeridade resultante.

O experimento natural na Ásia Oriental começou com um choque econômico comum. Todos os países enfrentaram graves ameaças à saúde — uma combinação de desemprego, aumento nos preços dos alimentos e dívidas. Em resposta, em 21 de novembro de 1997 o governo da Coreia do Sul solicitou oficialmente ao Fundo um empréstimo de resgate em caráter de emergência. A Indonésia e a Tailândia foram os seguintes a assinar pedidos semelhantes. No entanto, a Malásia não fez o mesmo. Em meio a manifestações de massa, o primeiro-ministro malaio, Mahathir Mohamad, recusou a "assistência" do FMI, já que as inúmeras exigências foram vistas por muitas pessoas como prejudiciais para os malaios. Assim, a Malásia serviu como o "grupo de controle" nesse experimento. O país implantou um programa de estímulo fiscal de 7 bilhões de ringgits que incluía o reforço das redes de proteção social para mitigar o impacto da crise.[13]

Os países que cortaram os programas de proteção social tiveram aumentos maiores no nível de pobreza. Em 1998, o PIB caiu dramáticos 30% na Coreia do Sul, 27% na Tailândia, 56% na Indonésia e 34% na Malásia. Mas, na Coreia do Sul, esses choques econômicos jogaram um maior número de pessoas na pobreza, pois o país tinha sistemas de proteção social mais fracos e também havia adotado o programa de austeridade mais severo. Em 1997-1998, a pobreza na Coreia do Sul dobrou, passando de 11% em 1997 para 23% em 1998. Na Indonésia e na Tailândia também houve aumentos significativos. A Malásia, ao contrário, evitou as severas austeridades dos países que tomaram empréstimos do FMI e teve um aumento menor na pobreza, de 7 para 8 por cento.[14]

À medida que a austeridade piorava as condições de pobreza durante a recessão, a saúde mental das pessoas sofria. Na Coreia do Sul, a sigla do FMI (inglês, IMF, pronunciada *ai-em-efe*) logo passou a ser lida como *"I-am-fired"*, ou "eu estou demitido". As taxas de suicídio de homens, que decrescera na década anterior, tiveram um súbito aumento de 45%. Na Tailândia, as taxas de suicídio subiram mais de 60% com relação ao aumento da taxa de mortalidade devida a todas as causas.[15]

Na ausência de uma forte rede de segurança, a pobreza crescente e os preços cada vez mais altos dos alimentos resultaram em uma fome generalizada na Tailândia e na Indonésia. Em 1998, houve um aumento de 20% no número de mães que apresentavam "emaciação", um estado de subnutrição no qual a pessoa perde massa muscular e adiposa. As mães estavam sacrificando sua alimentação para dar comida aos filhos. Na Tailândia, o número de mulheres grávidas anêmicas, que careciam de ferro, vitamina B12 e ácido fólico, aumentou 22% em 1998. O leite em pó importado havia triplicado de preço desde o início da crise, e algumas famílias pobres alimentavam os bebês com chá-verde adoçado, em vez de leite. Dado o baixo valor nutricional dos substitutos do leite, logo em seguida ocorreu uma queda no peso dos recém-nascidos, o aumento do risco de mortalidade infantil e um maior número de crianças com peso abaixo do normal no ensino básico.[16]

Diante dessas circunstâncias, os países necessitavam desesperadamente de um programa emergencial de distribuição de alimentos. O presidente Roosevelt criara essa ferramenta nos Estados Unidos em 1939, beneficiando 20 milhões de pessoas. A medida fornecia renda e apoio alimentar, além de um programa agrícola para garantir um suprimento doméstico contínuo de alimentos durante a seca provocada pelas grandes tempestades de areia que haviam assolado as planícies centrais dos Estados Unidos e do Canadá na década de 1930. Durante a seca de 1998 na Ásia Oriental, o FMI implementou a estratégia oposta — o corte dos subsídios para alimentação. Adicionalmente, orientou os países a liberarem ainda mais as transações comerciais privadas. Essa medida teve o resultado perverso de deixar as moedas da Tailândia e da Indonésia cada vez mais expostas a especuladores do mercado de câmbio, que rapidamente aproveitaram a oportunidade para retirar o dinheiro investido naquelas economias.

As moedas da Tailândia e da Indonésia continuaram a despencar, empurrando a população para situações ainda mais graves de pobreza e fome. Em janeiro de 1998, poucos meses antes dos tumultos que ocorreriam em maio, a multidão que protestava juntou-se no mercado central de Jacarta. Dezenas de mulheres, enfurecidas pelo aumento contínuo dos preços dos alimentos, gritavam na frente do governador Sutiyoso, um ex-general. Uma delas disse: "O preço do arroz chegou a 4 mil rupias por quilo. Já não tenho como comprar mais do que dois quilos. Não tenho todo esse dinheiro." Outra mulher perguntou: "Onde estão o açúcar e a farinha de trigo, governador? Não tem nem ao menos leite para nossos filhos." O governador, que vinha tentando reduzir o gasto público para alcançar as metas do FMI, capitulou diante das mulheres e ordenou aos soldados que providenciassem leite para elas.[17]

Entretanto, o FMI, num esforço de controlar os déficits orçamentários, respondeu à crise aumentando em 25% o imposto sobre o querosene, o principal combustível que os indivíduos mais pobres usavam para cozinhar na Indonésia. O economista principal do Fundo, Stanley Fischer, tentou mostrar consideração pela classe operária observando que o preço do arroz estava sendo mantido. Mas, dado o aumento no preço do querosene, a estabilização do preço do arroz, num patamar ainda muito alto, trazia pouco consolo: sem combustível, as pessoas não conseguiam cozinhar.[18] A Malásia adotou uma abordagem drasticamente diferente e sustou o aumento no preço dos alimentos. Em 1997, o primeiro-ministro Mahathir declarou que a fonte da crise monetária era o "comércio de divisas", que chamou de "desnecessário, improdutivo e imoral". Precisava ser contido e ilegalizado, disse ele. A Malásia introduziu controles sobre a especulação e fixou sua taxa de câmbio em relação ao dólar. Como resultado, os investidores especulativos passaram a ter dificuldade em apostar nas subidas e quedas da moeda da Malásia. Além disso, o país expandiu seus programas de apoio à alimentação para os cidadãos empobrecidos. Diferentemente da Indonésia e da Tailândia, não houve nenhum aumento significativo na subnutrição entre mães malaias.[19]

Em resumo, a crise financeira da Ásia Oriental foi um experimento natural que submeteu a teste inúmeras teorias sobre como responder a uma recessão. A recessão propriamente dita expôs milhões de pessoas ao risco da pobreza, mas foi a política de suprimir os programas de alimentação e o auxílio-desemprego que transformou a crise em um desastre de saúde pública. A alternativa à austeridade pôde ser vista na Malásia, onde, sob pressão política, os dirigentes escolheram controlar o dinheiro que saía da economia e aumentar os investimentos em mecanismos de proteção social. Aquelas escolhas ajudaram a impedir que os malaios sofressem o mesmo destino das populações da Tailândia, da Indonésia e da Coreia do Sul, cujos políticos escolheram engolir a pílula amarga da austeridade.

Em toda a Ásia Oriental, a queda das moedas causou aumentos maciços nos custos de importação de analgésicos, insulina e outros medicamentos essenciais. À medida que subiam os preços dos remédios, o custo de tratamento médico nos centros de saúde na Indonésia deram um salto de 67%.[20]

Com a subida crescente dos preços dos serviços de saúde, as pessoas precisavam da ajuda do governo para conseguir pagar os tratamentos. Mas, em vez de aumentar os gastos com saúde, aqueles países que haviam recebido empréstimos do FMI fizeram fortes cortes orçamentários. Seguindo a orientação do Fundo, em 1998 o governo tailandês cortou os gastos com saúde em 15%. Na Indonésia, o gasto total com o setor de saúde pública caiu 9% em 1997 e outros 13% em 1998. Ao todo, a Indonésia teve uma redução de 20% no gasto *per capita* e um corte de 25% nos fundos públicos destinados aos serviços básicos de saúde entre 1996 e 2000.[21]

Esses cortes nos gastos fizeram com que as pessoas perdessem o acesso a serviços de saúde. Cada vez mais, as mulheres e crianças já não compareciam a clínicas e hospitais, pois o custo havia se tornado insustentável. O uso dos serviços de saúde por crianças e jovens indonésios entre 10 e 19 anos caiu 33%. Em diversas comunidades, o suprimento de medicamentos também evaporou à medida que os fundos para as clínicas públicas eram cortados. Cerca da metade dos postos de saúde em um bairro populoso de Jacarta fechou as portas devido aos preços crescentes. Por toda a Indonésia, os cortes nos orçamentos resultaram em postos de saúde e hospitais públicos que careciam de antibióticos, suplementos de ferro e pílulas anticoncepcionais. Em 1998, o censo das famílias indonésias mostrou que 25% dos hospitais públicos e das clínicas haviam ficado sem estoques de penicilina e que 40% das clínicas não dispunham de ampicilina, um antibiótico fundamental.[22]

A austeridade também levou à reversão do progresso na luta contra o HIV, pois alguns programas de saúde pública extremamente bem-sucedidos foram cortados. Antes da crise, no início da década de 1990, a Tailândia havia sido o epicentro da epidemia asiática de HIV. O país informou cerca de 100 mil novos casos em 1990; três anos depois, o número havia ultrapassado um milhão. O dr. Wiwat Rojanapithayakorn, chefe do escritório da Organização Mundial da Saúde na Ásia Oriental, assistia, horrorizado, à disseminação do vírus pelo país, que ia desde as cidades tailandesas até as áreas rurais, e de volta para as cidades. Suas pesquisas ajudaram a revelar que 97% de todos os casos estavam associados à transmissão por profissionais do sexo: 33% desse grupo estavam contaminados pelo vírus em 1994. Ainda assim, sua descoberta era encorajadora. Significava que seria possível encontrar uma solução. Uma forma fundamental para impedir novos casos era direcionar as intervenções para pontos específicos, entrando nos bordéis e orientando as prostitutas e seus clientes a usarem preservativos.[23]

Uma campanha como essa estava fora do âmbito de competência do dr. Rojanapithayakorn. Então ele se uniu a um ativista social, Meechai Viravaidya — que ficou conhecido como *Mr. Condom* —, para promover a mensagem "sem preservativo, não". A dupla viajou por todo o país distribuindo preservativos grátis em clínicas de massagem e bordéis, insistindo que profissionais do sexo e seus clientes os usassem. Caso houvesse recusa, as instalações seriam fechadas pela polícia.[24]

Os resultados foram assombrosos. Em menos de dois meses, o programa "uso irrestrito de preservativos" reduziu as novas infecções de HIV entre profissionais do sexo na província de Ratchaburi de 13% para menos de 1%.[25]

Armado com essa prova, Rojanapithayakorn buscou o governo tailandês para obter ajuda. Conseguiu que, a cada hora, as rádios e as redes nacionais de televisão transmitissem mensagens sobre como evitar o HIV. Obviamente, tudo isso exigiria recursos financeiros, e o orçamento anual para a prevenção aumentou de 2 milhões em 1992 para 88 milhões em 1996. Em três anos, o uso de preservativos entre profissionais do sexo passou de 25% para mais de 90%.[26]

Mas então veio o golpe da crise asiática. Para cumprir as metas de austeridade orçamentária estabelecidas pelo FMI, o governo tailandês fez cortes radicais nos recursos para distribuição de preservativos e para medidas associadas de saúde pública. No todo, o orçamento de promoção da saúde foi decepado em 54%. As autoridades tentaram proteger o orçamento para tratamento e prevenção do HIV, mas em 1998 esse também teve um corte de 33% por ordem do FMI. Em 2000, os recursos nacionais para a prevenção do HIV já eram menos de 25% do que haviam sido antes da crise.[27]

Figura 3.1. Grande aumento das taxas de mortalidade por doenças infeccionais na Tailândia[28]

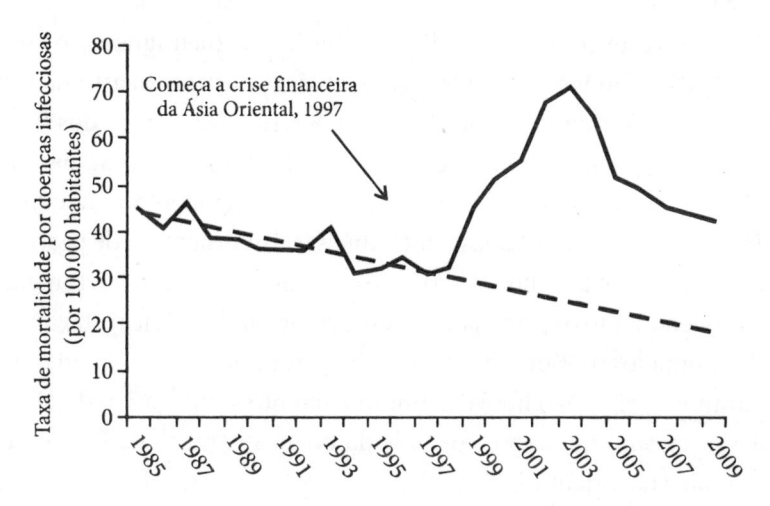

Quando examinamos os dados do sistema de saúde da Tailândia, descobrimos que a distribuição de preservativos para bordéis havia caído de 60 milhões em 1996 para 14,2 milhões em 1998. Em consequência disso, o programa tailandês de prevenção do HIV começou a fraquejar. A taxa de pacientes registrados com aids aumentou de 40,9 em cada 100 mil habitantes em 1997 para 43,6 em 1998. Depois dos cortes, o orçamento para impedir a transmissão mãe-filho só conseguia alcançar 14% da necessidade total estimada. O número de órfãos com HIV cresceu de 15.400 em 1997 para 23.400 em 2001. A metade das crianças infectadas que não receberam nenhum tratamento médico morreu por volta dos 5 anos.[29]

O avanço da Tailândia na prevenção de doenças infecciosas como o HIV foi inteiramente apagado, conforme mostrado na Figura 3.1. Nas décadas transcorridas entre 1950 e o ano de 1996, as mortes por doenças infecciosas vinham caindo a uma taxa de 3,2 mortes por 100 mil pessoas anualmente. Esse progresso começou a ser revertido em 1998, quando as mortes por doenças infecciosas passaram a subir à taxa de 7,6 mortes por 100 mil pessoas por ano. A principal causa do aumento de mortes era o HIV não tratado e suas complicações, a pneumonia e a tuberculose.[30]

Para preencher as profundas lacunas causadas pela austeridade no sistema tailandês de saúde pública, voluntários médicos como Sanjay entraram em ação para ajudar a manter funcionando os programas de prevenção e tratamento do HIV. Eles conseguiram salvar algumas vidas. Mas, para outras pessoas — como Kanya, a garota de 16 anos de Kanchanaburi —, era tarde demais.

Em contraste com a Tailândia, a Malásia escolheu ignorar o conselho do FMI e, em vez de cortar orçamentos, aumentou o gasto real com serviços de saúde em cerca de 8% em 1998 e 1999. O reforço dos fundos para a saúde traduziu-se no aumento de 18% no número de pacientes tratados no sistema de saúde pública. O novo orçamento para controle do HIV permitiu que a Malásia introduzisse um programa de prevenção da transmissão mãe-filho, no estilo do adotado pela Tailândia. Em outras palavras, enquanto os principais programas de saúde pública estavam sendo desmontados na Tailândia, a Malásia estava criando os seus, idênticos. E, durante a crise, não houve nenhum aumento significativo do HIV na Malásia, mesmo quando o controle da doença começou a fracassar na Indonésia e na Tailândia.[31]

Enquanto isso, a organização parceira do FMI, o Banco Mundial — que supervisiona os programas de bem-estar social e alívio da pobreza —, esquivava-se das perguntas de repórteres e pesquisadores sobre como a saúde havia sido afetada pela crise e pelos programas do Fundo na região. Na Coreia do Sul, o Fundo ficou conhecido como "Fundo da Mortalidade Infantil" porque a taxa de mortalidade infantil cresceu em decorrência do programa de austeridade preconizado. Quando se perguntou a funcionários do Banco: "As condições de saúde pioraram na Indonésia?", eles responderam que era "difícil chegar a um quadro completo e consistente do impacto da crise sobre a saúde e da eficácia das políticas adotadas. Alguns índices clássicos sugerem que foram evitados efeitos catastróficos. Por exemplo, as taxas de mortalidade infantil pareceram continuar sua 'tendência decrescente'." No entanto, uma análise publicada por pesquisadores independentes na *The Lancet*, a importante revista médica inglesa, descobriu que os relatórios do Banco eram "inexatos" e "sem fundamento". O Banco, geralmente meticuloso na citação das fontes dos dados, não indicou nenhuma fonte que corroborasse sua afirmação de que a mortalidade infantil havia caído. Na realidade, o Bureau Central de Estatísticas da Indonésia informou em seu Relatório às Nações Unidas sobre Desenvolvimento Humano que a mortalidade infantil havia aumentado, crescendo, em média, 14% em 22 das 26 províncias do país.[32]

A despeito desses resultados, nem todos os programas do FMI foram desastrosos. Algumas das medidas recomendadas ajudaram a impedir doenças, principalmente pela redução do uso de bebidas alcoólicas. Em 1998, para atender à exigência do FMI de produzir superávits orçamentários, o governo da Tailândia foi forçado a aumentar os impostos sobre a venda de bebidas. De acordo com dados sobre bebidas alcoólicas da Agência da Receita Federal tailandesa, as reformas funcionaram: o consumo de bebidas caiu 14% ao longo de dois anos.

A recessão na Ásia Oriental não precisava resultar em um desastre para à saúde. Mas os maciços cortes orçamentários corresponderam a aumentos reais na fome e privaram a população do acesso a médicos e clínicas. Os cortes não ocorreram apenas em alguns programas que mostravam baixo desempenho, mas foram feitos sem levar em conta os méritos do internacionalmente aclamado programa tailandês de combate ao HIV. O desastre que se seguiu impediu o avanço da luta contra a fome e as doenças infecciosas. A Ásia Oriental se tornara o novo caso clássico do que pode acontecer quando políticas de austeridade ganham prioridade sobre a saúde das pessoas. Assim como acontecera na Rússia, a forte dose de austeridade danificou a principal fonte do progresso da Ásia Oriental: sua população, seu povo.

Nos anos que se seguiram à crise, evidenciou-se uma divisão econômica entre os países com empréstimos do FMI e aqueles sem empréstimos. A Malásia, tendo rejeitado as diretrizes do Fundo e seguido seu próprio caminho de intervenção estatal, evitou a miséria e o sofrimento maciços e acelerou a recuperação econômica. A Malásia foi, na verdade, o primeiro país da região a desfrutar a recuperação econômica. Embora as rendas médias tenham caído em 1998, a recuperação malaia começou no ano seguinte. Os preços dos alimentos haviam subido 8,9% em 1998, mas, dois anos depois, estavam de volta a apenas 1,9% acima dos níveis anteriores à crise. A Coreia do Sul foi um caso intermediário; tendo uma economia maior do que a da Malásia, com gastos governamentais maiores antes da crise, tinha mais "espaço político" de manobra e pôde negociar melhor com o FMI para evitar os cortes orçamentários mais dolorosos. Foi o segundo país a se recuperar, depois da Malásia.[33]

Em 2002, Joseph Stiglitz resumiu o papel do FMI na crise financeira da Ásia Oriental: "Tudo o que fez o FMI foi tornar as recessões da Ásia Oriental mais profundas, mais longas e mais difíceis. Na realidade, a Tailândia, que seguiu mais estritamente as prescrições do Fundo, teve um desempenho pior do que o da Malásia e da Coreia do Sul, que seguiram cursos mais independentes."[34]

Ironicamente, dos quatro países examinados aqui, somente a Malásia foi capaz de atingir as principais metas econômicas do FMI, embora não tenha participado do programa do Fundo. O orçamento malaio acabou tendo um superávit em 1997, apesar de ter sido o único país que evitou cortar os gastos com a proteção social.[35]

As pessoas dentro do FMI estavam começando a admitir seus erros. Em um relatório confidencial que vazou e chegou ao *New York Times*, os membros da equipe do Fundo concordaram que suas condições de empréstimo agravaram a crise. "Longe de melhorar a confiança pública no sistema bancário", afirmou o relatório, "[nossas reformas], em vez disso, desencadearam uma adicional 'fuga para a segurança'", referindo-se às contínuas retiradas de investimento que provocaram os fechamentos de bancos na região. Em outras palavras, os programas do FMI haviam agravado o sentimento de pânico, não apenas com seus lúgubres alertas que atemorizaram os investidores, mas também porque as altas taxas de juros e os cortes orçamentários diminuíram o ritmo da economia.[36]

O experimento natural na Ásia Oriental teve resultados impressionantes. Quando a Malásia se recusou a cortar os orçamentos de saúde pública, foram preservados os programas de vacinação e os projetos de assistência alimentar; o país não registrou um aumento acentuado dos casos de subnutrição e HIV, diferentemente do ocorrido nos países vizinhos que haviam cortado seus orçamentos de saúde. Um relatório do UNICEF concluiu que, "na Malásia, ao contrário da Indonésia, da República da Coreia e da Tailândia, há pouca dúvida de que o impacto social da crise tenha sido contido". Uma análise independente dos dados, feita por especialistas australianos em saúde pública, resume a situação: "Esses resultados sugerem fortemente que programas de proteção social adaptados para atender às necessidades dos grupos populacionais mais ameaçados são ferramentas necessárias e importantes para protegê-los dos efeitos adversos de uma crise econômica sobre a saúde e os cuidados médicos." Pesquisadores da Escola de Saúde Pública da Universidade de Johns Hopkins concordaram, concluindo que "as políticas de proteção social desempenham um papel crucial para proteger populações contra os efeitos adversos de declínios econômicos sobre a saúde e os cuidados médicos".[37]

Dez anos depois da crise financeira da Ásia Oriental, a Grande Recessão mundial atingiu a Indonésia. Isso deu ao país uma oportunidade de aprender com os próprios erros; dessa vez, o governo indonésio aumentou alguns subsídios para as pessoas pobres. Assim, ainda conseguiam comprar óleo de cozinha durante os aumentos nos preços de alimentos e combustíveis em 2008 e 2011 (parcialmente causados pelo movimento dos investidores, que migraram dos títulos garantidos por hipotecas para *commodities* básicas).[38]

Foi somente na crise da atual Grande Recessão que o FMI apresentou um *mea culpa* formal por suas falhas durante a crise financeira da Ásia Oriental. Em outubro de 2012, o Fundo admitiu que o dano econômico decorrente de suas recomendações de austeridade e liberalização na Ásia

Oriental pode ter sido três vezes maior do que o antecipado. Embora o Fundo tivesse previsto que suas medidas fariam a economia Indonésia crescer 3%, na realidade a economia contraiu 13%. O diretor do FMI emitiu um pedido formal de desculpas — de pouca utilidade para os milhões de vidas destruídas pela "ajuda" do Fundo. Muitos países da Ásia Oriental não voltarão ao Fundo se puderem evitá-lo; no conjunto, esses países acumularam seis trilhões de dólares em contas de poupança alimentadas por investimentos em moedas estrangeiras para o caso de outro período de retração econômica. "As pessoas aprendem com o que aconteceu no passado", disse o ministro do Comércio da Indonésia, Gita Wirjawan. "Certamente, o que passamos em 1998 foi doloroso. Eu sobrevivi, e espero que as dificuldades que atravessamos tenham servido de lição."[39]

As lições da história — o New Deal, a terapia de choque na Rússia e os programas do FMI na crise financeira asiática — são evidentes. Elas apresentam a todos nós uma escolha clara. Continuaremos a equilibrar orçamentos nas costas dos elementos mais vulneráveis da sociedade? Será que dezenas de milhões de pessoas — como Olivia, na Califórnia, Dimitris, em Atenas, os McArdles, na Escócia, Vladimir, na Rússia, e Kanya, na Tailândia — terão que sofrer por causa de programas de austeridade espúrios? Ou, finalmente, reconheceremos que a saúde econômica e a saúde humana são inseparáveis?

PARTE II

A GRANDE RECESSÃO

4

Deus proteja a Islândia

"*Gud Blessi Is'land.*"
Essas três palavras apareceram em letras maiúsculas brancas nas telas das televisões de toda a Islândia em 6 de outubro de 2008.

"Amigos islandeses", ouviu-se uma voz, "eu pedi a oportunidade de lhes falar neste momento em que a nação islandesa enfrenta grandes dificuldades."[1]

A maior parte dos 317 mil habitantes dessa nação ilhéu trata os demais pelo primeiro nome. Quem falava era Geir, o primeiro-ministro Geir Hilmar Haarde. As letras grandes na tela foram substituídas por sua imagem: ele estava por trás de uma barreira de microfones, vestindo seu tradicional blazer azul-marinho e próximo à bandeira do país. Seu rosto tremia de ansiedade.

"Existe um perigo muito real, meus caros concidadãos, de que a economia islandesa, no pior dos casos, possa ser sugada, junto com os bancos, no redemoinho, e o resultado poderia ser a falência nacional", disse ele, ajustando os óculos com um movimento nervoso.[2]

O estresse era palpável. Em 2008, a crise financeira havia se disseminado como um vírus, atravessando o Atlântico a partir da crise imobiliária americana e chegando às bolsas de valores europeias; agora, atingia essa pequena nação ilhéu. Em dezembro daquele ano, a revista *The Economist* noticiou que "quando se considera o tamanho relativo da economia, o colapso dos bancos da Islândia é o maior já sofrido por qualquer país". A crise atingiu a nação como um choque maciço, e muitos comentaristas previram um colapso. Todos os maiores bancos faliram, a bolsa caiu 90% e investimentos que totalizavam nove vezes a produção econômica anual do país desapareceram no prazo de uma semana em outubro de 2008. O Instituto Islandês de Saúde Pública pediu aos jornalistas locais que escrevessem histórias mais positivas, num esforço para controlar o risco de suicídios. Conforme relataram os boletins financeiros da Bloomberg, "Não se tratava de nenhuma recessão pós-Lehman Brothers: era uma depressão."[3]

Como resultado, o povo islandês enfrentava agora a maior ameaça à sua saúde desde a Segunda Guerra Mundial. Devido ao grande aumento da dívida, o sistema de saúde universal viu-se à beira da falência. Todo o sistema era financiado e executado com recursos públicos; praticamente não havia hospitais e clínicas particulares, nem seguro-saúde. Assim, se os fundos governamentais para a saúde secassem, o acesso das pessoas aos serviços sofreria um impacto direto. Outra ameaça era que, se a coroa depreciasse, o custo da importação de medicamentos essenciais dispararia, tornando-os inacessíveis num momento em que os orçamentos públicos já estavam sobrecarregados. Aumentando ainda mais os riscos, a possibilidade de perdas maciças de empregos e de execução de hipotecas de imóveis residenciais ameaçava provocar depressões, suicídios e infartos, elevando a pressão sobre os serviços de saúde pública da Islândia.[4]

Geir continuou sua fala. "Estou muito consciente de que essa situação é um grande choque para muitas pessoas, e cria medo e ansiedade. Se já houve algum momento em que a nação islandesa precisou manter-se unida e demonstrar bravura diante da adversidade, esse momento é agora. E exorto todos vocês: cuidem daquilo que é o mais importante na vida de cada um de nós, protejam aqueles valores que sobreviverão à tempestade que agora começa."

A Islândia se destacava das outras nações que lutavam contra a Grande Recessão. Enquanto a maior parte das pessoas voltava sua atenção para os Estados Unidos, o Reino Unido, a Grécia e a Espanha, a Islândia servia como um minilaboratório para se examinar como a recessão afetava a saúde pública. Em primeiro lugar, ao estudar uma ilha escassamente povoada por pessoas com cultura e dietas semelhantes, era possível isolar os impactos das políticas econômicas, coisa que seria muito mais difícil em países grandes ou em regiões inteiras como a União Europeia. Na Islândia, praticamente todas as pessoas tinham a mesma cobertura de saúde e era possível acompanhar o histórico de cada uma em termos de idas ao médico, hospitalizações e morte. Em contraste, a Europa tinha várias coberturas de saúde e diferentes graus de acesso, e o sistema muitas vezes perdia as pessoas, especialmente as dos grupos mais vulneráveis, como os sem teto, e isso dificultava a identificação do fator que causava uma doença em certas pessoas. Em segundo lugar, a Islândia desenvolvera sólidos sistemas de políticas de proteção social no estilo nórdico, que incluíam auxílio-alimentação, auxílio-moradia e programas de reinserção no mercado de trabalho. Os islandeses tinham alto grau de confiança no governo, pelo menos até o começo da crise, e um grau de inclusão social excepcionalmente alto, fazendo parte regular de organizações e clubes. Por todas essas razões, o World Values Survey [Levantamento Mundial de Valores], realizado por uma rede de cientistas sociais em todo o mundo, sistematicamente constatava que a ilha era "o país mais feliz" do mundo (em contraste com os russos, que eram o povo mais infeliz) desde o final da década de 1990.

Assim, a Islândia era um bom lugar para testar nossa hipótese de que os pontos fortes do país — particularmente a participação democrática, o apoio social e o sistema inclusivo de proteção social — poderiam torná-lo mais resistente a uma catástrofe econômica, impedindo um desastre na saúde pública apesar de estar passando por uma terrível crise financeira.[5]

Para compreender o que aconteceu na Islândia e testar adequadamente nossa hipótese, era fundamental entender por que aquela ilha havia sido afetada pela crise de execução de hipotecas nos Estados Unidos. Essa conexão fornece uma lição fundamental sobre como o governo islandês enfrentou uma escolha entre cortar os programas de proteção social durante a crise ou mantê-los, e por que escolheu uma das alternativas e não a outra.

Tudo começa com a história do rápido crescimento islandês, da formação de uma bolha e da queda subsequente.

Estando fora da zona do euro, a Islândia é uma nação orgulhosa e independente que tem sua própria moeda, a coroa. Mas, historicamente, não era uma nação rica. Descoberta por monges irlandeses, redescoberta por vikings noruegueses e, mais tarde, colonizada pelos dinamarqueses (que a controlaram até o início do século XX), a Islândia era um dos países mais pobres da Europa Ocidental durante toda a década de 1940, quando sua principal atividade econômica era a pesca. Desde a Segunda Guerra Mundial, a economia cresceu em um ritmo modesto, em parte devido à política de atrair turistas para suas famosas lagoas azuis e termas fumegantes.[6]

Em meados da década de 1990, o governo da ilha decidiu que a economia precisava se expandir para além da pesca e do turismo. A estratégia, semelhante à de outros microestados como as ilhas Cayman, era fazer do país um centro financeiro *offshore* de administração de grandes fortunas (*private banking*). A Islândia se reinventou como um paraíso fiscal para os ultrarricos do mundo. No início da década de 2000, os bancos comerciais e de investimento se fundiram, preparando o caminho para novos métodos de empréstimos e investindo em *commodities* de alto retorno. Em cenas que faziam lembrar o período que conduziu à crise financeira da Ásia Oriental, os planejadores urbanos islandeses se vangloriavam do crescimento exponencial do número de edifícios grandiosos na capital: "Se Dubai pode, por que não Reykjavík?"[7]

Um dos mais populares desses novos mecanismos de investimento também se provaria o mais arriscado. O IceSave, instituição de serviços bancários online operada pelo banco privado Landsbanki, oferecia taxas de juros de 6% para atrair investidores estrangeiros. A BBC o qualificou como um "*best buy*". O IceSave foi rapidamente inundado por investimentos estrangeiros. Mais de 300 mil britânicos, por exemplo, puseram suas economias de aposentadoria no programa, seduzidos pelos juros altos e pela promessa de um ambiente econômico estável. Até o escritório de investimentos da Universidade de Cambridge e a UK Audit Commission [Comissão de Auditoria do Reino Unido] — uma autoridade financeira independente — transferiram grandes parcelas de suas dotações para a Islândia. Vendo o sucesso do Landsbanki, outros bancos islandeses também conceberam esquemas de investimento com altas taxas de juros para cortejar depositantes. Como resultado desses depósitos, os três maiores bancos (Landsbanki, Kaupthing e Glitnir) saltaram para a lista dos 300 maiores fundos de investimento do mundo.[8]

No início de 2007, a Islândia havia se tornado o quinto país mais rico do planeta, com uma renda *per capita* anual 60% mais alta do que a americana. Um fluxo maciço de capital inundou o país, enquanto os economistas rotulavam a situação de "uma explosão de influxo de capital". Com o estímulo dos empréstimos fáceis, os negócios floresceram. O desemprego caiu para 2,3%, o mais baixo da Europa.[9] Todo mundo se apressava em louvar a ascensão meteórica da Islândia. O *Wall Street Journal* trombeteou o "Milagre da Islândia" como "a maior história de sucesso do mundo". O economista Arthur Laffer, que havia integrado o grupo de assessores econômicos do presidente Ronald Reagan, concordou: "A Islândia deveria ser um modelo para o planeta."[10]

Nos bastidores, no entanto, a economia islandesa oscilava à beira de um precipício. A fim de manter retornos elevados para os investidores bancários, o país vinha acumulando enormes déficits, com altos níveis de importações e grandes empréstimos em moeda estrangeira, uma situação que lembrava a Ásia Oriental na década de 1990. Os negócios e a construção de novos edifícios contavam com empréstimos dos bancos islandeses. Esses bancos, por sua vez, estavam pagando os empréstimos que haviam tomado de fontes arriscadas no exterior, basicamente investimentos que prometiam um alto retorno que ainda não havia se materializado (como os títulos americanos com respaldo hipotecário). Então vieram os primeiros alertas de um colapso iminente: em 2006, o Dansk Bank de Copenhague classificou a Islândia como uma "economia gêiser", prestes a explodir devido à pesada dependência de recursos financeiros externos. Em agosto de 2007, Robert Wade, da Escola de Economia de Londres, fez uma palestra pública alertando os islandeses sobre aquela arriscada estratégia econômica, mas os líderes empresariais e do governo o descartaram, chamando-o de "alarmista". Quando Robert Aliber, um especialista em sistemas financeiros, foi à Islândia em 2007 e 2008 e também alertou sobre os perigos, sua afirmação de que "temos um ano até que a crise ecloda" foi ignorada pela comunidade de negócios. No relatório feito em março de 2008, cinco meses antes do colapso, o primeiro-ministro afirmou: "Relatos negativos sobre a economia islandesa, publicados recentemente em diversos jornais estrangeiros, chegaram-nos como uma surpresa. Todos os indicadores e todas as previsões demonstram, consistentemente, que as perspectivas são boas, que a situação da economia é, de modo geral, sólida e que os bancos têm uma posição confiável."[11]

Apenas poucos meses depois de o governo ter negado que havia um problema, uma onda de choque originada nos Estados Unidos atingiu a economia islandesa. O ministro das Finanças anunciou: "Foi tudo por água abaixo." Do outro lado do Atlântico, nos Estados Unidos, os "*mortgage default swaps*" [swaps de crédito hipotecário] — ou instrumentos de investimento baseados em pacotes de hipotecas ofertados por bancos americanos, muitas vezes a partir de premissas falsas — criaram uma bolha de preços que explodiu. Os bancos islandeses haviam aplicado grande parte de seus recursos em investimentos hipotecários e em ações americanas; durante a crise das execuções de hipotecas e o crash da bolsa, perderam partes substanciais de seus investimentos e já não estavam em condição de remunerar os investidores. Os consumidores começaram a retirar seus recursos do IceSave, preocupados com a possibilidade de que o banco não conseguisse restituir os depósitos diante da queda da bolsa na América.[12]

Eles estavam certos. Em outubro de 2008, o IceSave começou a implodir à medida que os clientes rapidamente retiravam seus investimentos e o mercado de ações islandês tinha uma queda de 90%. O PIB caiu 13%, e as taxas de desemprego subiram de 3% para 7,6% entre 2008 e 2010. Quase 40 mil proprietários de casas não conseguiram manter os pagamentos das hipotecas, pois suas rendas haviam diminuído; mais de mil imóveis foram executados. Com a base tributária encolhida em consequência do alto nível de desemprego, conseguiria a Islândia pagar os serviços de saúde pública, o seguro-desemprego, as aposentadorias e outras políticas de proteção social?[13]

Para ajudar a pagar a crescente dívida pública, o Banco Central islandês pediu ajuda à Europa. Mas, em pouco tempo, a ilha havia se transformado em um pária. Ninguém queria dar dinheiro a um país que acabara de perder todos os seus investimentos. Quando dezenas de milhares de britânicos viram desaparecer todas as suas economias no IceSave, os islandeses se tornaram tão impopulares que alguns dos que viviam no Reino Unido começaram a fingir que eram das ilhas Faroe. "Eles nos tratavam como se fôssemos terroristas", disse um islandês a um repórter da BBC, comentando a zombaria pública de que eram alvo os que se identificavam como islandeses. Uma manchete da BBC dizia: "Islândia: O Novo Inimigo Improvável da Grã-Bretanha."[14]

Assim, era visível que a Islândia não receberia grande ajuda de seus vizinhos. As questões políticas envolvidas no colapso também estavam criando rivalidades internas no país. Um pequeno grupo de banqueiros na Islândia — menos de 1% da população — vira sua riqueza crescer com o fortalecimento da moeda durante o boom do setor bancário. A elite bancária islandesa tornou-se como os oligarcas russos — usando sua nova riqueza para importar atum especial do Japão, comprar SUVs, caviar e jatos particulares. Também conseguia, com relativa facilidade, obter empréstimos de bancos estrangeiros enquanto a moeda ficava cada vez mais forte, e sua dívida total chegou a 9,5 trilhões de coroas islandesas — mais de 900% do valor da produção industrial doméstica, a segunda razão mais alta do mundo. Mas, quando o valor da coroa caiu de 190 por euro para 70 por euro em apenas alguns meses, o desastre sacudiu o país. Mais de um terço dos islandeses perdeu um item doméstico importante; em geral, a própria casa. O foco da revolta era o governo, e rebeliões abalaram a nação até então pacífica. As pessoas se dividiam quanto a pagar, ou não, suas dívidas com o IceSave e com outros esquemas de investimento que também haviam desmoronado. Uma comunidade de poloneses imigrantes que trabalhava na pesca tornou-se objeto de ódios e inculpações. "Governo incompetente" era outra frase ouvida com frequência. Em meio ao caos, um cineasta sueco, Helgi Felixson, percebeu uma oportunidade de registrar o desabar de uma nação e começou a fazer um documentário sobre a recessão e a agitação social, chamado God Bless Iceland.[15]

Na busca desesperada por uma forma de administrar a dívida, o governo recorreu ao emprestador de última instância. Em outubro de 2008, a Islândia pediu ao FMI que elaborasse um pacote de resgate para o país. Era a primeira vez, desde 1976, que o Fundo recebia um pedido de socorro de um país da Europa (naquele ano, o Reino Unido fizera pedido semelhante). Como sempre, o plano financeiro para a Islândia incluía recomendações de austeridade. O país receberia 2,1 bilhões de dólares em empréstimos, mas o governo teria de cortar gastos públicos equivalentes a 15% do PIB. Teria que adotar medidas estritas de austeridade a fim de pagar rapidamente os investidores privados do IceSave, embora o programa fosse operado por um banco privado, e não pelo governo. A dívida do IceSave era diversas vezes o valor de toda a economia do país, e o FMI estava exigindo que 50% da renda bruta da Islândia fossem usados para pagar investidores privados ao longo de um período de sete anos, entre 2016 e 2023; em outras palavras, em curtíssimo prazo.[16]

Os islandeses enfrentavam uma profunda questão moral. Em que medida, se houvesse alguma, eram eles, como povo e como país, responsáveis pelas prevaricações da classe empresarial? Os contribuintes da Islândia estavam sendo instados a pagar pelas más decisões de investimento de um banco privado. Essa era uma notícia grave em um país onde já existia ampla disparidade entre uns poucos ricos que haviam acumulado uma grande dívida com seu opulento estilo de vida e o restante que agora estava sendo chamado a pagar. Das 182 mil famílias do país, cerca de 100 mil não tinham dívidas ou deviam muito pouco, enquanto cada uma das 244 famílias ricas havia acumulado dívidas de investimento que excediam um milhão de dólares. Embora um punhado de banqueiros islandeses tivesse apostado em investimentos de alto risco, toda a comunidade islandesa teria agora que arcar com a dívida deles e sofrer as consequências.[17]

O ônus dos cortes no orçamento cairia pesadamente sobre áreas que os economistas do FMI não viam como fundamentais para a recuperação econômica — especialmente sobre o sistema de saúde pública, que sofreu um corte de 30%. Por incrível que pareça, o FMI considerava que os serviços de saúde eram "bens de luxo". Como, em comparação com os países da Europa continental, a Islândia tinha gastos relativamente altos com saúde pública, alguns economistas do FMI acharam que as despesas do governo nessa área poderiam ser cortadas para encorajar a privatização.[18]

Em protesto ao plano proposto de pagar a dívida do IceSave e cortar orçamentos, o ministro da Saúde da Islândia se demitiu. Recusou-se a cortar 30% dos recursos para a saúde, conforme exigido pelo FMI. Tal corte teria sido mais de duas vezes a média dos cortes propostos para outras áreas, como educação ou as forças armadas. Nosso colega, o dr. Guðjón Magnusson, que deveria ser nomeado superintendente da saúde da Islândia, brincou conosco em uma reunião do Fórum Europeu de Saúde em Gastein, na Áustria, em setembro de 2009: "Sabe qual a diferença entre o FMI e um vampiro? É que um deles para de sugar o seu sangue depois que você morre."[19]

Como visto em outros países, as más notícias financeiras sobre essa recessão econômica não significavam, necessariamente, um desastre na saúde pública — apenas mostravam o potencial de que isso acontecesse. Estávamos acompanhando atentamente os dados da saúde na Islândia, esperando que seguisse o padrão do New Deal com Franklin Delano Roosevelt, mas preocupados com que a pressão do FMI conduzisse o país na direção do fiasco russo. O dr. Magnusson partilhava nossas preocupações com a saúde da população islandesa e enfatizava a importância de se manter o sistema de saúde do país. Ele pretendia realizar uma conferência em Reykjavík em outubro de 2009 para discutir o que poderia ser feito para impedir uma crise. Sua equipe de pesquisa e o ministro de Saúde Pública e Assuntos Sociais seriam os anfitriões. Ele nos encaminhou diversas perguntas que estavam sendo feitas na Islândia: Como o sistema de saúde lidaria com os grandes cortes orçamentários propostos pelo FMI? Quais as políticas que poderiam evitar o aumento de depressões e problemas de saúde mental? Que outros riscos à saúde haviam ocorrido durante colapsos econômicos anteriores? Infelizmente, o dr. Magnusson teve um infarto poucos dias antes da conferência, e faleceu.

Para honrar o seu desejo, comparecemos à conferência e apresentamos nossos dados, mostrando os impactos de recessões anteriores sobre a saúde. Enfatizamos a evidência histórica de como as recessões aumentam os riscos de suicídios, os eventos calamitosos que víramos nos países pós-soviéticos e os destinos divergentes das nações da Ásia Oriental. Embora a Islândia tivesse muitas vantagens, os dados sugeriam que, se executasse os profundos cortes orçamentários em programas vitais de proteção social — exatamente os serviços sociais e de saúde que estavam sendo visados pelo FMI —, os riscos à saúde da população seriam potencialmente multiplicados.

Na conferência, foram apresentados argumentos em defesa dos dois lados. Aqueles que advogavam a austeridade argumentaram que essa medida inspiraria confiança nos investidores e eles trariam mais dinheiro para ajudar a Islândia a escapar de outro mergulho na depressão, e isso impediria um desastre na saúde pública. Mas os dados sobre recessões anteriores não sustentavam essa conclusão, que parecia mais ideológica do que baseada em evidências. As pesquisas sobre recessões anteriores não haviam produzido nenhuma prova de que uma ampla austeridade manteria à distância a depressão. Na realidade, ocorria o contrário: a austeridade tendia a aumentar o desemprego, reduzir os gastos das pessoas e desacelerar a economia.

A forma de resolver a polêmica sobre a austeridade era usar dados. A questão crucial era saber o que melhoraria a saúde pública e ajudaria na recuperação geral da economia: se austeridade ou estímulo. O debate girava em torno de um cálculo chamado "multiplicador fiscal". O multiplicador é uma estimativa de quantos dólares de crescimento econômico futuro são criados por cada dólar de gasto governamental. Quando um multiplicador fiscal é maior que 1, isso significa que o gasto do governo tem um efeito multiplicador — cada dólar gasto cria mais de um dólar em crescimento econômico futuro. Quando o multiplicador é menor que 1, significa que cada dólar adicional gasto pelo governo está destruindo a economia, criando ineficiências ou retirando dinheiro do setor privado que poderia estar sendo mais bem empregado para dinamizar a economia.

Sem utilizar dados concretos, os economistas do FMI haviam partido do pressuposto de que o multiplicador fiscal tinha um valor de cerca de 0,5 para todos os países, o que significava que os gastos públicos encolhiam a economia. A partir desse número, presumia-se que os cortes orçamentários dinamizariam a economia. Mas a suposição havia sido feita sem se utilizar dados reais no cálculo do multiplicador. O FMI também havia presumido que os gastos governamentais eram todos equivalentes — que gastos com escolas de primeiro grau teriam o mesmo impacto econômico que gastos com as forças armadas. Isso fazia pouco sentido. Sem usar dados sobre os efeitos de cortes orçamentários em setores específicos, como o Fundo poderia saber, mesmo quando promovesse a austeridade, quais os gastos mais prejudiciais e quais os que causariam os menores danos à economia e ampliariam as perspectivas de recuperação?

Essa situação requeria uma abordagem sustentada na realidade e em dados concretos, e não modelos matemáticos teóricos baseados em hipóteses que não podiam ser testadas. Utilizando dados reais, recalculamos as estimativas do FMI e desagregamos os dados por diferentes tipos de programas governamentais. Isso nos permitiu estudar os detalhes de como os gastos ou cortes efetivamente impactaram cada uma das principais áreas de gastos públicos. Usamos mais de dez anos de dados para 25 países europeus, os Estados Unidos e o Japão e descobrimos que o FMI havia assumido um valor multiplicador muito baixo para a Islândia. O multiplicador real era de cerca de 1,7 sobre o conjunto da economia. Portanto, a austeridade causaria uma recessão.

Não apenas o FMI subestimou os danos de medidas econômicas de austeridade, mas negligenciou os danos ainda maiores que resultariam do corte dos programas de saúde pública. Saúde e educação tinham os maiores multiplicadores fiscais, geralmente acima de 3. Em contraste, os multiplicadores de defesa eram significativamente menores que 1, bem como os dos pacotes de resgate de bancos. Esses números faziam sentido porque, na verdade, grande parte do dinheiro gasto com defesa já não cria empregos nos setores industriais e de tecnologia de um país, indo para fornecedores estrangeiros e para o pagamento de custos não recuperáveis, como combustíveis para jatos de combate. Tampouco o resgate de banqueiros tende a estimular a economia, pois o mais provável é que os recursos acabem ocultados em contas bancárias no exterior, em vez de serem reinvestidos para criar empregos ou tecnologia. Em contraste, os programas de saúde e educação forneciam benefícios econômicos tanto no curto quanto no longo prazo. No curto prazo, esse setores conseguiam absorver melhor os recursos e transformá-los em trabalho produtivo para professores e enfermeiros, e também para empresas de tecnologia. No longo prazo, os investimentos em educação e serviços de saúde tinham como produto uma força de trabalho mais capacitada e mais saudável.[20]

Em 2009, quando jornalistas islandeses convidaram David para explicar essas descobertas, ele as descreveu desta forma: "Não faz sentido desligar as turbinas de um avião em queda. Agora é a hora de pisar no acelerador, não no freio." Muitos economistas ecoaram essas preocupações com argumentos baseados em critérios financeiros. Joseph Stiglitz disse na televisão islandesa: "Quando o FMI lhes pedir austeridade, deem um pontapé neles." Mas não seria fácil seguir aquele conselho. Como no caso de muitos dos países da Ásia Oriental que haviam enfrentado crise semelhante, a Islândia tinha poucas opções de conseguir capital, dado o tamanho reduzido de seu Banco Central em face a uma dívida nacional que já chegava a oito vezes o valor do PIB. No final, o país viu-se forçado a recorrer ao FMI como o emprestador de última instância.

Mas, no início de 2010, pouco antes de o governo completar sua revisão do acordo de empréstimo do FMI que previa o pagamento do IceSave e incluía grandes medidas de austeridade, algo extraordinário aconteceu: o presidente daquela moderna democracia rejeitou o plano e perguntou ao povo islandês o que ele queria.[21]

Seu gesto foi deflagrado, em parte, pelas manifestações de revolta que haviam começado no início de 2009. Em janeiro, mais de 10 mil islandeses ocuparam as ruas em protesto, enfrentando as tropas de choque em torno do prédio do Parlamento. Considerando todos os componentes da situação, o protesto foi relativamente pacífico, parecendo-se mais com uma festa de rua do que com um embate com gás lacrimogêneo e coquetéis molotov. As pessoas atiravam ovos, sapatos velhos e tomates contra o Parlamento, enquanto outras batiam tambores e acendiam uma fogueira para se aquecer. Os manifestantes exigiram o fim dos cortes orçamentários, deixando de pagar a jogatina dos banqueiros, e a remoção do governo "corrupto". Dentro do Parlamento, os líderes políticos tentaram menosprezar os manifestantes, chamando-os de bando de desocupados. Mas os próprios manifestantes mostraram quem realmente eram. Como disse um deles, Sturla Jonsson, aos repórteres, "Eu quero lhes dizer que as pessoas reunidas aqui não são 'ativistas' nem 'militantes'. São simplesmente adultos comuns de todas as idades."[22]

Em algum momento, o primeiro-ministro Haard foi forçado a entregar o cargo. "Os protestos eram muito óbvios para nós", disse um membro do Parlamento, "e entendemos a mensagem de que as pessoas queriam mudança." Um protesto de 10 mil pessoas pode parecer pequeno, mas, para a Islândia, é algo espantoso — representa 3% da população. Proporcionalmente, uma manifestação equivalente nos Estados Unidos envolveria 10 milhões de pessoas.[23]

Os protestos provocaram um grande movimento democrático. Em março de 2010, foi realizado um referendo nacional, o primeiro desde 1944, quando a Islândia votara sua independência da Dinamarca. A escolha de como proceder com as dívidas dos banqueiros foi posta nas mãos dos eleitores: devemos absorver a dívida privada para remunerar os banqueiros e seus temerários investidores no esquema IceSave, drasticamente cortando nossos orçamentos governamentais e mandando para eles os dólares dos impostos que pagamos? Ou devemos dizer não ao pagamento das apostas dos banqueiros, evitar uma grande dose de austeridade e investir na reconstrução da economia? Noventa e três por cento dos islandeses votaram contra o pagamento das dívidas dos banqueiros.[24]

Os mercados rapidamente responderam com uma reação negativa. A atitude em Wall Street refletia todo o pensamento que ia de John Locke, o filósofo do século XVII, até o onipresente Milton Friedman. Locke, cujos escritos serviram de base para a Constituição americana, preocupava-se com os riscos de se submeter ao voto democrático as políticas sobre gastos governamentais; a "tirania da maioria" podia fazer com que uma multidão revoltada buscasse apenas benefícios próprios, pouco sabendo das complexidades das questões econômicas que só eram entendidas por uma elite intelectual minoritária. Em um comentário famoso, Milton Friedman, o economista do livre mercado, disse que as decisões econômicas deveriam ser entregues a um computador, que não hesitaria em tomar decisões difíceis, dolorosas. Talvez as pessoas comuns não se dispusessem a tomar as decisões difíceis sobre dívidas e cortes orçamentários que estavam sendo recomendados pelo FMI — decisões de importância vital para salvar seus próprios futuros. Se essa perspectiva estivesse correta, então os políticos islandeses haviam condenado o país ao deixarem que o povo decidisse.[25]

No entanto, nem todos os especialistas criticavam o movimento democrático. Robert Wade, que havia alertado sobre a iminente crise econômica global antes que ela acontecesse, partilhou seu conselho com a mídia islandesa. Ele recomendava que o dinheiro fosse usado em programas de obras públicas (no estilo New Deal) para que as pessoas que haviam perdido seus empregos pudessem fazer trabalhos reais novamente, em vez de simplesmente passarem a receber seguro-desemprego. Esses trabalhos dinamizariam a economia ao gerar renda que seria usada para ativar o consumo. Na verdade, a existência de muitos jovens desempregados poderia criar uma "geração perdida" de pessoas que nunca haviam trabalhado, ou que poderiam até mesmo emigrar e nunca retornar ao país. Wade encorajava os empresários a não demitir pessoas, mas a transferi-las para trabalhos de curta duração a fim de mantê-las engajadas no mercado de trabalho. Ele também instava o governo a proteger a renda dos aposentados para garantir que os idosos não fossem privados de suas necessidades básicas.[26]

Assim, o sonoro "Não" (*Nei*, em islandês) foi um teste verdadeiro de um grande debate: teriam os eleitores islandeses se mostrado pessoas equivocadas, egoístas e, em última instância, ignorantes do que era o melhor para elas quando seguiram o conselho de Wade? Ou deveriam ter absorvido as dívidas dos banqueiros e engolido a pílula amarga da austeridade e as recomendações de Wall Street, de Friedman e do FMI?

Examinamos tanto os dados econômicos quanto os de saúde pública para acompanhar o que aconteceu depois da votação — e comparamos aqueles dados com as previsões que haviam sido feitas. Analisamos as estatísticas de morte na Islândia, coletadas pelo escritório europeu da Organização Mundial da Saúde. No período de 2007 a 2010, os piores anos da crise, as taxas de mortalidade continuaram a cair sistematicamente em todo o país. Ocorrera um ligeiro aumento no número de suicídios depois da quebra do mercado, mas não era estatisticamente significativo: em 2007, houve 11,4 suicídios por 100 mil pessoas, em 2008 foram 12,1 e em 2009 o número caiu para 11,8. Numa população total de cerca de 300 mil pessoas, essas não eram mudanças significativas, correspondendo a 37 suicídios em 2007, 38 em 2008 e 36 em 2009.[27]

Examinando outro indicador mais sensível de estresse, os infartos, analisamos os dados sobre entradas em hospitais. Como a Islândia tinha um sistema de saúde muito organizado, foi possível acompanhar cada pessoa no país que havia dado entrada em um pronto-socorro e identificar o problema de saúde que a levara até ali. Ao pesquisar recessões europeias anteriores, descobrimos que os infartos tendiam a ter um aumento de curta duração durante crises bancárias. Mas não encontramos nenhum aumento nas taxas de infartos na Islândia. Houve um ligeiro aumento no total de pessoas admitidas em prontos-socorros cardíacos, mas apenas na 41ª semana do ano de 2008, e somente no grupo das mulheres, não dos homens trabalhadores entre os quais tendíamos a ver aumentos relacionados ao estresse. Tampouco essa pequena oscilação era estatisticamente significativa quando examinamos as flutuações semanais na pequena população islandesa.[28]

Teríamos ignorado algo que poderia indicar um aumento no estresse entre os islandeses, algo observado em recessões? Ou seria cedo demais para ver efeitos de longo prazo sobre a saúde? Embora fosse possível que algumas pessoas pudessem ficar sem serviços de saúde durante recessões por não poderem pagá-los, isso parecia improvável. A Islândia havia mantido seu sistema universal de atendimento. Diferentemente do ocorrido com o povo russo submetido à terapia de choque, todos os islandeses tinham cobertura para seus gastos com saúde, e os hospitais e as clínicas não haviam fechado, de modo que o acesso aos serviços não era uma preocupação.

Para buscar outros impactos da crise sobre a saúde e a resposta da Islândia, voltamo-nos para outras fontes de dados. Para nossa surpresa, descobrimos que havia ocorrido um aumento de problemas com as vias respiratórias superiores. Talvez tivesse havido um aumento do uso de cigarros em consequência do estresse, algo muito possível diante do fato de que uma em cada três pessoas na Islândia era fumante. Mas, investigando mais detalhadamente, descobrimos que aqueles problemas respiratórios não tinham nada a ver com a crise financeira, mas com a erupção do vulcão islandês Eyjafjallajökull em abril de 2010. A população ficou exposta às emanações tóxicas que cobriram a ilha durante vários dias.[29]

Passamos então a pesquisar os dados sobre problemas de saúde mental — talvez esses números tivessem subido. Novamente, não encontramos nenhum sinal de aumento, exceto uma misteriosa oscilação na 41ª semana. O que havia acontecido naquela semana? Identificamos dois eventos estressantes. O primeiro-ministro Geir fez o discurso "Deus Proteja a Islândia", que levou as pessoas a temerem o pior. E, no Reino Unido, numa tentativa de recuperar os investimentos dos depositantes britânicos no IceSave, o primeiro-ministro Gordon Brown invocou o Ato Antiterrorismo de 2001, o mesmo que o Reino Unido havia aplicado para congelar e recuperar os ativos britânicos das mãos do coronel Kadafi na Líbia.

Embora não possamos desemaranhar os efeitos e saber quais desses estressores pode haver desencadeado um rápido aumento nas hospitalizações de pacientes em extremo sofrimento psicológico, a correlação reforça a ideia de que os níveis de estresse e ansiedade não têm a ver apenas com a crise propriamente dita, mas também com a resposta dos legisladores às ameaças econômicas. Na Islândia, eles garantiram ao povo que todos seriam protegidos, independentemente do que viesse a acontecer.[30]

Da perspectiva da saúde pública, um aumento no número de admissões psiquiátricas também é visto como a ponta do iceberg. Apenas poucas pessoas com depressão e problemas de saúde mental acabam realmente em hospitais psiquiátricos ou buscam ajuda em consultórios médicos; as demais ficam totalmente ocultadas para o sistema de saúde. Avaliamos duas pesquisas islandesas sobre saúde; cada uma havia acompanhado 3.783 pessoas provenientes de vários estratos sociais da população: a primeira pesquisa foi realizada em 2007, antes da catástrofe, e a segunda em 2009, depois dela. Tomando como base uma medida-padrão de sintomas de depressão da Organização Mundial da Saúde, descobrimos que, entre os homens, houve um ligeiro aumento de 1,5% nos sintomas de depressão; mais uma vez, no entanto, esses números eram tão pequenos que não chegavam a ser estatisticamente significativos de acordo com padrões internacionais.

Observamos que os grupos mais vulneráveis — aqueles com menos instrução, as pessoas solteiras e os desempregados — também não apresentavam riscos mais altos de sintomas, de acordo com as pesquisas. Em contraste, as mulheres realmente pareciam ser mais vulneráveis a sintomas de depressão; sua taxa de relato de sintomas aumentou 2,4%, mas esse aumento também não era suficientemente grande para ter significância estatística. No todo, não conseguimos encontrar nenhuma prova convincente de que a depressão tivesse aumentado significativamente na Islândia como resultado da crise.[31]

Descobrimos que as pessoas relatavam, cada vez mais, sintomas "positivos", apesar da crise econômica — por exemplo, que era mais frequente acordarem sentindo-se renovadas e descansadas. Esses sintomas positivos pareciam ser explicados pelo fato de estarem trabalhando menos e terem mais tempo de lazer. Para comprovar a qualidade dos dados dessas pesquisas e nos certificarmos de sua credibilidade, nós os submetemos a uma especialista em depressão da Universidade de Cambridge, Felicia Huppert, que os avaliou e atestou: "Esses dados são excelentes!"

Esse quadro estava de acordo com o primeiro Relatório das Nações Unidas sobre a Felicidade no Mundo, publicado em 2012 e apresentado por Richard Layard, o "economista da felicidade". Em termos da "felicidade nacional bruta" e do "índice de felicidade", entre outras medidas usadas, a Islândia havia mantido sua posição de primeiro lugar no mundo. A despeito da crise econômica em curso, o país tinha a mais alta quantidade de "afeto positivo" (bom humor) em comparação com qualquer outro dos países pesquisados.[32]

Sendo assim, como a Islândia havia conseguido permanecer feliz e saudável apesar do maciço desastre econômico?

Uma equipe de economistas islandeses analisou os dados de várias regiões do país e chegou às mesmas conclusões que havíamos alcançado com nossos estudos das duas pesquisas de saúde. Eles concluíram que algumas daquelas tendências positivas, como a disponibilidade de mais tempo livre, provavelmente estariam ligadas à própria recessão. O Censo de Saúde Islandês também continha perguntas sobre a alimentação das pessoas, o uso de bebidas e cigarros e sua exposição a outros importantes fatores de risco à saúde pública. Comparando os dados de 2007 e 2009, a equipe de pesquisa descobriu que, durante o período da crise, os islandeses reduziram a frequência do uso de cigarro, de bebidas alcoólicas e o consumo de alimentos prejudiciais à saúde, como *fast food*. Quando os preços sobem, as pessoas tendem a comprar menos cigarros e menos bebidas alcoólicas e a comer em casa, em vez de em restaurantes. Os islandeses também estavam dormindo mais do que antes da recessão, um aumento associado ao menor número de horas no trabalho. Embora o estudo não tenha conseguido demonstrar decisivamente que a recessão havia *causado* essas mudanças no comportamento associado à saúde, encontrou evidência adicional de que as estatísticas de saúde estavam se movendo em uma direção positiva durante a recessão.[33]

A saúde parecia melhorar, e isso se devia, em parte, a uma melhor alimentação e à redução do uso de bebidas alcoólicas. Em outubro de 2009, o McDonalds saiu do país e culpou a "peculiar complexidade operacional" da Islândia, pois os preços do tomate e da cebola foram parar nas alturas quando caiu o valor da coroa. "Por um quilo de cebolas importadas da Alemanha", relatou o dono de uma franquia local, "estou pagando o equivalente a uma garrafa de um bom uísque". Mas, depois da saída do McDonald's, as pessoas passaram, cada vez mais, a cozinhar em casa os alimentos locais e foram deixando de consumir *fast food*. Como resultado, o consumo de peixes locais também cresceu à medida que caía o uso de lanchonetes. Na verdade, a recuperação econômica da Islândia foi impulsionada, em parte, pelo retorno da indústria pesqueira tradicional que, no tempo devido, levou também a um grande aumento das exportações.[34]

A Islândia também manteve o monopólio estatal das bebidas alcoólicas. Rejeitou a recomendação do FMI de privatizar as lojas de bebidas para dinamizar a economia. Nas décadas de 1980 e 1990, era difícil encontrar bebidas à venda. A combinação islandesa de preços elevados e regulação estrita, numa época em que o preço da importação de bebidas alcoólicas havia se tornado proibitivo face à desvalorização da moeda, fez do álcool uma opção muito cara para lidar com o estresse.[35]

Assim, no conjunto, alguns dos fatores cruciais da recessão pareciam manter as pessoas mais saudáveis durante a crise econômica. Mas, e quanto ao referendo democrático — teriam o aumento do déficit público e o atraso no pagamento dos investidores do IceSave danificado seriamente a economia futura e a saúde dos islandeses? A Islândia tomou duas medidas importantes que protegeram a saúde e o bem-estar das pessoas. Ao rejeitar o plano de austeridade radical do FMI, protegeu o que é hoje uma versão atualizada do New Deal. Nas décadas anteriores à recessão, a Islândia havia posto em funcionamento um forte sistema de proteção social. Depois que o referendo público confirmou a manutenção do sistema, o governo criou amparos adicionais para os cidadãos necessitados. Em 2007, o gasto público islandês, como parcela do PIB, foi de 42,3%. Esse percentual aumentou para 57,7% em 2008 e permanecia cerca de dez pontos acima dos níveis anteriores à crise na época em que escrevíamos este livro. Esse aumento não levou à inflação, a dívidas que já não fosse possível saldar ou à dependência externa — desastres que, segundo afirmavam os defensores da austeridade, resultariam dos programas de estímulo.[36]

A Islândia não equilibrou o orçamento fazendo cortes maciços em seu sistema de saúde. Embora a desvalorização da coroa significasse que o Serviço Nacional de Saúde tivesse menos dinheiro para importar medicamentos, o governo contrabalançou essa ameaça de preços proibitivos de medicamentos importados aumentando os orçamentos para a saúde entre 2007 e 2009 — de 380 mil coroas por pessoa para 453 mil coroas. Como resultado, os serviços essenciais foram protegidos, e os pacientes não perderam o acesso a cuidados médicos.

A Islândia também manteve seu sistema de proteção social — programas para ajudar as pessoas com alimentação, empregos e moradias. Dinamizou programas cruciais que as ajudavam a retornar ao mercado de trabalho caso tivessem ficado recentemente desempregadas. Implantou uma nova política para permitir que pequenas e médias empresas se candidatassem ao perdão de dívidas: se pudessem demonstrar um fluxo de caixa positivo no futuro, a dívida seria total ou parcialmente perdoada. Como resultado, os empregadores não apenas conseguiram reter empregados, mas também admitir outros durante a crise. "O governo tem aumentado substancialmente os gastos com os serviços públicos de emprego para oferecer os tipos adequados de capacitação e treinamento que o mercado possa absorver", relatou a Organização para a Cooperação e o Desenvolvimento Econômico (OCDE), sediada em Paris. A OCDE havia se alinhado à recomendação de austeridade feita pelo FMI, mas aconselhou enfaticamente que isso fosse feito com "uma face humana" para preservar a proteção social.[37]

No todo, o gasto da Islândia com a proteção social aumentou de 280 bilhões de coroas (US$ 2,2 bilhões) para 379 bilhões (US$ 3 bilhões), passando de 21% do PIB para 25% entre 2007 e 2009 — um aumento que incluía mais do que os benefícios para desempregados e a cobertura de saúde. O gasto adicional também ajudava a financiar uma série de novos programas de "alívio de dívida". Por exemplo, para os proprietários de casas hipotecadas cujos valores fossem inferiores ao saldo devedor, o governo cancelou as dívidas acima de 110% do valor da propriedade e ofereceu dinheiro aos que se classificavam como pobres para ajudá-los a reduzir os pagamentos da hipoteca. Esse foi um passo radical. Outros países também atingidos pela Grande Recessão não deram tanto apoio a seus cidadãos. Na Espanha, por exemplo, mesmo quando as pessoas eram despejadas de suas casas e declaradas falidas, tinham de continuar a pagar as prestações da hipoteca, e muitas ficaram sem ter onde morar. Na Islândia, ao contrário, os programas de perdão total ou parcial de dívidas ajudaram as pessoas a permanecer em suas casas, e não houve nenhum aumento significativo no número de sem-teto. A quantidade de famílias que recebiam auxílio financeiro passou de cerca de 4 mil em 2007 para 7 mil em 2010. Graças a esses tipos de apoio, a percentagem de famílias com risco de cair na pobreza não se alterou, apesar da crise. Se esses apoios à proteção social não tivessem sido mantidos, um terço da população islandesa provavelmente teria mergulhado na pobreza. O ministro da Previdência também implantou um grupo de "Vigilância do Bem-Estar" que deveria reportar publicamente ao governo os impactos da retração sobre a saúde e o bem--estar das pessoas. Muitas das recomendações do grupo foram adotadas.[38]

Além da manutenção da rede de proteção, o outro fator crucial na resposta islandesa à crise foi a solidariedade nacional. A despeito de tensões iniciais entre os devedores ricos e o restante da população, o referendo desencadeou um novo período de união. As pessoas na Islândia sentiram que todos estavam passando pela mesma crise. O país manteve sua classificação entre aqueles com os mais altos níveis de "capital social" na Europa Ocidental: de modo geral, os islandeses têm fortes vínculos com grupos de amigos no bairro, no trabalho e na igreja. Ao contrário do ocorrido na Rússia, onde as pessoas foram deixadas no isolamento e na desolação das *mono-gorods* desativadas, os islandeses contavam com sólidas redes comunitárias. Quando chegamos ao aeroporto do país, ficamos surpresos com o fato de praticamente todas as pessoas conhecerem as demais pelo primeiro nome, e não pelo sobrenome. Depois do trabalho era comum que as pessoas fossem para saunas e banhos de vapor com as famílias, o que não apenas ajudava a relaxar e aliviar o estresse, mas também criava ou reforçava um sentimento de comunidade e de intimidade familiar (e também um pouco de exposição pública indecorosa); tudo isso pode haver contribuído para um elevado espírito de democracia em uma época de crise. E o nível de desigualdade da Islândia, que tivera um grande aumento antes da crise, caiu marcadamente depois do colapso econômico e alinhou-se com os níveis dos países nórdicos.[39]

Assim, o colapso da economia islandesa não gerou nenhuma grande crise na saúde — na verdade, o impacto da crise como um todo nem chegou a gerar um filme emocionante. Quando saíram as críticas sobre o documentário de Helgi Felixson, *God bless Iceland*, os críticos reclamaram: um deles disse que faltava "tempero" à história, e por isso o filme não tinha como ser um grande drama. De uma perspectiva dramática, o problema do filme era que a Islândia não havia desmoronado, conforme previsto.[40]

A resposta do governo islandês à crise nos faz relembrar a importância de se salvaguardar a democracia, mesmo numa época que requeira respostas extraordinárias. Ainda que seja inevitável tomar decisões difíceis, é mais fácil engolir uma pílula amarga quando você próprio a administra.

No início, o que pusera em risco o povo islandês havia sido a pesada "financialização" de sua economia durante a década de 1990 e o início da seguinte, quando o crescimento se baseava em investimentos bancários arriscados, e não em indústrias que produzissem bens e serviços reais, úteis, ou desenvolvessem novas tecnologias. Mas, quando gerida com cautela, a crise tornou-se uma oportunidade para o povo islandês redescobrir seus valores, permitindo que a nação reconstruísse uma economia que agora prospera com base em seus próprios fundamentos. Em 2012, a economia islandesa cresceu 3% e o desempregou caiu para menos de 5%, enquanto a economia inglesa, sob os programas de austeridade do Partido Conservador, continuou a afundar. Em junho de 2012, a Islândia reembolsou alguns empréstimos, antes mesmo da data prevista. Inicialmente, a Fitch Ratings — uma das três grandes agências de classificação de risco, junto com a Standard and Poor's e a Moody's — chamara as escolhas econômicas da Islândia de uma "política não ortodoxa de resposta a crises", mas, no início de 2012, a agência restaurou o alto status de investimento no país, classificando-o como "seguro para investir".[41]

Mais tarde, o próprio FMI admitiu que a abordagem peculiar da Islândia conduzira a uma recuperação "surpreendentemente" vigorosa. As propostas de reforma do Fundo, seguidas por uma revisão da posição inicial, eram a história que se repetia. Desta vez, em sua avaliação *a posteriori*, o FMI concluiu que havia uma lição-chave no caso da Islândia: "Os benefícios sociais foram protegidos para atender ao objetivo do governo após a crise, ou seja, manter os elementos cruciais do estado de bem-estar social islandês. Isso foi alcançado por meio de uma consolidação fiscal que buscava proteger grupos vulneráveis, fazendo cortes de gastos que não comprometessem os benefícios de bem-estar e elevando a receita com o aumento da taxação sobre os grupos de renda mais alta." Embora expresso em linguagem burocrática, o reconhecimento de que os programas de proteção social eram vitais para a recuperação econômica e para o bem-estar da população foi uma declaração revolucionária vinda do FMI.[42]

Apesar de esses relatos validarem enfaticamente a abordagem da Islândia, nem todo mundo estava satisfeito. O Reino Unido e a Holanda aumentaram a pressão para que o povo islandês pagasse os investidores privados do IceSave com dólares da receita fiscal e que o governo implantasse uma política de estrita austeridade no país. Em abril de 2011, os islandeses se apresentaram para outra votação. Dessa vez, 60% dos cidadãos rejeitaram uma negociação entre a Islândia e seus principais credores — a Holanda e o Reino Unido — cujo objetivo era garantir que os investidores no IceSave fossem pagos de imediato. Conforme noticiou o *Financial Times*, os islandeses haviam "posto os cidadãos adiante dos bancos". Mais tarde, no bojo do processo de reconciliação nacional, Larus Welding, o ex-presidente do Banco Gliltnir, foi condenado por fraude. O presidente da Islândia, Ólafur Ragnar Grímsson, disse: "O governo afiançou o povo e prendeu a máfia dos banqueiros — o oposto do que fizeram a América do Norte e o resto da Europa." Os bancos da Islândia haviam sido considerados "grandes demais para falir", mas o governo deixou que falissem. As consequências estavam claras nos dados que mostravam a bem-sucedida recuperação islandesa, enquanto a maior parte do restante da Europa continuava a sofrer.[43]

No momento em que escrevemos este livro, os termos dos planos de austeridade para pagar os credores do IceSave estão a caminho dos tribunais internacionais. Promotores no Reino Unido e na Holanda estão processando o governo islandês para que apresse o pagamento da dívida. Enquanto isso, parece que a decisão de evitar um pesado programa de austeridade e de fazer escolhas sábias de investimento em programas de importância básica para a proteção social tem poupado vidas. Assim, embora a Islândia tenha permitido que seus banqueiros se envolvessem em uma jogatina desenfreada com o dinheiro alheio, os cidadãos decidiram intervir para definir como limpar a sujeira deixada. Escolheram sabiamente, protegendo as pessoas de danos adicionais e, ao mesmo tempo, restaurando as condições para que a economia se recuperasse. Os islandeses também estão aprendendo lições com o desastre do IceSave — tomando medidas proativas para garantir que um colapso semelhante não se repita. Em julho de 2011, 25 cidadãos do país elaboraram uma constituição *crowdsourced** destinada a dar ao povo maior controle sobre seus recursos naturais e a romper o compadrio entre os bancos e as elites políticas. Usando aplicativos de mídias sociais, todos os islandeses podiam responder a seis perguntas sobre mudanças constitucionais. Em outubro de 2012, dois terços da população islandesa votaram a favor da substituição da constituição do país por uma nova, baseada na *crowdsourced*.[44]

Os benefícios sociais foram salvaguardados porque os líderes políticos fizeram da democracia uma prioridade e porque o povo votou a favor de políticas de proteção social que, por sua vez, criaram bases sólidas para uma sociedade forte. Como disse em 2009 o então primeiro-ministro Geir, "Nenhum governo responsável arrisca o futuro de seu povo, mesmo quando o próprio sistema bancário está em jogo". Em vez de adotar um caminho de austeridade fiscal, a Islândia apoiou programas sociais fundamentais e de importância vital para manter a saúde pública, inclusive a assistência à moradia, programas de reinserção no mercado de trabalho e cobertura de saúde.[45]

---

* Ela recebeu essa qualificação por ter sido produzida coletivamente; no caso, especificamente através de propostas postadas na internet por 25 voluntários apartidários, sujeitas ao debate e às sugestões formais por parte de qualquer cidadão. [N. do R.].

Figura 4.1. Rápida recuperação econômica na Islândia, lenta dissolução na Grécia[46]

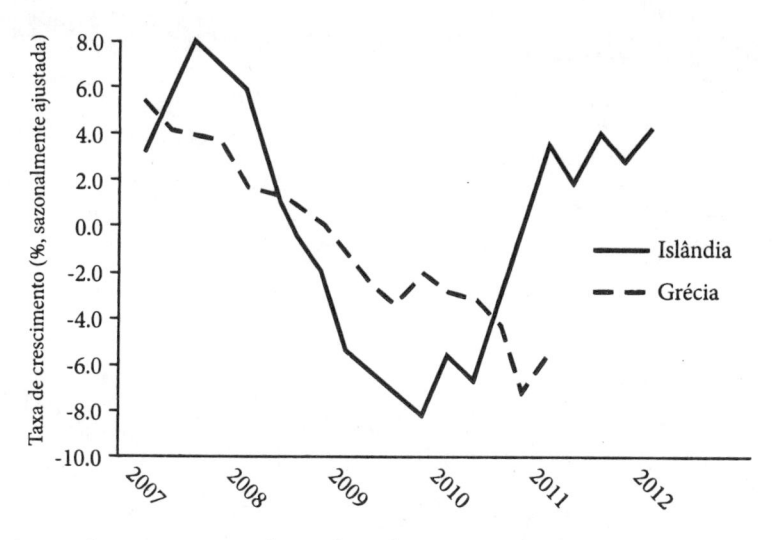

Teríamos imenso prazer de poder afirmar que o povo da Islândia ouviu nosso conselho, mas foram os próprios cidadãos que leram os dados de saúde pública e escolheram criar claras e necessárias salvaguardas para proteger a saúde nos tempos difíceis. Não foi Deus que salvou a Islândia, foi o próprio povo. Em contraste, como mostrado na Figura 4.1, um dos vizinhos distantes da Islândia na Europa não se saiu tão bem. No próximo capítulo, veremos o que aconteceu com a Grécia quando o Banco Central Europeu (o banco central para o euro) e o FMI suspenderam a democracia grega — impondo medidas radicais de austeridade, com resultados totalmente diferentes.

5

Tragédia grega

Um belo homem de cinquenta e poucos anos, Andreas Loverdos, ex--oficial da Aeronáutica, estava procurando prostitutas — mas não para si próprio.

Na manhã de 1º de maio de 2012, Loverdos, médico e ministro da Saúde da Grécia, juntou-se a um batalhão do Departamento de Polícia e Justiça nas ruas do bairro de Omonia, no centro de Atenas. Faltando dez dias para uma eleição geral muito tensa no país, Loverdos decidira entrar em ação.

Em abril de 2012, o governo aprovara uma lei que permitia ao ministério que ele chefiava testar qualquer pessoa para doenças sexualmente transmissíveis (DST), com ou sem consentimento. A nova lei era uma resposta a relatórios sobre DST produzidos por hospitais e clínicas em toda a Grécia. Os novos casos de infecção por HIV haviam saltado 52% entre janeiro e maio de 2011. Era um aumento estarrecedor. O HIV, muitas vezes considerado uma doença mais encontrada em países em desenvolvimento, estivera sob controle na Grécia desde a virada do século. Havia mais de dez anos que a incidência não subia tão drasticamente em nenhum país europeu.[1]

A notícia da epidemia de HIV na Grécia ganhou manchetes internacionais e foi tomada como um sinal de que o país estava ficando para trás, em comparação com o resto da Europa. Loverdos encontrou-se em uma situação incômoda — candidato à reeleição justamente quando o decadente sistema de saúde pública do país chamava a atenção mundial.

Quando, no final de 2011, a BBC começou a descrever a Grécia como "o homem doente da Europa",* Loverdos viu-se forçado a responder. Sob a pressão do FMI e do Banco Central Europeu, o governo grego fizera cortes radicais no orçamento da saúde pública. Os programas de prevenção do HIV estavam entre os primeiros a sofrer cortes. Assim, Loverdos convocou uma reunião dos principais estrategistas de sua campanha. O grupo produziu um plano baseado numa estratégia que, historicamente, tem funcionado em quase todos os países nos quais as taxas de DST explodiram: use as pessoas mais vulneráveis como bodes expiatórios.[2]

Projetando-se como o novo protetor de "inocentes homens de família", Loverdos apareceu na televisão em rede nacional prometendo restaurar a moralidade e a virtude em uma sociedade grega que havia se extraviado com a recessão. Jurou que prenderia prostitutas, chamando-as de uma "ameaça à sociedade" e de "bombas anti-higiênicas". Seu Ministério da Saúde alimentou a mídia grega com uma série de fotos de prostitutas HIV-positivas, estigmatizando-as como "uma armadilha mortal para centenas de pessoas".[3]

Enquanto a prostituição continuava com todo vigor nos bairros mais miseráveis de Atenas, os policiais cercavam o Grande Bretagne, luxuoso hotel localizado na Praça da Constituição, no coração de Atenas e perto do Parlamento. Eles estavam protegendo os hóspedes do hotel das severas sanções impostas pelo governo e do crescente número de desabrigados — mendigos, usuários de drogas e crianças de rua — que haviam se instalado nos cantos de lojas abandonadas, nas grades do metrô e nos portais que cercavam a praça. O contingente de pessoas sem-teto dera um salto de 25% entre 2009 e 2011: as pessoas haviam ficado sem ter para onde ir em consequência do acentuado aumento das execuções de hipotecas e de um sistema de proteção social esfacelado. Ao mesmo tempo, o número de homicídios dobrou na Grécia entre 2010 e 2011, especialmente na área central de Atenas em torno do Hotel Grande Bretagne.

A polícia também estava protegendo os hóspedes do Bretagne dos enfurecidos manifestantes acampados em frente ao hotel. O local era uma das residências não oficiais da "troika", os tecnocratas estrangeiros do Banco

---

* Costuma-se atribuir esta expressão ao tsar Nicolau I, que a teria usado em 1853 para descrever a situação do Império Otomano, em franca decadência na época. (*N. da T.*)

Central Europeu, da Comissão Europeia (a entidade executiva da União Europeia) e do FMI que estavam trancados ali em discussões acaloradas sobre o futuro da Grécia. Em maio de 2010, enquanto se arrastavam as negociações de um potencial resgate financeiro, os manifestantes juntaram-se na praça. O pequeno número inicial virou uma centena e, em seguida, alguns milhares, que começaram a enfrentar a polícia ateniense. Os gritos exigindo democracia foram recebidos com bombas de gás lacrimogêneo, cães amestrados e tanques.

A narrativa dessa tragédia grega era, em essência, o oposto da história da Islândia. Por ordem da troika, a democracia grega foi suspensa. Uma dose brutal de austeridade, diferente de qualquer coisa vista na Europa desde os racionamentos durante a Segunda Guerra Mundial, ameaçava a vida dos mais pobres e mais vulneráveis, que estavam agora pagando por erros cometidos pelo governo e pelo setor bancário. À medida que afloravam, em número crescente, as notícias sobre a crise na saúde pública, os funcionários do governo repetidamente rebatiam a evidência com negativas categóricas, deixando de dar o devido reconhecimento (e, menos ainda, de responder) ao que era uma catástrofe cada vez maior.

Infelizmente, a Grécia serviu de laboratório involuntário para testar como a austeridade impacta a saúde. As raízes desse caso extremo de desastre podiam ser encontradas em uma onda devastadora de falências financeiras, na corrupção, na evasão fiscal e, em última instância, na ausência de democracia. A vontade popular não foi capaz de se expressar na Grécia como fizera na Islândia.

Para compreender como a Grécia se envolveu em tamanho desastre, precisamos retroceder pelo menos quatro décadas. Em 1974, quando caiu a junta militar que havia tomado o poder em 1967, a economia grega estava entre as mais pobres da Europa. Depois que a Grécia completou a transição para a democracia, a economia foi reconstruída com base no turismo, na frota mercante e na agricultura. Bandos de turistas buscavam as areias brancas das praias de ilhas paradisíacas como Míconos e Santorini, e os agricultores gregos supriam a Europa de algodão, frutas, vegetais e azeite de oliva. No todo, a economia grega cresceu de forma lenta, mas contínua, à taxa média anual de menos de 1,5% nas décadas de 1980 e 1990.

A entrada da Grécia na União Europeia em janeiro de 2001 a colocou no rumo de um boom econômico. Fluxos de capital da União Europeia começaram a inundar o país, alimentando uma profusão de investimentos no setor de construções. Durante os cinco anos seguintes, os Fundos Estruturais Europeus forneceram 24 bilhões de dólares para projetos de infraestrutura. A contrapartida do governo grego aos fundos da União Europeia baseava-se em pesado endividamento e no apoio a projetos de construção de grande escala, como novos portos e instalações esportivas para abrigar os Jogos Olímpicos de 2004 em Atenas. O governo chegou a construir um grande museu para recuperar os Mármores do Partenon que haviam sido levados da Acrópole por um aristocrata inglês entre 1799 e 1803 e instalados no Museu Britânico. O museu grego era um dos maiores projetos culturais na Europa e custou 200 milhões de dólares.[4]

Graças a uma combinação de fundos da União Europeia, investimentos estrangeiros, impostos e juros baixos, em meados dos anos 2000 a economia da Grécia estava em ponto de bala. Em fevereiro de 2006, George Alogoskoufis, ministro das Finanças, disse: "Estamos em condição de alcançar um milagre econômico." Em junho daquele ano, a economia grega atingiu o pico de 7,6% de crescimento do PIB. (Portugal, Espanha e outros países da União Europeia que haviam começado em posições econômicas semelhantes à da Grécia continuaram a crescer a menos de 2% ao ano.[5]

Logo abaixo da superfície, no entanto, a economia estava em apuros. O governo grego vinha acumulando déficits de 5% a cada ano para manter os projetos de infraestrutura, que só podiam ser sustentados com uma alta taxa de crescimento. Parte do problema era o excesso de gastos, mas os déficits também estavam crescendo porque o governo havia cortado as alíquotas dos impostos sobre corporações, que passaram de 40% em 2005 para 25% em 2007, num esforço de atrair empresas que quisessem se estabelecer na Grécia. O ponto principal era que o país havia aprovado o oposto de uma política macroeconômica sólida: gastava excessivamente nos bons tempos, em vez de economizar para o caso de necessidades futuras. Esse perigoso padrão econômico de desenvolvimento em breve teria efeitos devastadores sobre a saúde do povo grego.

Em 2008, quando os bancos americanos começaram a desabar, o setor financeiro grego foi atingido pela tempestade que se seguiu. Diferentemente do ocorrido na Islândia, os cidadãos gregos sofreram não apenas um, mas uma série de terremotos financeiros. O primeiro foi um "choque de demanda", ou perda da demanda de produtos e serviços gregos e redução dos projetos de construção. Em seguida veio o "choque dos números verdadeiros", quando se tornou público que os dados econômicos da Grécia haviam sido falsificados. Finalmente, houve a "crise da austeridade": o choque decorrente das medidas que o FMI e o Banco Central Europeu impuseram à Grécia como condição para a concessão de auxílios financeiros — a despeito da existência de dados (e de fartas evidências, mesmo dentro do próprio FMI) indicando que tais medidas não eram necessárias nem sábias para ajudar a recuperação econômica ou impedir um desastre na saúde pública.

O choque de demanda na Grécia aconteceu depois da crise dos títulos lastreados em hipotecas nos Estados Unidos. Entre maio de 2008 e maio de 2009, a Bolsa de Valores de Atenas caiu 60%. Embora estivesse menos diretamente exposta do que os maiores bancos irlandeses a duvidosas transações internacionais de investimentos, a economia da Grécia estava indiretamente em perigo porque se encontrava na ponta recebedora dos investimentos arriscados. À medida que os investidores europeus perdiam suas fortunas, as viagens milionárias às ilhas gregas tiveram fim, as importações de frutas e vegetais gregos declinaram e os projetos de construção foram suspensos, deixando os guindastes balançando no ar. Embora os banqueiros europeus e norte-americanos tenham sido resgatados, esses resgates pouco serviram para minorar o impacto das reverberações sobre a economia grega. A renda domiciliar média caiu 0,2% em 2008 e outros 3,3% em 2009, dando início à lenta descida da Grécia por um desesperador abismo financeiro.[6]

A esse tremor inicial seguiu-se outro terremoto, o choque dos números verdadeiros, quando foi revelado que a economia da Grécia era muito mais fraca do que o declarado pelo governo. Nos anos anteriores à crise, a EuroStat, a agência de estatísticas da União Europeia, emitira diversos sinais de preocupação com os relatórios sobre a economia grega. Uma auditoria feita por especialistas da Comissão Europeia, por exemplo, descobriu que as autoridades gregas haviam classificado erroneamente certas dívidas, como se estivessem fora do orçamento público. Um grupo de auditores alemães também usou um algoritmo para detectar o que suspeitavam ser uma fraude: parecia que alguém no governo grego havia falsificado a contabilidade e acrescentado um punhado de números inflados para compor um melhor resultado orçamentário.[7]

Os investidores haviam percebido os indícios de fragilidade financeira e a formação de uma bolha, mas ignoraram os sinais de alarme — até que a crise abriu a economia da Grécia ao escrutínio global. No início de 2010, a verdadeira situação financeira do país foi revelada, e descobriu-se que era muito pior do que o inicialmente imaginado pelos auditores da União Europeia. Os repórteres descobriram que líderes gregos haviam pago honorários de centenas de milhões de dólares ao banco de investimento Goldman Sachs para montar transações que ajudassem a ocultar o verdadeiro porte dos recursos que o país recebera como empréstimos da União Europeia durante toda a década anterior. A dívida havia sido manipulada para dar a impressão de que a situação do país era boa o bastante para que fosse admitido na zona do euro: o trabalho do Goldman Sachs para encobrir a fraude havia sido excelente, pois, depois de uma detalhada revisão financeira, os auditores da União Europeia aprovaram os dados. Na realidade, os níveis de endividamento da Grécia haviam crescido de 105% do PIB em 2007 para 143% em 2010.[8]

No início de 2010, quando estourou a notícia sobre a real situação econômica do país, o pânico se espalhou. Em abril, as agências de classificação de risco rebaixaram os papéis gregos para a categoria *junk* ou grau especulativo. Isso afugentou investidores que, de outra forma, poderiam ter percebido uma oportunidade de negócio na Grécia e ajudado a economia a se recuperar. As taxas de juros dos papéis do governo grego começaram a subir de forma desenfreada, pois os investidores, não tendo nenhuma ideia de qual fosse a situação real, temiam investir no país. Os juros saltaram de 2% em 2009 para 10% em 2010, tornando ainda mais caro o pagamento da dívida pública.[9]

Esse choque dos números verdadeiros foi seguido por sofrimentos maiores do que os causados pelo choque de demanda. O PIB grego afundou ainda mais, caindo 3,4% em 2010. Os super-ricos haviam ocultado seus recursos em bancos no exterior; foram as pessoas comuns as que pagaram o preço. As taxas de desemprego, que eram de 7% em maio de 2008, chegaram a 17% em maio de 2011. Entre os jovens que buscavam o primeiro emprego depois de terminar o segundo grau ou a faculdade, o desemprego saltou de 19% para 40%. Uma geração de pessoas jovens recentemente formadas estava começando a vida adulta sem trabalho.[10]

Naquele momento, a sociedade grega encontrava-se à beira do colapso. Com as incertezas que deixavam o país paralisado, sem condição de pagar as dívidas e com a moeda atrelada ao restante da Europa, o governo grego tinha poucas opções para financiar necessidades básicas como coleta de lixo e quartéis de bombeiros. Foi forçado a recorrer à ajuda do FMI. Em maio de 2010, o Fundo ofereceu empréstimos com as condicionalidades de sempre: privatizar empresas estatais e a infraestrutura e cortar programas de proteção social. Se o governo grego concordasse, o FMI e o Banco Central Europeu forneceriam empréstimos de 110 bilhões de euros como parte de um plano de resgate de três anos orientado para o pagamento da dívida. Os credores da Grécia — inclusive os bancos franceses e alemães que haviam ajudado a alimentar a bolha de construções — concordaram em cancelar a metade do que lhes era devido e reduzir as taxas de juros sobre seus empréstimos ao país.[11]

Houve debates públicos sobre se o país deveria aceitar ou recusar esse pacote do FMI, mas os líderes gregos sentiram que não havia alternativa. No início, o primeiro-ministro George Papandreou, que liderava o maior partido, o PASOK — Movimento Socialista Pan-Helênico, tentou convencer os gregos de que essa seria a única maneira de avançar. Em maio de 2010, em meio às negociações, ele pintou a situação como sendo preto ou branco, uma escolha entre "colapso e salvação". Ninguém mais estava disposto a emprestar dinheiro à Grécia. Mas ele reconhecia o sofrimento que a ajuda do FMI produziria. Ao aprovar o programa de empréstimo, disse: "Com essa decisão de hoje, nossos cidadãos terão que fazer grandes sacrifícios."[12]

No conjunto, o objetivo do FMI era fazer cortes no total de 23 bilhões de euros em três anos, equivalentes a cerca de 10% de toda a economia do país, e vender empresas estatais por 60 bilhões de euros para reduzir o déficit grego de 14% do PIB para menos de 3% até 2014. Os documentos de empréstimo da troika revelaram que os trabalhadores do setor público arcariam com o peso dos cortes, enfrentando demissões maciças, cortes de salários e reduções nas aposentadorias. O pacote de resgate também incluía a exigência de 10% de aumento nos impostos sobre combustíveis e matérias-primas associadas, esvaziando ainda mais os bolsos das pessoas e reduzindo-lhes o poder de compra.

Os protestos contra o plano da troika começaram em maio de 2010 com uma série de greves e manifestações. Liderados pelo Movimento "Democracia Direta Já!", milhares de manifestantes de todos os partidos políticos encheram a Praça Sintagma [Praça da Constituição]. Os protestos começaram pacificamente, mas logo se tornaram violentos, resultando na morte de três manifestantes. À noite, os incêndios causados por coquetéis molotov iluminavam a silhueta dos edifícios contra o céu de Atenas. Em meio à desordem, houve um setor que conseguiu não sofrer cortes no orçamento: a polícia. Dois mil novos policiais foram contratados e receberam treinamento adicional para controlar os protestos. Gás lacrimogêneo, equipamentos para enfrentar tumultos e tanques foram usados pela polícia e pelo exército.[13]

Como ocorrera na Islândia, os manifestantes gregos exigiam uma consulta pública nacional sobre o acordo. O primeiro-ministro Papandreou prometeu que o governo protegeria os mais vulneráveis: "Não será fácil para os cidadãos gregos, a despeito dos esforços que têm sido feitos e que continuarão a ser feitos para proteger os mais fracos na sociedade". Ainda assim, o primeiro pacote do plano de austeridade do FMI entrou em vigor em maio de 2010 sem que ninguém o tivesse votado.

Estivéramos estudando como as mudanças econômicas impactavam a saúde pública da Grécia desde 2007, antes que a situação financeira deteriorasse no país. Havíamos reunido todos os dados que conseguíramos obter do sistema de saúde grego — de hospitais, de organizações não governamentais, do Ministério da Saúde e de pesquisas domiciliares. Podíamos ver os primeiros sinais de dificuldades formando-se no horizonte: desemprego crescente, maciças execuções de hipotecas, dívidas pessoais aumentando. Tudo isso constituía fatores de risco para a saúde pública.

Os programas de proteção social, gravemente combalidos, não estavam preparados para lidar com um súbito aumento do número de pessoas que precisavam de apoio, especialmente depois de terem sofrido os efeitos debilitantes de medidas de austeridade radicais.

Era difícil conseguir números exatos que mostrassem os impactos da austeridade sobre a saúde. Os relatórios do governo pareciam estar perpetuamente atrasados ou não estavam disponíveis. Quando saíram, sugeriam que o sistema de saúde estava melhorando. Um relatório oficial louvava o progresso no sistema e o atribuía ao aumento da eficiência. Mas relatos esparsos de médicos, tanto nos jornais gregos quanto nos internacionais, nos deixaram preocupados com os graves problemas que vinham assomando.

Quando sistemas de saúde entram em colapso, às vezes surgem bons samaritanos para preencher as lacunas. Uma pesquisa do *New York Times* revelou uma rede clandestina de Robin Hoods gregos formada por médicos que costumavam doar medicamentos e materiais para tratar pacientes que haviam perdido a cobertura do sistema de saúde pública. O dr. Kostas Syrigos, chefe da oncologia do Hospital Geral Sotiria, na região central de Atenas, descreveu uma paciente como tendo o pior câncer de mama que já vira. Com as reformas do sistema de saúde introduzidas pela troika, fazia um ano que ela não conseguia atendimento médico. Quando chegou à clínica clandestina, o tumor havia atravessado a pele e já drenava fluido em sua roupa. Ela sentia dores terríveis, e enxugava a ferida aberta com guardanapos de papel. "Quando a vimos, ficamos atônitos, sem fala", disse o dr. Syrigos ao repórter. "Todo mundo chorava. Coisas como aquela estão descritas nos livros acadêmicos, mas a gente nunca as vira porque, até agora, qualquer um que adoecesse neste país sempre podia conseguir ajuda."[14]

O objetivo declarado do plano de austeridade da troika — "modernizar o sistema de saúde" — soava como se fosse evitar essas catástrofes. Quem não gostaria de modernizar seu sistema de saúde? O sistema grego realmente precisava de reforma, um dado bem conhecido entre pesquisadores europeus da área de saúde pública. O problema era que o plano da troika não havia sido desenhado por especialistas de saúde pública e nem ao menos se baseava em suas recomendações. Em vez disso, foi construído basicamente por economistas que contavam com pouco ou nenhum subsídio ou orientação de especialistas em saúde pública. Era como se um governo tivesse decidido modernizar a indústria automobilística sem conversar com ninguém que entendesse como se produz um carro.[15]

O plano de "recuperação" do FMI baseava-se na mais confusa das matemáticas. Sua meta era "manter os gastos com saúde pública em 6% do PIB, ou abaixo disso, e, ao mesmo tempo, manter o acesso universal e melhorar a qualidade dos serviços prestados. No curto prazo, o principal foco deve estar no nível macro, ou seja, na disciplina e no controle de custos". Nunca foi mencionada a origem daqueles 6%, mas o número era intrigante, já que todos os outros países ocidentais gastam muito mais do que isso para manter seus serviços básicos de saúde. O governo alemão, por exemplo, um dos principais defensores da implantação do plano de austeridade na Grécia, gasta mais de 10% do PIB com saúde. O FMI produziu uma série de ideias arriscadas que soavam como boas medidas de redução do déficit. Na prática, contudo, levaram as pessoas a perder o acesso aos serviços de saúde. Uma dessas ideias foi cortar os gastos com medicamentos. O acordo do FMI com o governo grego estabelecia, especificamente, "uma meta de reduzir o gasto público com medicamentos para pacientes ambulatoriais, passando de 1,9% do PIB para 1,33%". Como ocorria com muitos dos programas do FMI, esses cortes pareciam ainda mais arriscados quando nos aprofundamos nas razões dos crescentes custos dos serviços de saúde na Grécia.

Depois que o país entrou na União Europeia em 2001, os gastos com medicamentos dispararam. No início, não estava clara a razão, embora a corrupção fosse o principal suspeito. Havia inúmeros relatos de que pacientes e empresas farmacêuticas entregavam aos médicos um *fakelaki* (um pequeno envelope) com dinheiro ou depositavam grandes quantias diretamente nas suas contas para que receitassem mais comprimidos. As empresas farmacêuticas também usavam formas criativas de criar e manter boas relações com os médicos, levando-os para opulentas conferências acompanhadas por programação de férias no Havaí e financiando sua participação em comitês consultivos de empresas.[16]

Embora o FMI estivesse certo ao detectar uma tendência de custos crescentes, sua solução tornou as coisas ainda piores. Em vez de regular o marketing e a venda de medicamentos, cortou orçamentos de hospitais, impedindo-os de obter remédios e equipamentos. Começaram a faltar antibióticos nos hospitais. As filas de espera dobraram, e depois triplicaram. Muitos pacientes não conseguiam encontrar um médico nem nos hospitais das maiores cidades. Em maio de 2010, pouco depois de entrar em vigor o primeiro pacote de resgate do FMI, a empresa farmacêutica Novo Nordisk retirou-se da Grécia porque já não estava sendo paga adequadamente depois que a troika cortara os preços; o Estado grego devia a ela 36 milhões de dólares. Aquela saída não apenas eliminou empregos, mas também deixou sem insulina 50 mil diabéticos gregos.[17]

Enquanto isso, os gregos relatavam que sua saúde estava piorando. Em 2009, em comparação com 2007, a probabilidade de que dissessem que sua saúde estava "ruim" ou "muito ruim" era 15% maior. Essas autodescrições tendem a se correlacionar com taxas gerais de morte, e por isso são ampla-mente usadas como indicadores da saúde de uma sociedade quando não há outros dados disponíveis. (Aqui estava outro contraste com a Islândia, onde as pessoas relatavam que se sentiam tão bem durante a crise econô-mica quanto antes.)[18]

Buscamos mais detalhes sobre o porquê de aqueles relatos mostrarem que a saúde das pessoas estava piorando durante a crise. Descobrimos que, em 2009, em comparação com 2007, era 15% menos provável que as pessoas buscassem um médico ou um dentista. Elas estavam perdendo o acesso aos serviços de saúde em consequência das longas filas de espera e dos custos excessivos dos tratamentos. Um número menor de pessoas podia se dar o luxo de pagar médicos particulares, e por isso passara a buscar as clínicas e hospitais públicos. À medida que caíam as admissões nos hospitais particulares, as instituições públicas preenchiam a lacuna, o que fez as admissões subirem quase 25%. Assim, em vez de ampliar o apoio para enfrentar o aumento da demanda, o programa de austeridade orçamentária do governo eliminou os empregos de 35 mil profissionais da saúde, entre médicos e funcionários da saúde pública. Como resultado, as filas de espera tornaram-se intoleravelmente longas. Além de tudo isso, consta que os médicos, cujos salários haviam sido cortados, adotaram a antiga prática de aceitar subornos de pacientes desesperados que tentavam furar as filas, o que criou novas ineficiências e tornou ainda mais difícil para os gregos empobrecidos o acesso a serviços de saúde.[19]

A combinação de recessão e austeridade criava as condições perfeitas para uma inundação de sofrimentos: cortes orçamentários, fechamento de clínicas e custos adicionais "ocultos". Os idosos estavam entre os mais vulneráveis a essas mudanças num sistema no qual haviam confiado para ter assistência médica. No conjunto, estimamos que, até agora, pelo menos 60 mil pessoas acima de 65 anos abdicaram de cuidados médicos neces-sários durante o período de recessão e austeridade.

Além da saúde física, a saúde mental também piorava. As taxas de sui-cídios estavam aumentando, especialmente entre homens — um salto de 20% entre 2007 e 2009. Em consonância com esse quadro, as instituições beneficentes que cuidavam da saúde mental registraram um aumento de 50% no número de pedidos de ajuda. E, com certeza, aquilo era apenas a ponta do iceberg. Muitos gregos não buscavam ajuda devido ao estigma que ainda cerca a doença mental no país; a Igreja Ortodoxa Grega nega funerais àqueles cujas mortes são classificadas como suicídios. Portanto, talvez fosse de prever que a Grécia também registrasse um número crescente de "ferimentos indeterminados" e outras misteriosas causas de morte que muitos médicos suspeitavam fossem suicídios disfarçados para salvar a honra das famílias envergonhadas.[20]

Com os programas de saúde pública em colapso devido à austeridade, a incidência de doenças infecciosas subiu de modo vertiginoso. O Centro Helênico de Controle e Prevenção de Doenças detectou uma série de surtos imediatamente depois de grandes cortes serem feitos em programas de prevenção de doenças infecciosas. Durante quarenta anos, os programas de pulverização com inseticida haviam sido eficazes para prevenir que doenças transmitidas por mosquitos se espalhassem pela Grécia. Depois do corte de recursos destinados à região sul do país, irrompeu um surto de febre do Nilo em agosto de 2010, matando 62 pessoas no sul da Grécia e na região central da Macedônia. E em seguida, pela primeira vez desde 1970, houve um surto de malária nas regiões da Lacônia e na Ática Oriental. O Centro Europeu para Prevenção e Controle de Doenças recomendou que quem viajasse para o sul da Grécia levasse estoques de medicamentos antimalária e tomasse outras precauções, como o uso de repelentes e mosquiteiros. Até então, esse era um alerta especial reservado para viajantes que se dirigiam à África Subsaariana e às áreas tropicais da Ásia.[21]

Mas talvez o mais impressionante tenha sido um surto de HIV — o único registrado na Europa em décadas — que eclodiu no centro de Atenas. No início, suspeitou-se que o comércio do sexo fosse a única fonte. Mas um exame detalhado dos dados revelou que 28 das 29 trabalhadoras do sexo cujas fotos Loverdos publicara na internet eram também usuárias de drogas intravenosas; portanto, podia ser que o uso de drogas estivesse entre os prováveis fatores causadores.[22]

Os epidemiologistas do Centro para Controle e Prevenção de Doenças estavam rastreando a fonte da disseminação do HIV. Na Grécia, como em muitas outras áreas da Europa, uma parcela significativa da transmissão do HIV resultava do uso partilhado de agulhas infectadas. Assim, os epidemiologistas monitoravam rotineiramente os dados fornecidos por clínicas públicas e os estudos sobre análise de sangue de usuários para detectar a eclosão de um surto e responder rapidamente quando ocorria algum. Em 2011, os especialistas identificaram 384 novos casos de HIV nos dados dessas fontes. Praticamente não encontraram nenhuma mudança nas taxas de infecção decorrente de atividade homossexual ou heterossexual. Em vez disso, descobriram que a maior parte dos novos casos de HIV era de pessoas que usavam agulhas infectadas: entre essas, o número de novas infecções multiplicou-se por dez entre janeiro e outubro de 2011.

"Eu nunca tinha visto tantos usuários de drogas nas ruas de Atenas", observou um colega nosso, que viveu a maior parte de sua vida a poucos quarteirões da praça do Parlamento. Os números do Departamento de Polícia de Atenas confirmaram sua impressão. O uso de heroína havia subido 20% entre 2010 e 2011, à medida que pessoas desesperadas — especialmente jovens que enfrentavam uma taxa de desemprego de 40% — passavam a viver nas ruas e recorriam às drogas.[23]

A Organização Mundial da Saúde tinha uma solução para a disseminação do HIV causada por agulhas: recomendava que, em cada país, cada usuário de droga deveria ter cerca de 200 agulhas limpas por ano a fim de evitar a disseminação das infecções por HIV. Essa estimativa baseava-se em dados de amplos estudos realizados na década de 1990 mostrando que programas de troca de agulhas usadas eram eficazes para reduzir a transmissão do HIV sem aumentar o uso de drogas. Mas exatamente quando os epidemiologistas gregos alertaram sobre um surto de HIV relacionado a drogas, o orçamento para o programa grego de troca de agulhas foi cortado. Em consequência, o Centro Helênico para Controle e Prevenção de Doenças estimou que havia apenas três agulhas para cada usuário de droga. Além disso, uma pesquisa com 275 usuários em Atenas, em outubro de 2010, descobriu que 85% deles não estavam registrados em um programa de reabilitação de droga, embora houvesse uma grande procura. Em Atenas e em outras cidades grandes, o tempo de espera para admissão em um programa de reabilitação havia subido para mais de três anos como resultado da austeridade.[24]

Nessa situação, restavam poucas escolhas ao Ministério da Saúde. Seu orçamento sofrera um corte de quarenta por cento. Mas havia uma alternativa política: a opção democrática. Uma forma de proteger os cidadãos, mesmo quando investidores estrangeiros estão exigindo seu dinheiro de volta, é seguir o mesmo caminho da Islândia. Os cidadãos islandeses votaram a favor de atrasar os pagamentos da dívida do IceSave, pagando-a gradualmente ao longo dos anos, e proteger orçamentos essenciais como os de saúde pública, coleta de lixo (em muitas áreas de Atenas, o lixo ficava semanas sem ser coletado) e de outros serviços básicos.[25]

Assim, em novembro de 2011, quando se tornou evidente o surto de HIV, o primeiro-ministro Papandreou tentou a solução islandesa. Anunciou uma consulta popular sobre uma segunda rodada de medidas de austeridade preconizadas pelo FMI e pelo Banco Central Europeu. Era inteiramente óbvio para o público grego que o programa de austeridade não estava funcionando. A despeito de todos os cortes no orçamento, a dívida pública continuava a crescer, tendo chegado a 165% do PIB em 2011. Mas, sob a pressão da troika e de outros líderes políticos europeus para que a Alemanha e outros investidores fossem pagos imediatamente, Papandreou foi forçado a cancelar a consulta popular. Embora, a princípio, o referendo contasse com o apoio do Conselho Ministerial grego, os líderes da União Europeia expressaram sua oposição, e o primeiro-ministro enfrentou um voto de não confiança no Parlamento grego. Papandreou foi obrigado a entregar o cargo. Ironicamente, enquanto a Europa exaltava a democracia no litoral sul do Mediterrâneo, tendo derrubado o ditador líbio Muamar Kadafi, no litoral norte seus representantes bloqueavam o voto democrático na Grécia, o berço da democracia.[26]

Diferentemente do ocorrido na Islândia, onde o ministro da Saúde se demitiu em protesto aos cortes propostos pelo FMI em sua área, o ministro da saúde grego, Loverdos, tentou manter-se à tona naquela situação. O desafio era imenso. Somente em 2009, o orçamento da saúde pública caíra de 24 bilhões de euros para 16 bilhões, e a próxima rodada previa cortar ainda mais; por isso, o Ministério da Saúde não tinha fundos para lidar com os novos surtos de HIV e malária. Em uma conferência em Atenas em março de 2012, apresentamos ao ministro da Saúde os dados do Centro Helênico relativos ao alarmante aumento do HIV.

Pedimos ao governo que expandisse seus programas de troca de agulhas. Para nossa surpresa, os representantes do Ministério pareciam inteiramente indiferentes ao assunto. Achavam que aquelas estatísticas mostravam apenas o efeito da entrada de imigrantes infectados do norte da África e do Leste Europeu. Quando retrucamos que os dados mostravam que a maior parte dos infectados era de pessoas de origem grega, não fizeram nenhum comentário.

Nas semanas seguintes, vimos essa pretensa ignorância transformar-se em uma total negação. Quando nossa pesquisa sobre saúde na Grécia foi publicada na *The Lancet* em março de 2012 (depois de uma revisão por especialistas e do parecer de que os dados da análise haviam sido trabalhados de forma apropriada e que eram importantes e alarmantes), os funcionários do sistema de saúde grego tentaram descartá-la. Depois de relatarmos que o total de suicídios havia aumentado 17%, por exemplo, um membro da equipe do ministro da Saúde escreveu que aquela era uma "interpretação exagerada e prematura" da crise da saúde mental na Grécia — embora os dados tivessem sido produzidos e fornecidos pelo próprio Ministério da Saúde. Nossas conclusões foram então testadas e confirmadas por cientistas independentes de outras universidades. Enquanto isso, as taxas de suicídio e depressão continuavam a subir significativamente, conforme verificado por muitas fontes gregas e internacionais.[27]

Na semana antes das eleições de maio de 2012, o próprio Loverdos respondeu publicamente às preocupações sobre o agravamento dos problemas de saúde. Mas sua resposta parecia ter pouco a ver com a saúde do país, e muito mais com a eleição. Ele recorreu à xenofobia e à caça a bodes expiatórios, argumentando que os imigrantes eram o principal problema do país, um "fardo" sobre o sistema de saúde. Afirmou que seria implacável com a "fraude previdenciária" e que seus planos economizariam 230 milhões de euros dos contribuintes gregos.

Tanto os imigrantes quanto os cidadãos gregos comuns sofreram com a ampla dose de austeridade que se seguiu às observações de Loverdos. Os cortes orçamentários em 2009 e 2010 já haviam eliminado um terço dos serviços de saúde que o país oferecia aos imigrantes. Em 2012, os cortes adicionais da segunda rodada do resgate deixaram os programas ainda mais debilitados. Os orçamentos estavam sendo estourados pela demanda — não dos imigrantes para os quais haviam sido concebidos, mas dos gregos. As "clínicas de rua" mantidas pelo ramo grego da organização *Médicins Du Monde* (que normalmente funciona em países de baixa renda) estimaram que a proporção de gregos que as buscavam para atendimento havia decuplicado, passando de 3% antes da crise para 30%. Num esforço para recompor o esfacelado sistema grego de saúde, outra organização internacional, os Médicos Sem Fronteiras, ganhadora do Prêmio Nobel da Paz, criou programas emergenciais de ajuda para os gregos, embora, normalmente, esses médicos trabalhassem em campos de refugiados nas regiões do mundo devastadas por guerras.

A nosso ver, a crise de austeridade grega estava minando a principal fonte de riqueza de um país: seu povo. Mas nem todos concordavam com nosso ponto de vista. Em novembro de 2012, o economista Lycourgos Liaropoulos escreveu uma carta ao editor da *British Medical Journal* para relatar que não havia na Grécia "nenhuma tragédia na saúde". Ele reconhecia que "muitas pessoas estão sem cobertura" e que as igrejas, organizações não governamentais e outras estavam "acorrendo para ajudar", mas afirmava que não havia "nenhuma prova de negação de serviços a pacientes". Na realidade, ele estava ignorando sólidas evidências: os resultados das pesquisas sobre o aumento do HIV, as pesquisas de Estatísticas sobre Renda e Condições de Vida realizadas pela União Europeia, os relatórios de controle da malária, os dados sobre suicídio e, conforme viemos a descobrir, os dados fornecidos por sua própria equipe.[28]

A carta de Liaropoulos foi publicada pouco depois de o dr. Samuel R. Friedman, diretor de pesquisa sobre HIV/Aids do Instituto Nacional de Desenvolvimento e Pesquisa de Nova York, haver descrito a situação da Grécia em julho de 2012 como alarmante: "O que eles [o governo grego] estão fazendo é criar um epicentro para a disseminação do vírus HIV na Grécia e fora dela". A carta de Liaropoulos também coincidiu com a visita do dr. Marc Sprenger, diretor do Centro Europeu de Controle e Prevenção de Doenças, que acabara de passar dois dias vistoriando hospitais e clínicas na Grécia. Suas conclusões ganharam manchetes internacionais. "Vi lugares onde a situação financeira não permitia dispor nem mesmo do mais básico, como luvas, aventais e lenços descartáveis umedecidos com álcool." As conclusões do dr. Sprenger foram incriminadoras: "Já sabíamos que a Grécia estava em uma situação muito ruim quanto a infecções resistentes a antibióticos. Depois de visitar seus hospitais, estou inteiramente convencido de que estamos na grave iminência de perder esta batalha."[29]

Quando examinamos os antecedentes de Liaropoulos, começamos a compreender por que estava defendendo o indefensável. Ele era um dos principais assessores gregos da troika para a implementação das medidas de austeridade, e, no processo, recebia do ministro Loverdos inúmeras e polpudas transferências. Também era responsável por informar à OCDE sobre a situação da saúde na Grécia. Ironicamente, os relatórios que seus próprios subordinados apresentaram à OCDE chegaram a conclusões muito diferentes das suas: ocorreram aumentos de 40% na taxa de mortalidade infantil e de 47% nas necessidades de saúde não atendidas no período entre 2008 e, respectivamente, 2010 e 2011, últimos anos para os quais havia dados disponíveis. A equipe de Liaropoulos era responsável pelos relatórios, mas ele parecia não haver concordado com os dados que continham.

O Ministério da Saúde continuou a divulgar negativas oficiais. Depois de relatos de que os gregos estavam tendo dificuldade em obter serviços de saúde e desistindo de procurar um médico devido às longas filas de espera, à distância das clínicas e aos custos excessivos do tratamento, o ministro orgulhosamente afirmou que as reduções nos orçamentos dos hospitais eram "um resultado positivo das melhorias na eficiência da gestão financeira". Em teoria, isso poderia ter significado que mais pessoas estavam sendo tratadas porque os custos do tratamento haviam diminuído. Na prática, os hospitais estavam custando menos porque havia diminuído o número dos que recebiam assistência médica.[30]

As pessoas que atuavam nas várias linhas de frente sabiam que a austeridade causava danos à saúde. O prefeito de uma das cidades afetadas pela malária, o médico Jannis Gripiotis, respondeu com frustração às mentiras do Ministério da Saúde. Disse que os funcionários do Ministério haviam ocultado dados sobre a epidemia de malária até que autoridades internacionais independentes observaram a disseminação da doença e a comunicaram. Em vez de agir, os funcionários gregos "decidiram ocultar tudo", disse o dr. Gripiotis. "Eles me chamaram de louco." Apostolos Veizis, diretor do programa Médicos Sem Fronteiras, estava enfurecido com a situação da saúde e com a falta de resposta do Ministério da Saúde: "O que vocês ainda estão esperando para soar o alarme?"[31]

O Ministério da Saúde continuou a evitar a coleta e a divulgação de muitas estatísticas básicas de saúde, e os jornalistas investigativos começaram a preencher as lacunas. Revelaram histórias de que os usuários de drogas estavam deliberadamente se infectando com o HIV para conseguir acesso a subsídios públicos de 700 euros por mês; revelaram casos de alguns pais que abandonavam os filhos porque já não conseguiam mantê-los; e descobriram que, pela primeira vez nas últimas décadas, estavam ocorrendo casos de transmissão do HIV de mães para filhos porque já não se faziam os testes de rotina para detectar o HIV em mulheres grávidas.[32]

Os jornalistas investigativos também expuseram outro assalto à saúde do povo grego, uma medida governamental que já havíamos visto na história da família McArdle na Escócia. O governo estava reescrevendo as regras de elegibilidade para o auxílio-invalidez e os serviços sociais de apoio a fim de excluir números cada vez maiores de gregos — "combatendo a fraude previdenciária", nas palavras do ministro da Saúde. Escondida em uma pequena nota na página 129 do relatório do FMI de julho de 2011 estava uma medida destinada a reduzir o gasto público: "O objetivo é reduzir o auxílio-invalidez a não mais de 10% do número total de benefícios. Para esse propósito, a definição de invalidez e as respectivas regras serão revistas no final de agosto de 2011." Andrew Jack, do *Financial Times*, traduziu o que essa revisão significava para os gregos que tinham doenças incapacitantes de longa duração. Entrevistou uma funcionária de um restaurante grego, a senhora Zoi Gkezerva. Antes da crise, ela recebia 4.500 euros por mês para ajudar no tratamento da rara doença genética, a epidermólise bolhosa, da qual padecia sua filha. A doença deixa a criança com grandes bolhas na pele, semelhantes a queimaduras, e exige frequentes e dispendiosos tratamentos que usam agulhas esterilizadas e curativos complexos para impedir a infecção das feridas. As novas regras contra "fraude" previdenciária e a revisão dos critérios de invalidez excluíram a senhora Gkezerva de qualquer auxílio para o cuidado de sua filha. "Não temos mais muito tempo; já usamos quase todas as nossas economias", disse ela. Respondendo a esse caso, Dimitrios Synodinos, diretor da Aliança Grega para Doenças Raras, observou que "um número significativo de pacientes com doenças raras tem tido as ajudas reduzidas em enorme proporção, e isso os leva a uma situação muito difícil, extremamente difícil".[33]

A austeridade estava causando danos à saúde do povo grego. A cidade de Atenas tentava cortar os gastos com saúde, de 10,6 bilhões de euros em 2009 para 7 bilhões em 2012 — isso em meio a um surto de HIV, a um aumento maciço no número de pessoas sem-teto e ao aumento de suicídios, entre outros problemas. Em fevereiro de 2012, os médicos fizeram greve de um dia para protestar contra os cortes maciços. George Patoulis, presidente da Associação Médica Ateniense, explicou que as reformas radicais do governo no sistema de saúde haviam criado o caos. Ninguém nem ao menos sabia quais os pacientes que teriam cobertura para quais serviços. Os farmacêuticos entraram em greve por dois dias contra atrasos nos pagamentos que lhes eram devidos pelos fundos de seguro social, argumentando que os cortes nos serviços sociais significavam que eles teriam de fechar suas farmácias.

O ataque do FMI contra o corpo econômico da Grécia continuou enquanto o governo grego ignorava a pobreza e os sofrimentos crescentes. Como a coleta e a análise de dados de saúde pública claramente não eram uma prioridade, a troika continuou a reforçar novas políticas de austeridade. No final de novembro de 2012, o FMI e seus parceiros europeus concordaram em seu terceiro programa de austeridade para a Grécia — com outros dois bilhões de euros sendo cortados no sistema de saúde do país.

A aceitação da austeridade havia garantido à Grécia um pacote de resgate de 28 bilhões de euros; ainda assim, o país não estava se recuperando. Os níveis da dívida pública continuavam a subir, alcançando mais de 160% do PIB em 2012. Parecia inconcebível que todo aquele dinheiro não estivesse produzindo o pretendido estímulo à economia ou estancando a dívida pública. O *New York Times* investigou e descobriu que o FMI e o Banco Central Europeu estavam canalizando dinheiro através da Grécia e enviando-o diretamente de volta para o Reino Unido, a França, os Estados Unidos e a Alemanha sob a forma de pagamento aos credores que haviam contribuído para alimentar a desastrosa bolha no país. As medidas de resgate financeiro estavam usando fundos públicos gregos não para ajudar a Grécia, mas para resgatar o dinheiro privado da elite financeira mundial que havia investido mal.

Em 2012, o FMI finalmente admitiu que, nas crises na Ásia Oriental e na Islândia, havia subestimado os danos que a austeridade poderia causar. Um dos argumentos centrais para a adoção da austeridade era a hipótese do Fundo sobre o multiplicador fiscal, a medida estatística que descreve quanto de estímulo econômico é produzido por cada dólar gasto pelo governo. O FMI havia presumido que o multiplicador fosse algo como 0,5 — o que indicaria que cortes orçamentários maiores ajudariam a estimular a recuperação econômica. Mas os dados reais sobre o programa de austeridade revelaram-se muito piores do que o previsto pelo FMI, e o Fundo foi forçado a admitir que seus cálculos estavam errados. Em fevereiro de 2012, os principais economistas do FMI começaram a recalcular os multiplicadores e, no final, chegaram aos mesmos resultados a que havíamos chegado, descobrindo que o multiplicador fiscal era maior que 1. Nas palavras do economista-chefe do Fundo, "nós subestimamos o efeito negativo da austeridade sobre a perda de empregos e sobre a economia". Assim, toda aquela "ajuda" fornecida pela comunidade financeira foi seguida de uma espiral negativa que aumentou a perda de empregos e resultou em menos dinheiro para gastos e no declínio da confiança dos investidores de toda a Europa — tudo isso fornecendo, em última análise, a base para um desastre na saúde pública.[34]

Não apenas a austeridade foi um engano, mas o tipo de medidas implementadas foi o pior possível. O dinheiro público investido em saúde pode ter retornos muito mais rápidos do que o investido em vários outros setores. Na realidade, a saúde é um dos poucos setores econômicos que têm crescido em meio à retração econômica na Europa e na América do Norte. Investimentos em saúde levam a novos empregos (enfermeiras, médicos, técnicos) e ao desenvolvimento tecnológico (pesquisas de laboratório, inovações), fornecendo um estímulo muito mais profundo à economia do que qualquer outro tipo de gasto público.

A imposição de privações à Grécia não foi tanto uma estratégia de recuperação econômica, mas, em maior medida, uma estratégia política. Essa mensagem enviou um sinal de alarme para o restante da Europa — para o mundo, na realidade: jogue de acordo com as regras da elite financeira, ou então... A chanceler alemã, Angela Merkel, falou sobre o pacote de resgate da Grécia como sendo uma lição para toda a Europa: "Esses países podem ver que o caminho seguido pela Grécia com o FMI não é um caminho fácil. Como resultado, eles farão tudo o que puderem para evitar que lhes aconteça o mesmo."[35]

A tragédia da Grécia tem mostrado que a austeridade não salvará uma economia em crise. Em vez de ser parte de uma solução, é parte do problema.

Existem alternativas à austeridade. A mais notável é a solução islandesa. O país disse não à austeridade radical, aumentou os gastos sociais e sua economia começou a se recuperar. A Islândia aumentou os gastos com saúde em 20% durante a pior crise bancária da história. Ironicamente, até alguns líderes políticos alemães, embora exigissem que a Grécia pagasse imediatamente aos investidores alemães, reconheceram que o corte de orçamentos da previdência social era uma estupidez econômica. Em 2009, a Alemanha havia injetado um estímulo de 50 bilhões de euros em sua economia, num total de 1,5% do PIB. Durante a Cúpula Mundial de Saúde em Berlim, em 2012, Daniel Bahr, ministro da Saúde alemão, do Partido Conservador, louvou os resultados, afirmando que o investimento em sistemas de proteção social era vital para ajudar a economia de um país a crescer.[36]

Inversamente, a Europa estava resgatando os bancos que haviam conduzido os mercados ao pior colapso desde a Grande Depressão e, ao mesmo tempo, impunha penalidades aos cidadãos gregos que tinham pouco controle sobre as fraudes contábeis ou a estratégia econômica do governo. O economista James Galbraith chamou o tratamento dado ao povo grego de uma forma de "punição coletiva". Esse nível de punição não tinha precedentes na Europa.[37]

Não era de surpreender que o povo grego estivesse furioso e desesperado. Uma das revoltas mais dramáticas do país, em outubro de 2012, foi desencadeada pela chegada da chanceler Merkel. Seis mil policiais foram mobilizados para protegê-la, jogando spray de pimenta e bombas de efeito moral contra os manifestantes, e esses respondiam com pedras, queimavam bandeiras nazistas, cantavam "Não ao Quarto Reich" e levavam faixas que diziam "Fora, Merkel, a Grécia não é sua colônia", "Isto não é uma União Europeia, é escravidão", e "Eles fizeram da nossa vida um inferno". Os gregos não deixaram de perceber a ironia da insistência alemã em cobrar medidas de austeridade da Grécia, já que a própria Alemanha tinha sido "socorrida" pelos Estados Unidos e pelo restante da Europa depois da Segunda Guerra Mundial com recursos do Plano Marshall, investidos em larga escala na reconstrução da sua arruinada economia.[38]

Para além do dano econômico, os males acarretados pelas políticas de austeridade também destruíram a coesão social da Grécia (um fator que havia sido vital para a estabilidade da saúde na Islândia). A cena política grega assistiu à volta de partidos radicais de direita, tal como resultara das políticas de austeridade na Europa pós-Depressão. O partido neonazista Aurora Dourada acorreu para tampar os buracos produzidos pela troika nas redes de segurança. Nas ruas de Atenas, o partido começou a servir refeições quentes para os famintos, pelo menos para as pessoas que podiam mostrar um documento de identidade e provar que eram gregas. Os ataques racistas aumentaram, enquanto tropas de membros do Aurora Dourada rondavam as ruas para "limpá-las" de imigrantes. Atualmente, as limpezas se expandiram e incluem gays e lésbicas. As circunstâncias são assustadoramente evocativas da política da era da Depressão que preparou o caminho para o fascismo e a Segunda Guerra Mundial na Europa. Lançar sobre estrangeiros a culpa da crise tornou-se uma bandeira tão popular, que o Aurora Dourada conseguiu ganhar 21 cadeiras dentre as 300 do Parlamento na eleição de maio de 2012.

Sem dúvida, os gregos não são meramente as vítimas de erros cometidos por pessoas de fora do país. Muitos deles viviam acima de suas posses, sonegavam impostos e falsificavam a contabilidade. Mas a resposta do governo grego à recessão transformou uma situação econômica ruim em um desastre de saúde pública. Enquanto a saúde na Islândia é mais parecida com a dos Estados Unidos durante o New Deal, a saúde na Grécia começou a se parecer com a da Rússia na esteira da terapia de choque e das privatizações maciças.

E foi assim que, na manhã de 4 de abril de 2012, Dimitris Christoulas, de 77 anos, a quem encontramos no início deste livro, matou-se em frente ao Parlamento grego. Durante anos, enquanto trabalhava em sua farmácia, ele pagara as contribuições da previdência para ter direito à aposentadoria. Mas, ironicamente, já não conseguia comprar os remédios de que precisava. Seus benefícios foram cortados. Ele não viu nenhuma outra saída.

PARTE III

RESILIÊNCIA

Por falta de um prego, perdeu-se uma ferradura.
Por falta de uma ferradura, perdeu-se um cavalo.
Por falta de um cavalo, perdeu-se um cavaleiro.
Por falta de um cavaleiro, perdeu-se uma mensagem.
Por falta de uma mensagem, perdeu-se a batalha.
Pela perda de uma batalha, perdeu-se o reino.
E tudo por falta de um prego na ferradura.

Provérbio popular

6

Cuidar ou não cuidar

D iane tinha 47 anos quando sua vida foi arruinada por uma farpa.[1] Ela havia lecionado em uma escola pública experimental na Califórnia. Em consequência dos cortes de 8,1 bilhões de dólares no orçamento de educação aprovados pelo estado em 2009, perdeu o emprego. Sem emprego, Diane perdeu o seguro-saúde e foi forçada a comprar um plano individual e pagar as mensalidades com suas economias. Escolheu o melhor plano que podia pagar, embora tivesse uma franquia muito alta: normalmente, ela pagaria os primeiros 5 mil dólares das despesas médicas antes que a empresa seguradora entrasse com qualquer coisa. Com isso, ela passou a fazer contas e pensar duas vezes antes de buscar ajuda médica.[2]

Cerca de um ano depois de ter perdido o emprego e comprado esse plano de saúde com uma franquia elevada, Diane estava andando em casa, um apartamento antigo com piso de madeira, quando uma grande farpa entrou em seu pé. Como era diabética, havia perdido a sensibilidade e só percebeu o pequeno ferimento quando ele se transformou em um corte profundo e, depois, em uma ulceração que não cicatrizava.

Diane achou que não tinha condição de pagar o preço de uma consulta médica e de uma receita para comprar antibióticos. Então tentou tratar a perna por conta própria — acreditando que a vermelhidão crescente desapareceria se ela seguisse estritamente as instruções que havia encontrado na internet: banhos quentes, sabão, esfregão e pomadas antibióticas que não precisavam de receita.

Depois de poucas semanas, Diane começou a se sentir febril e a ter suores. E, um dia, ela desmaiou. Felizmente, um vizinho ouviu o barulho de vidro se estilhaçando quando a cabeça de Diane bateu na mesinha de centro. Ele ligou para o serviço de emergência, a polícia arrombou a porta do apartamento e chamou uma ambulância.

Foi nessa ocasião que Sanjay conheceu Diane — na unidade de tratamento intensivo do hospital local. Sua perna estava tão infeccionada, que precisou ser amputada — algo que poderia ter sido evitado se a infecção tivesse sido tratada mais cedo. Pior ainda, a infecção havia se espalhado pela corrente sanguínea. Era tão devastadora, que estava causando uma septicemia, fazendo com que a pressão caísse abaixo de 8/4. Para impedir que baixasse ainda mais e levasse a uma parada cardíaca potencialmente fatal, Sanjay inseriu um cateter na via jugular até o lado direito do coração para injetar fluidos intravenosos no sistema de Diane e medicamentos que aumentassem a pressão sanguínea. Os rins estavam entrando em falência por causa da infecção, e ela teve de ser conectada a uma máquina de diálise. Mas a máquina criou outros problemas. Diane sofreu um derrame quando a diálise provocou uma segunda queda abrupta na pressão.

Diane agora vive em uma clínica para inválidos. Com 47 anos, não consegue falar nem caminhar nem mover o lado direito do corpo. Como no caso de centenas de pacientes sem seguro, ou com seguros insuficientes, ela adiou a busca de atendimento médico pelo receio do quanto lhe custaria. Mas, ironicamente, sua única hospitalização custou mais de 300 mil dólares. O derrame a deixou incapacitada, e ela custará ao estado da Califórnia dezenas de milhares de dólares por ano pelo tempo que lhe resta de vida. Ela requer cuidados de enfermagem 24 horas por dia para mudá-la de posição na cama, fazer sua higiene e alimentá-la com colheradas postas no lado esquerdo da boca para que não engasgue.

A história de Diane é um exemplo extremo e trágico do que ocorre todos os dias nos Estados Unidos: o adiamento da assistência médica essencial por americanos que simplesmente não têm como pagar por ela.

Seu caso é particularmente trágico porque, se tivesse sido ferida por aquela farpa alguns anos mais tarde, Diane poderia ter tido a cobertura da nova lei de assistência à saúde, a Patient Protection and Affordable Care Act

[Lei de Proteção do Paciente a Custo Acessível], conhecida como PPACA, que passou no Congresso e foi sancionada pelo presidente Barack Obama em 23 de março de 2010. Antes da lei, cerca de 20% dos americanos que tinham planos de saúde com franquia elevada como o de Diane fugiam de consultas médicas preventivas devido ao custo. A nova legislação ajuda a garantir que todos tenham uma cobertura de saúde a preço acessível, mesmo que a pessoa esteja desempregada. Embora seja impossível garantir que a tragédia pudesse ter sido evitada se Diane contasse com um plano acessível, provavelmente ela não teria deixado que o custo a afastasse do médico. Ela poderia ter se curado e buscado novo trabalho em uma economia em lenta recuperação depois da Grande Recessão.

Enquanto os Estados Unidos, com o presidente Obama, começavam a dar os passos urgentemente necessários para impedir que a Grande Recessão conduzisse a outras tragédias evitáveis como a de Diane, no Reino Unido o Serviço Nacional de Saúde (conhecido como NHS) começou a fazer o oposto. Inicialmente, o sistema de saúde com cobertura universal havia sido um grande protetor da população — e ninguém perdeu o acesso em consequência do colapso econômico. Mas agora, sob a política de austeridade, o governo conservador inglês está tentando imitar o modelo americano introduzindo concorrência, mercados e fornecedores privados no NHS. Para compreender o que essas reformas privatizantes provavelmente significarão para o Reino Unido, é preciso, antes, identificar por que o sistema de saúde dos Estados Unidos estava numa situação tão terrível durante a recessão.

Antes da Grande Recessão, o sistema americano deixava de fornecer cobertura para muitos de seus cidadãos. Embora dois terços dos americanos tivessem um seguro-saúde associado ao emprego, os demais — aqueles cujos empregadores não quisessem oferecer cobertura, os trabalhadores em tempo parcial e os autônomos — ficavam sem ajuda se não pudessem se enquadrar nos programas de seguro federais. Esses americanos precisavam comprar seguro-saúde no mercado privado, mas muitos não podiam pagar as altas mensalidades e as altas franquias. Mais ainda, antes da PPACA as empresas seguradoras podiam restringir a cobertura com base em condições de saúde preexistentes, como diabetes ou hipertensão — e, com isso, muitas pessoas que podiam pagar planos privados continuavam, ainda assim, com cobertura apenas parcial. Em suma, o sistema deixava cerca de 40 milhões de americanos — quase 13% da população — sem seguro-saúde. A Grande Recessão transformou essa situação ruim na área da saúde em uma crise completa. Quando os americanos perderam seus empregos na recessão, outros 6 milhões de pessoas ficaram sem seguro-saúde. A perda de um plano de saúde é extremamente perigosa. Um estudo de 2009 constatou que as pessoas que careciam de um seguro-saúde tinham probabilidade de morte prematura 40% maior do que as demais. Durante a Grande Recessão, antes que a PPACA entrasse em vigor, ocorreram por volta de 35 mil mortes evitáveis em consequência da falta de um plano de saúde.[3]

Os americanos que perderam os empregos e, com eles, seus seguros, tinham poucas opções durante a recessão. Alguns tentaram encontrar algum plano no mercado privado, mas um terço deles teve a cobertura negada por diversas razões, inclusive a preexistência de alguma doença. Outros simplesmente não tinham como pagar o preço de um plano privado de saúde, que podia chegar a 25 mil dólares por ano para uma família de duas pessoas. A recessão aumentou ainda mais esses custos. Em toda a América, sob o pretexto de que a recessão tornava suas operações mais difíceis, as empresas de seguros estavam aumentando as mensalidades. A Anthem Blue Cross, na Califórnia, uma subsidiária da WellPoint, aumentou os preços em até 39 por cento. A Associação Médica Americana, a maior associação de médicos no país, condenou oficialmente essas práticas (conhecidas como "expurgos"), mas nada podia fazer para acabar com elas.[4]

Algumas pessoas podiam receber um seguro público, desde que fizessem parte de uma família de quatro membros com renda familiar inferior a US$ 23.050,00 por ano. Elas podiam habilitar-se para inclusão no Medicaid, o programa de seguro-saúde para os muito pobres. Mas, como as inscrições no programa saltaram 8,3% anualmente desde 2009, alguns políticos e burocratas, quase todos eles republicanos, foram ficando cada vez mais vociferantes a respeito da "falta de controle" dos gastos públicos com o Medicaid.[5]

Em todo o país, os funcionários do Estado começaram a descobrir formas de cortar os orçamentos do Medicaid. Introduziram franquias mais elevadas e contrapartidas (pagas do bolso do beneficiário) para consultas médicas e obtenção de receitas, cortaram benefícios, criaram novas taxas sobre os provedores de cuidados de saúde e instituíram o congelamento de novas contratações, licenças obrigatórias, demissões temporárias e cortes nos salários dos funcionários do Medicaid. Desde o pico da recessão, em 2009, quarenta estados cortaram seus orçamentos do Medicaid em pelo menos um dos anos fiscais. Desses estados, 29 fizeram um segundo corte posteriormente, e 15 cortaram uma terceira vez.[6]

Embora seja cedo demais para se saber toda a extensão do impacto desses cortes no longo prazo, já existem sinais de que a saúde das pessoas está sofrendo. Entre os americanos que migraram para planos com altas franquias para economizar dinheiro, muitos começaram a evitar as idas ao médico, como fez Diane. Famílias com planos de seguro com franquias elevadas tinham 14% menos probabilidade de procurar um médico numa necessidade, em comparação com as famílias com franquias mais baixas.[7]

Grande parte dos serviços que as pessoas pararam de pagar era de natureza preventiva. Por exemplo, houve cerca de 500 mil colonoscopias a menos durante a recessão, o que significa que cerca de 500 mil americanos com seguro-saúde deixaram de realizar o exame preventivo para a detecção de câncer colorretal. Uma pesquisa realizada entre março e abril de 2009 constatou que, entre os americanos que tinham uma doença crônica, 40% não renovavam as receitas dos medicamentos necessários para manter suas doenças sob controle, como forma de reduzir despesas.[8]

Assim como ocorreu na Grécia, a recessão e a austeridade nos Estados Unidos fizeram com que as pessoas tivessem de esperar mais tempo para uma consulta médica e para ter acesso ao tratamento necessário. Antes da recessão, os prontos-socorros nos Estados Unidos haviam atingido o limite de atendimento ou já estavam funcionando além de sua capacidade. Era cada vez maior o número de pacientes que usavam os prontos-socorros, em vez de buscar clínicas, quando se viam em situações como a de Diane — evitando os cuidados preventivos porque já não podiam pagar por eles. Os médicos se descreviam como "sobrecarregados" ou "perto de um colapso". Para os pacientes, os prontos-socorros superlotados significavam maior tempo na fila, falta de atenção adequada em casos de emergência real e, no todo, uma qualidade de atendimento mais baixa.[9]

Em suma, o sistema de saúde dos Estados Unidos não foi capaz de proteger o povo americano durante a Grande Recessão. As pessoas estavam sendo forçadas a passar sem os cuidados de que necessitavam e pelos quais já não podiam pagar — e, às vezes, como no caso de Diane, sofriam trágicas consequências de saúde.

Mas houve um grupo que se beneficiou. Os lucros das empresas de seguro de saúde decolaram durante a Grande Recessão. Em 2009, as cinco principais seguradoras americanas relataram lucros de 12,2 bilhões de dólares, um aumento descomunal de 56% sobre os dados de 2008. Justamente em 2009, ano em que 2,9 milhões de pessoas perderam sua cobertura, os lucros das seguradoras aumentaram 56 por cento. E, novamente, durante os primeiros nove meses de 2010, os lucros cresceram, em média, 41%, batendo todos os recordes do setor, apesar da recessão. Esses lucros inesperados aconteceram à custa dos pacientes. À medida que as seguradoras eliminavam pessoas de suas fileiras, passavam a pagar menos pelos cuidados de saúde, ganhando mais dinheiro no processo. Embora se costumasse pensar que a chave para o sucesso de uma empresa seguradora fosse o grande número de segurados, a presidente da WellPoint, Angela Braly, reformulou o novo objetivo em 2008: "Não sacrificaremos a lucratividade em nome do aumento de segurados."[10]

Assim, os ricos ficaram mais ricos, e os doentes ficaram mais doentes. Era esse, em poucas palavras, o problema perene do mercado de assistência à saúde nos Estados Unidos.

Há muito se sabe perfeitamente que os mercados não funcionam bem na área da saúde. Kenneth Arrow, o economista ganhador do Prêmio Nobel, demonstrara em um artigo seminal escrito em 1963 que, muitas vezes, os mercados fracassam no fornecimento de serviços de saúde a preços acessíveis e de alta qualidade. Isso ocorre porque a saúde é diferente de outros bens no mercado, não é como latas de atum. Uma das principais razões é que as necessidades de saúde são difíceis de prever e são extremamente dispendiosas. As pessoas não sabem quando poderão ter um infarto e necessitar de uma ponte de safena, por exemplo. Assim, não têm como antecipar quando devem economizar dinheiro. E, mesmo que pudessem, uma cirurgia de grande porte acabaria com todo o dinheiro da maior parte das pessoas. Isso significa que elas precisam comprar seguros — e isso, por sua vez, significa que alguém que não elas próprias decidirá quais os serviços que estarão disponíveis, e quais não estarão.[11]

Mas as empresas privadas de seguros estão no negócio de ganhar dinheiro e lucrar. Existem apenas duas formas de aumentar os lucros:

aumentando as receitas ou diminuindo os custos. As receitas vêm das mensalidades pagas pelas pessoas, enquanto os custos resultam do pagamento dos serviços de saúde que elas usam. Assim, as empresas de seguros têm estímulos perversos para recrutar as pessoas mais saudáveis, que precisam da menor quantidade de cuidados, e excluir as mais doentes, que precisam da maior quantidade de cuidados.

Isso cria uma situação que os pesquisadores da saúde pública geralmente chamam de Lei do Cuidado Inverso (*Inverse Care Law*). Identificada pela primeira vez em 1971, a lei pode ser sucintamente resumida como: aqueles que mais precisam de cuidados recebem menos, enquanto aqueles que menos precisam de cuidados recebem mais. Constatou-se que a Lei do Cuidado Inverso atua com mais força nos sistemas de saúde em que o acesso das pessoas aos serviços depende de sua capacidade de pagamento — o princípio de mercado que sustentava o sistema de saúde dos Estados Unidos.[12]

Apesar de percepções equivocadas muito comuns, o sistema baseado no mercado não é mais eficiente. Embora o sistema de saúde americano exclua grandes parcelas da população, os Estados Unidos gastam mais em cuidados de saúde do que qualquer país do mundo — totalizando 19% do PIB durante a recessão. Outras nações industrializadas avançadas gastam algo entre 7 e 11 por cento. Trata-se de uma situação que continua a piorar. Em 1970, o gasto total com saúde nos Estados Unidos foi de US$ 75 bilhões, ou apenas US$ 356,00 por pessoa. Em 2010, os números alcançaram US$ 2,6 trilhões e US$ 8.402,00 respectivamente. Esse aumento correspondeu a quatro vezes a taxa da inflação. Se o preço de uma dúzia de ovos tivesse aumentado na mesma proporção, seria de US$ 15,00 hoje, e um litro de leite estaria custando sete dólares.

Todo esse gasto excessivo com saúde não se deve a que os Estados Unidos tenham uma população mais idosa ou mais doente. As taxas de fumantes, por exemplo, são mais altas na Europa, e há mais pessoas idosas *per capita* no Japão. Obesidade, tecnologia ou uma maior utilização tampouco explicavam os custos historicamente altos, nem a pesquisa e o desenvolvimento de medicamentos vendidos com receita médica.

Em vez disso, a explicação é que os Estados Unidos simplesmente têm menos retorno de seus investimentos. Em vez de gastar sabiamente em cuidados preventivos, o país mantém um sistema mais dispendioso de "cuidados de doentes". As pessoas que podem pagar por ele conseguem serviços de alta qualidade — mas seus médicos não necessariamente usam os tratamentos mais eficazes em termos de custos. Em vez disso, muitas vezes prescrevem testes e procedimentos dispendiosos, como tomografias computadorizadas e próteses de joelho, que nem sempre são medicamente necessários, mas são altamente lucrativos. No final das contas, pode ser que os principais beneficiários do sistema de saúde dos Estados Unidos não sejam os pacientes, mas os provedores — empresas de seguros, corporações hospitalares e empresas farmacêuticas.[13]

A despeito de ocupar o primeiro lugar mundial em gastos com saúde, o sistema de saúde americano tem desempenho inferior em quase todas as medidas de qualidade. Em comparação com os europeus, os americanos tendem a ter taxas mais elevadas de infecções hospitalares, de mortes por erros médicos e de idas evitáveis a hospitais. As taxas americanas de mortalidade evitável são 40% maiores do que a média europeia — chegando a quase 40 mil mortes a mais por ano em consequência da baixa qualidade dos serviços de saúde. No todo, a Organização Mundial da Saúde classificou o sistema de saúde americano entre os piores encontrados nos países desenvolvidos em termos de taxas de mortalidade e redução do sofrimento.[14]

Era esse o sistema de saúde americano antes da PPACA, conhecida como Obamacare, aprovada em 2010. E era lamentavelmente inadequado para enfrentar uma crise econômica.

As opções feitas por outros países quanto ao sistema de saúde os tornaram mais resistentes a choques econômicos como a Grande Recessão. O Canadá, o Japão, a Austrália e a maior parte dos países europeus rejeitaram abordagens baseadas no mercado, provendo serviços de saúde para todas as pessoas. Eles reconheceram os sinais característicos da Lei do Cuidado Inverso e a evidência de que os mercados não funcionam bem no campo da saúde.

Enquanto milhões de americanos perdiam acesso a cuidados de saúde durante a Grande Recessão, havia poucos indícios de pessoas evitando idas a médicos ou cuidados preventivos no Reino Unido, no Canadá, na França e na Alemanha. Esses países não tratavam a questão da saúde como um bem de mercado, mas como um direito humano — assim, a perda do emprego ou de renda não tinha nenhum efeito sobre o acesso a serviços de saúde. Quando a Grande Recessão atingiu suas economias, as pessoas não foram forçadas a escolher entre a falência e a saúde.[15]

A prova pode ser encontrada nos dados sobre acesso a serviços de saúde em vários países. Uma pesquisa comparou o acesso durante a recessão nos Estados Unidos, no Reino Unido, no Canadá, na França e na Alemanha. Usando amostras representativas em cada país, a pesquisa perguntou a mais de 5 mil pessoas se haviam aumentado, diminuído ou mantido seu uso de serviços de saúde de rotina desde a crise. Infelizmente, mas sem constituir uma surpresa, cerca de um em cada cinco americanos relatou haver negligenciado os cuidados médicos de rotina durante a recessão. Os números eram melhores na Europa. Os sistemas de saúde financiados pelos contribuintes, e não pelos empregadores, foram mais capazes de proteger suas populações da perda do acesso a cuidados médicos durante a recessão. No Canadá, por exemplo, não houve nenhuma mudança no acesso durante a recessão, e no Reino Unido houve mesmo um ligeiro aumento (0,3%).

Os países nos quais os pacientes pagavam uma contrapartida maior para utilizar os serviços de saúde ficaram mais expostos aos choques da Grande Recessão. A França e a Alemanha foram dois exemplos. Embora todas as pessoas tivessem uma cobertura de saúde fornecida pelo governo, elas eram responsáveis por uma contrapartida de dez euros em cada consulta médica na Alemanha e entre 16 e 18 euros em cada ida ao hospital na França. Entretanto, no Reino Unido as pessoas podiam ir ao médico ou ao hospital sem pagar nada. Embora fossem quantias modestas, ainda assim fizeram uma diferença. A Alemanha e a França viram uma queda de, respectivamente, quatro e sete por cento no acesso — pior do que no Reino Unido, mas melhor do que nos Estados Unidos, pois ninguém foi deixado sem cobertura.

Durante a Grande Recessão, o sistema de saúde inglês teve o melhor desempenho quanto a impedir que as pessoas perdessem o acesso aos serviços. Foi exatamente isso que pretendiam os fundadores do NHS, o Sistema Nacional de Saúde, quando o criaram: fornecer serviços de saúde baseados não na capacidade de pagamento das pessoas, mas em suas necessidades de atendimento.

Em 1948, quando foi criado o NHS, a dívida pública inglesa estava acima de 400% do PIB, um nível muito mais elevado do que o de qualquer país europeu hoje (exceto a Islândia). O Reino Unido estava reconstruindo a economia depois de ter sua infraestrutura devastada durante a Segunda Guerra Mundial. Havia sido criado um serviço nacional de saúde especial para o tempo de guerra, em parte porque as seguradoras privadas não tinham como atender às necessidades de saúde das tropas inglesas. O serviço tornou-se extremamente popular. Depois da guerra, o Partido Trabalhista expandiu o atendimento de emergência para todo o país, e assim nasceu o NHS em 5 de julho de 1948. Conforme dito no panfleto explicativo distribuído ao público, "O Serviço lhe fornecerá todo o atendimento médico, dentário e de enfermagem. Qualquer pessoa — rico ou pobre, homem, mulher ou criança — pode usar o Serviço ou parte dele. Não há cobranças, exceto por alguns itens especiais. Não há exigências nem restrições para a inclusão no sistema. Mas não se trata de uma caridade. Todos vocês estão pagando por ele, principalmente como contribuintes, e o Serviço aliviará suas preocupações com dinheiro em tempos de doença."[16]

Desde o primeiro momento, os críticos do NHS disseram que ele que braria o país. No entanto, isso não aconteceu — ao contrário, ajudou a impulsionar a recuperação econômica do Reino Unido, assim como fizera o New Deal na Grande Depressão.

Durante mais de meio século, o NHS havia sido o modelo mais sólido de um sistema universal de saúde, oferecendo cobertura para todos sem nenhum pagamento no momento da prestação dos serviços. Para manter baixos os custos, cada pessoa pagava uma pequena parcela, diluindo os custos entre toda a sociedade em vez de concentrar todo o peso apenas sobre os que estavam doentes. O NHS também negociava diretamente com as empresas farmacêuticas em benefício dos cidadãos ingleses, muitas vezes comprando medicamentos em grande quantidade para garantir melhores preços. O Instituto Nacional de Excelência Clínica garantia que os médicos prescrevessem os medicamentos com a melhor relação custo-benefício, em vez de sobrecarregar os pacientes com receitas de remédios promovidos por empresas farmacêuticas em troca de viagens luxuosas e de presentes para os médicos. Os médicos tinham salários altos, mas fixados anualmente, em vez de serem pagos por paciente ou receberem comissão, de modo a não se apressarem nas consultas e não terem estímulos perversos para pedir uma bateria de testes e procedimentos desnecessários.[17]

Poderíamos dar várias outras razões para o bom funcionamento do NHS, mas o ponto básico está nos dados: durante a Grande Recessão, o sistema inglês salvou mais vidas gastando menos dinheiro.[18]

Hoje, os princípios fundadores do NHS estão sendo esquecidos à medida que o governo do Partido Conservador busca torná-lo mais semelhante ao sistema americano, movido pela busca de lucros e baseado no mercado. Quando o governo conservador foi eleito, mandou reativar um panfleto elaborado durante o governo conservador anterior, de John Major, que chamava o NHS de "um monstro burocrático que não pode ser domado" que precisava de uma "reforma radical". Em 2004, Oliver Letwin, o principal autor do panfleto, disse que "o NHS não existirá" dentro de cinco anos depois de uma eleição conservadora vitoriosa. Efetivamente, depois de assumir o poder, os conservadores propuseram a Lei de Saúde e Assistência Social, que expressava os princípios de livre mercado contidos no panfleto radical.[19]

Para nós, foi difícil compreender essa decisão. Em 2010, antes que o governo conservador começasse a desmontar o NHS, o gasto total do Reino Unido com saúde foi de 8% do PIB, enquanto a Alemanha gastou 10,5%, a França gastou 11,2% e os Estados Unidos, 19 por cento. Em última análise, a posição conservadora não se baseava em evidências, mas em ideologia — a ideia de que mercados, concorrência e lucros sempre seriam melhores do que a intervenção governamental.[20]

Seguiu-se um debate público altamente polarizador sobre a Lei de Saúde e Assistência Social. Enfrentando uma sólida oposição da associação profissional das enfermeiras, o Royal College of Nursing, e de quase todas as Associações Médicas do país, o Parlamento aprovou a Lei em 2012. Assim começou o que muitos consideram um dos principais movimentos em direção à privatização do NHS. Repetidas vezes, David Cameron prometeu ao público inglês que a lei não iria "privatizar o NHS" e que ele cortaria "déficits, não o NHS". Nick Clegg, o líder liberal-democrata, disse: "Não haverá nenhuma privatização." O site do Departamento de Saúde chegou a afirmar que "ministros da Saúde disseram que nunca privatizarão o NHS". Mas os dados contam uma história diferente: cada vez mais, o governo está transferindo grandes fatias da provisão de cuidados de saúde para fornecedores privados.[21]

Exploradores privados, em busca de lucro, estão substituindo médicos dedicados. Em outubro de 2012, o governo concedeu 400 contratos lucrativos para o fornecimento de serviços do NHS, no valor de um quarto de bilhão de libras, no que foi chamado de "o maior ato de privatização já ocorrido no NHS". A Virgin, por exemplo, ganhou contratos lucrativos para prestar serviços de saúde reprodutiva (sem trocadilho). Mas o resultado não foi a eficiência de uma empresa privada, mas o que já havia sido visto no modelo de mercado dos Estados Unidos — lucros à custa de pacientes. Um jornalista descobriu que era isso o que acontecia nas clínicas em Teesside, no noroeste da Inglaterra. Depois que a Virgin ganhou os contratos para prestar os serviços, uma clínica não conseguia alcançar as metas de número de pessoas testadas para clamídia, uma doença venérea. Isso aconteceu seguidas vezes, e o jornalista descobriu em um memorando que "a equipe estava sendo instada a levar para casa os kits de teste e usá-los em amigos e parentes a fim de ajudar a completar os números". Em Oxford, os pacientes reclamaram do aumento do tempo de espera para consultar o médico depois que a Virgin assumiu determinado serviço local. A empresa respondeu que o serviço tinha um baixo desempenho quando o assumira, e que "ainda há melhorias a fazer, mas estamos contentes de ver que o progresso já alcançado foi reconhecido e aplaudido pelos vereadores". Assim começou o que continua a ser uma campanha de relações públicas extremamente sofisticada.[22]

O próximo passo do Reino Unido em direção à medicina baseada no mercado, no estilo americano, está em curso no momento em que escrevemos este capítulo. Os pacientes estão sendo encorajados a gastar de seu bolso para ter serviços de saúde, em vez de usar o NHS financiado pelo governo. O governo conservador está ampliando projetos piloto para oferecer às pessoas com doenças crônicas "orçamentos personalizados", de forma que elas próprias possam fazer escolhas sobre como administrar a assistência que recebem. Apesar de uma avaliação governamental haver apontado muitos problemas com essa abordagem, ela continua com poucas salvaguardas contra vigaristas em busca de lucro e contra empresas de seguro predadoras.[23]

Evidências preliminares sugerem que a Lei de Saúde e Assistência Social poderá, na realidade, ser danosa para a saúde dos cidadãos e residentes do Reino Unido. Pouco antes de o governo de coalizão assumir o poder, o NHS tinha os mais altos índices de aprovação pelos pacientes em toda a sua história, acima de 70 por cento. Dois anos depois, a aprovação caiu para 58%, o maior declínio visto em três décadas.[24] Já existem sinais de alarme de que a situação de assistência à saúde no Reino Unido pode vir a se parecer com a dos Estados Unidos antes de Obama. Pacientes estão sendo recusados por clínicas particulares, algumas das quais simplesmente fecham a porta depois de preenchida a quota diária exigida no contrato. E, no primeiro ano da reforma, as entradas em prontos-socorros tiveram o maior aumento em uma década — talvez porque um maior número de pessoas esteja negligenciando os cuidados preventivos, como fez Diane.[25] Conforme alertou o editor de *The Lancet*, "as pessoas morrerão".[26]

Ainda não está evidente se o povo britânico aceitará integralmente essa privatização radical de seu sistema de assistência médica. Mas, depois que os estímulos do mercado se apossam de um sistema público, torna-se difícil, se não impossível, reverter o rumo. No Reino Unido, a combinação de austeridade e privatização, alimentada pela recessão, parece estar se infiltrando em todas as dimensões do sistema de proteção social. Mas as evidências dos danos causados devem fazer com que todos nós paremos para pensar.[27]

O Reino Unido não é o único país a sucumbir à opção de privatização da saúde e de cortes. A Grécia talvez tenha sido o exemplo mais extremo de grandes cortes intencionais no sistema de saúde, já que o FMI elegeu a saúde como uma área-chave do orçamento para realizar cortes e reduzir custos no curto prazo. A Espanha tinha um Serviço Nacional de Saúde semelhante ao britânico. Mas, quando seus orçamentos de saúde pública foram cortados, o país começou a transferir os serviços para o setor privado. Foram acrescentadas taxas a serviços básicos, obrigando as pessoas a pagar mais com seus próprios recursos — a despeito de claríssimas evidências de que essas "taxas de usuários" reduziam o acesso a assistências necessárias e, no longo prazo, não significavam uma economia de recursos.[28] A Espanha também redefiniu seus critérios de elegibilidade, passando de "residentes" para "cidadãos" e eliminando os imigrantes do sistema como medida para economizar dinheiro. Medicamentos que costumavam estar incluídos em pacotes de seguro foram eliminados da lista. E, em outros casos, simplesmente deixaram de estar disponíveis — como em Valencia, na Espanha, onde as farmácias ficaram vazias depois que o governo central cortou o financiamento.

Existe uma alternativa — que foi testada pelo próprio Reino Unido durante o período de tremendas dificuldades e de uma enorme dívida depois da Segunda Guerra Mundial. Agora que a Itália, a Espanha e a Grécia, sob a pressão da troika, também estão promovendo privatizações e reformas radicais em seus serviços nacionais de saúde, fariam bem em recordar as palavras do fundador do NHS, Aneurin Bevan, um dos grandes líderes do Partido Trabalhista que, em 1948, quando ministro da Saúde, expressou essa questão moral em termos simples e retumbantes: "Devemos nos orgulhar do fato de que, apesar de nossas ansiedades financeiras e econômicas, ainda somos capazes de fazer a coisa mais civilizada do mundo — pôr o bem-estar dos doentes acima de qualquer outra consideração."[29]

7

Voltando ao trabalho

E m 4 de maio de 2012, uma multidão de mulheres agitando bandeiras brancas marchou até a entrada do prédio da Equitalia [a Receita Federal italiana], em Bolonha. Eram as *vedove bianche*, as Viúvas Brancas. Em consequência das medidas de austeridade adotadas pela Itália em resposta à Grande Recessão, seus maridos não tinham conseguido encontrar trabalho suficiente para pagar suas dívidas fiscais. E então os homens escolheram acabar com tudo de uma só vez, matando-se. Afogadas em dívidas, e com a incumbência de dar conta dos problemas, eram mulheres enfurecidas e frustradas porque o governo não as estava ajudando.[1]

"*Non ci suiciderete*", gritavam elas: "Não nos suicidem!" Tiziana Marrone, a líder do protesto, disse: "O governo precisa fazer alguma coisa. Não está certo o que acontece na Itália." Estavam transtornadas porque o governo fazia-se de cego diante da evasão fiscal dos super-ricos, mas não fizera praticamente nada para apoiar as pessoas que haviam perdido tudo na Grande Recessão. Ela continuou: "Minha batalha não é só minha, é de todos os italianos que se veem na mesma situação que eu e, principalmente, das viúvas dessas famílias que não sabem a quem recorrer para pagar todas as dívidas."[2]

Aquele era o segundo protesto no prédio da Equitalia. Cinco semanas antes, em 28 de março, Guiseppe Campaniello, um pedreiro autônomo e marido de Tiziana Marrone, havia ido ao mesmo lugar. Acabara de receber uma notificação final da Equitalia dobrando o valor da multa que, segundo informações, ele não tinha como pagar. Assim, em frente ao prédio da receita, ele se encharcou com gasolina e ateou fogo. Deixou uma nota para Tiziana: "Minha querida, estou aqui chorando. Hoje de manhã eu saí um pouco mais cedo, queria acordar você, dizer adeus, mas você dormia tão bem que tive medo de acordá-la. Hoje é um dia ruim. Peço perdão a todos. Um beijo para todos vocês. Eu te amo, Giuseppe." Ele morreu nove dias depois.

Na Grande Recessão, as taxas de suicídio aumentavam à medida que as taxas de desemprego em toda a Itália davam um salto de 39% entre 2007 e 2010. Enquanto o protesto das Viúvas Brancas atraía a atenção pública para o sofrimento pelo qual passavam devido às consequências do desemprego sobre a saúde mental, nem todos concordavam com a interpretação das mulheres a respeito dos eventos. Alguns comentaristas disseram que os suicídios por razões econômicas na Itália eram apenas "flutuações normais".[3]

Para descobrir se isso era verdade e, em caso afirmativo, qual a razão, examinamos os dados italianos sobre mortalidade. A Itália tem um sistema peculiar e detalhado de rastrear cada suicídio. Os atestados de óbito incluem detalhes contextuais sobre as causas. Um exemplo que encontramos foi o atestado de um pedreiro de 64 anos que havia perdido o emprego no Natal. Deixou um bilhete em que dizia, entre outras coisas: "Não posso viver sem um trabalho", e então se matou com um tiro de revólver. Na Itália, como ocorrera na Rússia no início da década de 1990, o desemprego deixava as pessoas humilhadas, desesperadas e, em última instância, inclinadas a se causarem dano.[4]

Descobrimos que, durante a recessão, houve um grande aumento de atestados de óbito por suicídio classificados como "devido a razões econômicas", muito acima das tendências preexistentes. Chamou nossa atenção o fato de que as taxas de suicídios atribuíveis a todas as outras causas haviam permanecido inalteradas. No todo, estimamos que a Itália sofrera pelo menos 500 novos casos de suicídio e tentativas de suicídio acima do que seria de esperar se as tendências pré-recessão tivessem se mantido. A Figura 7.1 mostra o salto no número adicional de suicídios e de tentativas de suicídio resultante da combinação da Grande Recessão e da resposta do governo italiano, com as políticas de austeridade.

Figura 7.1. Recessão e austeridade aumentam suicídios e tentativas de suicídio por razões econômicas na Itália[5]

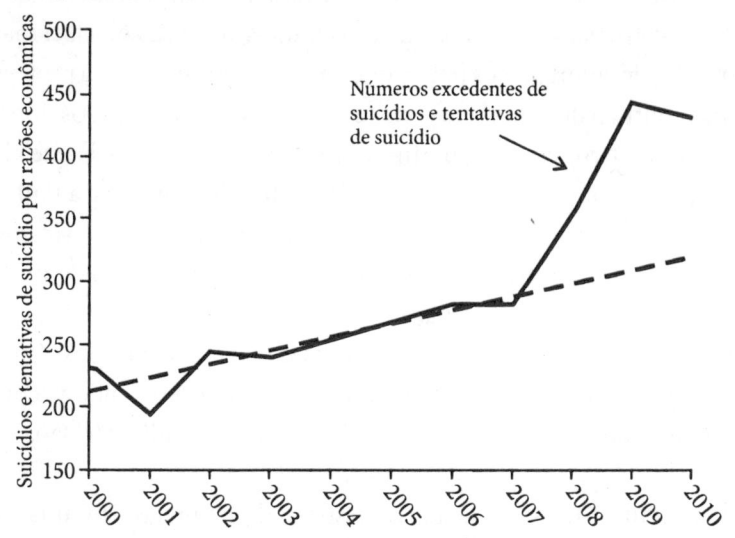

Do outro lado do Atlântico, os dados sobre suicídios nos Estados Unidos também mostravam um aumento durante a recessão. No período imediatamente anterior, os suicídios já vinham aumentando. Para a Figura 7.2, projetamos a taxa de suicídios que teria sido registrada caso aquelas tendências tivessem continuado, como mostra a linha tracejada. Observamos que a recessão havia tornado pior uma situação já ruim, pois as taxas de mortes por suicídio aceleraram (a linha sólida da figura 7.2), correspondendo a 4.750 mortes adicionais durante a recessão (que não teriam ocorrido caso a tendência prévia tivesse persistido).[6]

Figura 7.2. Recessão conduz a um aumento de suicídios, EUA[7]

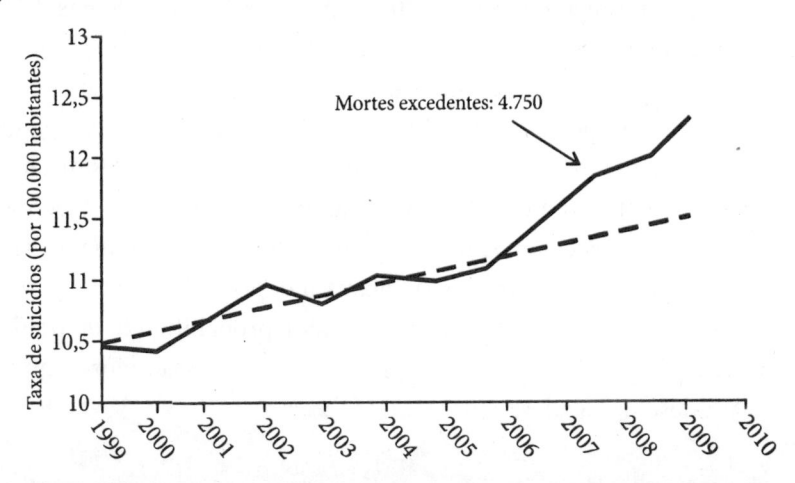

Havia pouca dúvida de que a recessão fosse uma das principais causas do aumento de suicídios. Mas não era uma causa necessária dessas tragédias, nem uma causa suficiente. Os suicídios muitas vezes se correlacionavam com perdas de emprego nos países que não estavam ajudando a proteger as famílias contra o desemprego, como a Itália e os Estados Unidos. Mas, em outros, os políticos escolheram investir em programas sociais que ajudavam as pessoas a retornar ao mercado de trabalho. A Suécia e a Finlândia sofreram grandes recessões em vários períodos durante as décadas de 1980 e 1990, mas não tiveram nenhum aumento significativo de suicídios a despeito dos grandes picos nas curvas de desemprego. Esses dois países encontraram formas de impedir que uma economia em colapso afetasse a saúde mental das pessoas. O desemprego pode ser um choque comum durante recessões, mas os aumentos nas taxas de suicídio não são.

Desde o século XIX, sabe-se que recessões e desemprego têm uma correlação com riscos significativamente maiores de suicídio. Com os avanços feitos na coleta de dados, os pesquisadores de saúde pública e os sociólogos puderam constatar que o desemprego é um importante fator de risco para depressão, ansiedade, insônia e autodestruição. A perda de um emprego pode ser a última gota que lança uma pessoa na depressão, especialmente se não tem apoio social ou vive só. Pessoas que estão buscando emprego têm o dobro de probabilidade de pôr fim à vida, em comparação com as que têm empregos.[8]

Nos primeiros anos da década de 1980, alguns economistas britânicos começaram a questionar essa sabedoria convencional, perguntando-se se era o desemprego que realmente estava causando problemas de saúde mental ou se, em vez disso, aqueles que perdiam os empregos eram pessoas com maior probabilidade de já estar deprimidas. Só era possível examinar essa importante questão com amplos estudos que acompanhassem pessoas ao longo do tempo, o que permitiria que os pesquisadores isolassem os efeitos e definissem o que vinha primeiro — a perda do emprego ou a depressão. A resposta, conforme se viu, foi que ocorriam ambas as coisas: algumas pessoas ficavam deprimidas porque perdiam o emprego, enquanto outras tinham maior probabilidade de perder o emprego porque já sofriam de depressão, e a depressão piorou quando ficaram desempregadas.[9]

Assim, pouco depois do início da Grande Recessão de 2007, os médicos na Espanha e no Reino Unido começaram a ver um grande aumento no número de pacientes que buscavam as clínicas apresentando sintomas agudos de depressão. Como disse Peter Byrne, diretor de educação pública no Royal College of Psychiatrists, uma das principais agremiações de psiquiatras do Reino Unido: "Em 2009, todos nós — quer trabalhemos como clínicos gerais, em hospitais gerais ou em serviços especializados — estamos vendo um aumento no número de pacientes que nos são encaminhados em consequência da recessão. Para muitos, o estresse resultante da retração era a gota que faltava."[10]

Dado o aumento do número de pacientes que mostravam sinais de depressão, os médicos começaram a prescrever mais antidepressivos. No Reino Unido, o uso de antidepressivos aumentou 22% entre 2007 e 2009. Uma pesquisa feita em 2010 constatou que 7% dos que buscavam ajuda para "estresse relacionado ao trabalho" começavam um tratamento farmacológico para a depressão. Naquele ano, os médicos deram 3,1 milhões de receitas adicionais de antidepressivos além das que haviam dado apenas dois anos antes.[11]

A Espanha e os Estados Unidos também tiveram aumentos nas prescrições de antidepressivos. Entre 2007 e 2009, o número de pessoas que tomavam antidepressivos diariamente saltou 17% na Espanha. Nos Estados Unidos, o uso aumentou durante a Grande Recessão, chegando-se ao ponto de 10% da população adulta receberem prescrição de antidepressivos. Um estudo da Bloomberg Rankings descobriu que as taxas de prescrição de antidepressivos tinham uma correlação muito forte com as taxas de desemprego.[12]

Do ponto de vista estatístico, esses dados apenas demonstravam que um maior número de pessoas estava buscando medicamentos para depressão durante a Grande Recessão. No entanto, por si mesmos, não provavam que as pessoas desempregadas eram afetadas de modo peculiar. Na teoria, é bastante possível que as pessoas estivessem simplesmente mais estressadas e infelizes durante a recessão por outras razões: o clima geral de mal-estar na sociedade, cargas de trabalho aumentadas, ansiedade quanto à possibilidade de ser despedidas etc. Esses números não bastavam para provar que o desemprego em si estivesse motivando uma depressão mais grave durante esta recessão.[13]

Começamos então a pesquisar quais as pessoas que buscavam os consultórios médicos com sintomas de depressão. Examinamos os dados de 7.940 pacientes de consultórios em toda a Espanha antes da recessão (2006) e durante (2010). A Espanha continua a enfrentar um dos maiores aumentos do desemprego em todo o mundo durante a recessão, mas também conseguiu manter um bom acompanhamento da saúde mental realizando periodicamente uma série de pesquisas padronizadas. As pesquisas revelaram que o número de pacientes que chegavam a um consultório médico com sintomas clínicos de depressão forte havia aumentado de 28% para 48% entre 2006 e 2010. Depressões mais leves aumentaram de 6% para 9%, os relatos de ataques de pânico cresceram de 10% para 16%, e até o uso excessivo de bebidas alcoólicas subiu de 1% para 6%. O desemprego recente era um indicador estatístico chave desses problemas de saúde mental. O quadro continuou inalterado depois de controlarmos por diversos outros fatores possíveis, entre eles a existência prévia de depressão e o acesso a serviços de saúde mental.[14]

Como se sabe, existem outras formas de lidar com o problema do desemprego que não seja o uso de antidepressivos. Como disse o dr. Geoffrey Rose, o pai da medicina preventiva: "De que serve dar um remédio a um paciente e mandá-lo de volta para o mesmo ambiente que o adoeceu?" A pergunta verdadeira que nós, junto com muitos outros epidemiologistas, estamos tentando compreender e responder agora é: como podemos impedir que esses problemas aconteçam quando grande número de pessoas perde o emprego?

Embora milhões de receitas estivessem sendo dadas nos Estados Unidos, no Reino Unido e na Espanha, nem todos os países que enfrentavam grandes picos no desemprego tiveram aumentos tão grandes no uso de antidepressivos. Na Suécia, as receitas cresceram apenas 6% entre 2007 e 2010, muito menos do que o registrado na Espanha ou no Reino Unido. Em vez de tratar os sintomas apenas com comprimidos, a resposta sueca durante a Grande Recessão, e antes dela, foi cuidar da causa básica da depressão — o próprio desemprego.

Muito antes da Grande Recessão, os formuladores de políticas na Suécia já vinham agindo como médicos das massas. O inovador plano de proteção social do país é chamado de Active Labor Market Program [Programa Ativo para o Mercado de Trabalho, ou ALMP na sigla em inglês]. "Ativo" é a palavra fundamental aqui. Os ALMPs são diferentes das típicas redes de proteção social para os desempregados normalmente encontradas em países como os Estados Unidos, a Espanha e o Reino Unido. Os programas "passivos" desses países em geral fornecem benefícios monetários aos desempregados para substituir a renda perdida (é óbvio que os beneficiários contribuíram mensalmente para seu seguro-desemprego enquanto estiveram trabalhando). Embora poucos duvidem de que o auxílio-desemprego ajude as pessoas a continuar sustentando suas famílias e pagar suas necessidades básicas, os suecos conceberam seus programas como "ativadores" — como ferramentas para ajudar as pessoas a conseguir novos empregos o mais cedo possível.[15]

Desde a década de 1960, a Suécia vem desenvolvendo Programas Ativos que fornecem aos trabalhadores apoio, treinamento e um plano para retornar ao mercado de trabalho. Embora exista muita variação na forma como os países organizam seus ALMPs, os da Suécia eram especialmente bem desenvolvidos e abrangentes para manter ativos os trabalhadores. Na Suécia, quando uma pessoa perde o emprego, tanto ela quanto a empresa empregadora registram-se em um centro de empregos do governo. Assim, a participação é automática. Nos trinta dias seguintes, o centro cria um "plano de ação individual" com a pessoa que ficou desempregada. Essa pessoa tem uma entrevista com um instrutor a cada seis semanas para avaliar como está indo a busca de emprego. O programa também exige que o participante continue a busca (que deve ser comprovada) durante sua participação no ALMP. Para que as pessoas tenham acesso a benefícios pecuniários, precisam participar de um plano orientado, passo a passo, para retornar ao trabalho.

Os Programas Ativos da Suécia davam uma ênfase muito maior à volta dos trabalhadores à atividade do que os dos Estados Unidos ou da Espanha. Os desempregados suecos não estavam apenas tendo quem os amparasse e guiasse, mas eram ativamente buscados para que pudessem receber ajuda e permanecer economicamente ativos, e os gerentes dos programas trabalhavam com as empresas para conseguir novos trabalhos gerados para seus empregados recentemente demitidos. Isso não quer dizer que agências nos Estados Unidos e na Espanha não fornecessem oportunidades de buscar empregos — faziam isso, mas, em comparação com os ALMPs suecos, seus programas eram muito menos ativos, tanto no alcance quanto nos propósitos. Um dos pacientes de Sanjay, por exemplo, encontrou uma versão americana de um "ALMP": teve que esperar três horas para conseguir um panfleto que lhe dizia para preparar um currículo, tomar um banho e usar um terno.

Antes da Grande Recessão, os ALMPs haviam desempenhado papel fundamental para impedir que o desemprego causasse depressão nos países que os adotavam. Na Finlândia, um ensaio controlado randomizado (RCT) feito em 2002 testou a eficácia do Programa Ativo do país, chamado Työhön (que significa "vamos ao trabalho"). Os pesquisadores identificaram 629 pessoas que haviam perdido o emprego e as inscreveram em um programa de treinamento para o trabalho com instrutores especializados. Um grupo de controle de 632 pessoas recebeu informações impressas sobre como encontrar trabalho (a mesma informação impressa fornecida pelo programa ALMP), mas não teve a ajuda concreta de um instrutor do Työhön. Os resultados dos dois grupos mostraram diferenças notáveis. Os pesquisadores descobriram que, em três meses, os trabalhadores inscritos no programa Työhön tiveram número significativamente menor de sintomas de depressão e ansiedade, sendo que os maiores benefícios foram encontrados naqueles que anteriormente apresentavam o mais alto risco de depressão. Dois anos depois, os pesquisadores constataram que, em comparação com o grupo de controle, os participantes do ALMP tinham menos sintomas depressivos e maior autoestima, menor probabilidade de haver perdido as esperanças de encontrar um emprego e maior probabilidade de haver retornado ao trabalho.[16]

Na prática, os ALMPs possibilitavam uma maior resiliência mental diante da perda do emprego em pelo menos três aspectos. Em primeiro lugar, ajudavam as pessoas que haviam perdido o emprego a achar outro o mais rapidamente possível — eliminando uma importante fonte de depressão e ansiedade. Em segundo lugar, os ALMPs ajudavam a reduzir os riscos para a saúde mental ao fornecer apoio social formal por meio de um instrutor, em vez de deixar que as pessoas lidassem com a perda do emprego por conta própria. Em terceiro lugar, os dados mostraram que esses programas podiam ajudar até as pessoas que não estavam desempregadas, mas se afligiam com a perspectiva de perder o emprego; aqueles que corriam esse risco sabiam que conseguiriam ajuda para encontrar um novo trabalho, e isso parecia impedir sintomas depressivos. Se implementados da forma adequada, os ALMPs eram uma clássica situação de ganho mútuo: melhoravam a economia e evitavam a depressão.[17]

A Suécia vinha aprendendo com esses dados desde a década de 1960, e, nos anos 80, o país tinha alguns dos ALMPs mais sofisticados do mundo. Dentre outras razões para isso, os programas eram bem dotados de recursos. A cada ano, o país investia um total de US$ 580,00 *per capita* para ajudar os desempregados a retornar ao mercado de trabalho. Os Estados Unidos, o Reino Unido e a Espanha gastavam menos da metade dessa quantia. Não apenas a Suécia investia mais, como também investia proporcionalmente mais em programas ativos, em vez de passivamente entregar cheques de seguro-desemprego. Em meados da década de 1980, a Suécia gastava cerca de três quartos de seus fundos em programas ativos de ajuda aos desempregados, enquanto os Estados Unidos gastavam cerca de um terço, o Reino Unido a quarta parte e a Espanha cerca de um décimo de seus orçamentos em programas ativos. Em 2005, a OCDE publicou um relatório abrangente comparando programas de desemprego nos países europeus e constatou que o investimento da Suécia estava dando resultado: seus ALMPs tinham um dos mais rápidos tempos de resposta para marcar entrevistas e elaborar planos de ação individuais para pessoas recentemente desempregadas.[18]

Esses resultados pareciam ser coisa muito boa durante tempos normais na economia. Mas não se sabia se os programas seriam suficientes para ajudar a proteger a Suécia contra um grande aumento de suicídios durante um desastre econômico.

Os efeitos protetores dos ALMPs suecos foram postos à prova durante a recessão que atingiu o país na década de 1990. Em um cenário parecido com a recessão atual, o mercado imobiliário sueco despencou em 1991 e 1992, fazendo com que quase todos os seus 114 bancos ficassem à beira da falência. O PIB caiu 12%. Dez por cento dos trabalhadores suecos perderam seus empregos — um aumento equivalente aos picos de desemprego ocorridos em muitos países durante a recessão em curso.[19]

O interessante é que, apesar do grande salto no desemprego registrado na Suécia, as taxas de suicídio na realidade *caíram* sistematicamente durante o período entre as décadas de 1980 e 2000, quando o governo investiu, em média, cerca de US$ 360,00 *per capita* por ano em programas ativos para o mercado de trabalho (ver Figura 7.3). Não surgiu nenhuma correlação significativa entre as flutuações no desemprego na Suécia e suas taxas de suicídio. A Espanha também havia sofrido grandes aumentos no desemprego nas recessões das décadas de 1980 e 1990. Mas o governo espanhol mantinha um programa de desemprego relativamente maldotado de recursos, investindo apenas US$ 90,00 *per capita* por ano e concentrando os recursos apenas em benefícios pecuniários. As tendências no desemprego mostravam forte correlação com taxas de suicídio entre homens espanhóis, como mostrado na Figura 7.4.[20]

Figura 7.3. Programas ativos para o mercado de trabalho, desemprego e suicídio entre homens suecos, 1980-2005[21]

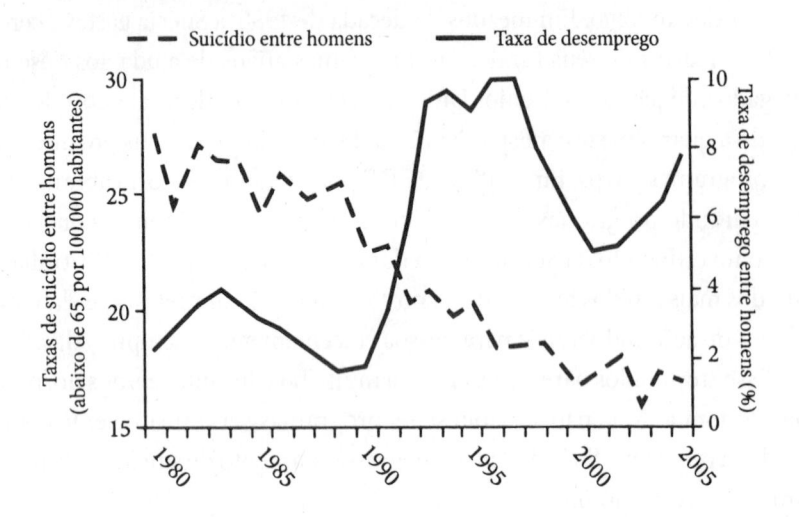

Figura 7.4. Programas ativos para o mercado de trabalho, desemprego e suicídio entre homens espanhóis, 1980-2005[22]

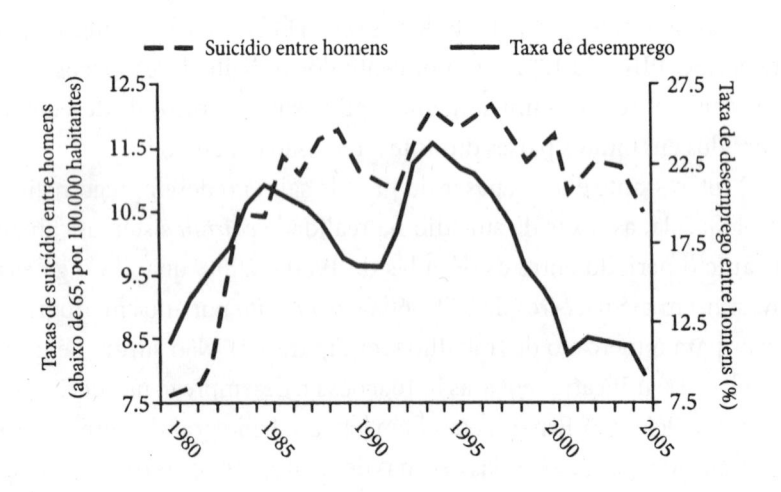

Queríamos ter a máxima certeza possível de que os Programas Ativos para o Mercado de Trabalho eram o fator determinante na redução do risco de suicídio durante uma recessão econômica. Para isso, examinamos mais de duas décadas de dados sobre taxas de suicídio e programas de desemprego em todos os países europeus. Comparamos os ALMPs a todos os outros principais tipos de políticas de proteção social, incluindo serviços de assistência à saúde, apoio às famílias (como auxílio-creche, subsídios habitacionais e pensões para idosos) e os benefícios passivos para desempregados; queríamos descobrir se havia algum tipo de política, e qual, que poderia evitar um aumento nas taxas de suicídio durante recessões. Os gastos com saúde, por exemplo, não reduziam significativamente os riscos de suicídios causados pelo desemprego. Isso fazia sentido: se os principais riscos de depressão vinham de fatores como o desemprego, o sistema formal de saúde provavelmente não teria muito poder para neutralizar esses fatores de risco. Também descobrimos que benefícios em dinheiro não reduziam o risco. Teste após teste, constatamos que os ALMPs tinham os maiores e mais significativos efeitos preventivos sobre suicídios quando comparados a outros programas de proteção social.

Estimamos que, se fossem executados de forma adequada, os ALMPs podiam neutralizar o risco de suicídios em uma recessão. Em nossas conclusões, publicadas na revista médica *The Lancet* depois da revisão por pares, estimamos que, para um investimento de US$ 100,00 *per capita*, na média os ALMPs pareciam reduzir o risco de suicídios relacionados ao desemprego de 1,2% para 0,4%.

Os dados forneceram um exemplo impressionante de como políticas de proteção social podiam salvar vidas. Quando os países investiam mais do que cerca de US$ 200,00 *per capita* em ALMPs, a correlação entre desemprego e suicídios parecia desaparecer por completo. Essa era, precisamente, a razão de não haver correlação entre picos de desemprego e aumento de suicídios na Suécia, na Finlândia e na Islândia, enquanto na Espanha, nos Estados Unidos, na Grécia, na Itália e na Rússia foi constatada uma forte correlação.

As lições que aprendemos com nossa pesquisa sobre os ALMPs forneceram respostas para diversos quebra-cabeças. Em primeiro lugar, os ALMPs explicavam estatisticamente por que o fato de ficar desempregado representava um perigo muito maior para pessoas da Europa Oriental do que para as da Europa Ocidental. Na época em que a União Soviética se desintegrou, a Finlândia, um de seus principais parceiros comerciais na Europa Ocidental, subitamente perdeu um terço de sua economia quando as vendas para as fábricas soviéticas evaporaram. A Finlândia também tinha uma cultura de bebidas alcoólicas semelhante à da União Soviética, e o desemprego havia disparado durante a recessão. Ainda assim, não havia praticamente nenhum efeito perceptível do colapso econômico sobre os suicídios que ocorreram no país. Em contraste, o surto de desemprego na Rússia, no Cazaquistão e nos países bálticos correspondeu a uma devastadora crise de mortalidade. Essa diferença dramática podia ser explicada pelo fato de que os países da Europa Ocidental, como a Finlândia, tendiam a investir consideravelmente mais em proteções ao mercado de trabalho (cerca de US$ 150,00 *per capita*) do que os países da Europa Oriental (US$ 37,00 *per capita*).[23]

Quando apresentamos nossos resultados em congressos de pesquisas, nossos colegas da Rússia e da Polônia sugeriram que, diferentemente da Suécia ou da Finlândia, seus países simplesmente não podiam se dar o luxo de investir em ALMPs. Mas descobrimos que, se bem executados (ou seja, no estilo sueco), os ALMPs basicamente se pagariam ao gerar empregos e reduzir a carga sobre o sistema previdenciário. Uma análise detalhada dos ALMPs dinamarqueses, por exemplo, concluiu que os benefícios econômicos desses programas excediam, em muito, os custos, pois aumentavam a produtividade dos trabalhadores e reduziam sua dependência de auxílios governamentais. Na Dinamarca, os programas geraram uma economia líquida de 279 mil coroas dinamarquesas (cerca de US$ 47.000,00) por trabalhador ao longo de onze anos. Outro estudo de 2010 fez uma revisão sistemática de 199 ALMPs estudados em 97 pesquisas. Descobriu-se um padrão semelhante e consistente de resultados: os ALMPs ajudaram as pessoas a retornar ao mercado de trabalho e, por mantê-las economicamente ativas, reduziram a pressão sobre o sistema previdenciário ao aumentar o fornecimento de mão de obra para a economia — um dos principais motores do crescimento econômico.

Com todas essas evidências se acumulando a favor dos ALMPs, estávamos ansiosos para traduzir os dados em práticas. Depois de publicar nossa pesquisa em 2009 sobre os benefícios dos ALMPs, fomos convidados pela

Câmara dos Comuns britânica e pelo Parlamento sueco para apresentar nossos dados e recomendações.[24]

As respostas foram notáveis — isto é, notavelmente diferentes — nos dois países. Quando apresentamos os dados mostrando que o desemprego levava a um aumento de suicídios e que os ALMPs podiam ajudar a mitigar os riscos, os membros do Parlamento sueco não mostraram nenhuma surpresa. Um deles perguntou: "Por que estão nos dizendo o que já sabemos?" Mas, quando apresentamos os mesmos dados na Câmara dos Comuns do Reino Unido, em julho de 2009, a reação foi que o governo "já estava fazendo tudo o que podia para reduzir o desemprego".

Quando o governo conservador assumiu em 2010, a resposta do Reino Unido ficou ainda pior. Em 2012, a *British Medical Journal* publicou nosso estudo mostrando que haviam ocorrido mil suicídios a mais entre 2007 e 2010 em comparação com as tendências anteriores, correspondendo ao contínuo aumento do desemprego. Os repórteres logo entraram em contato com o Departamento de Saúde em busca de uma resposta. O porta-voz disse ao jornal *The Independent*: "Perder uma pessoa querida [para o suicídio] pode ser devastador, e queremos ter certeza de que estamos fazendo todo o possível para impedir suicídios dando às pessoas o apoio certo quando têm a maior necessidade dele. Em breve, publicaremos nossa própria estratégia de prevenção de suicídios, que agrega as experiências de especialistas em saúde, justiça criminal e transporte para manter ou mesmo diminuir a taxa atual de suicídios." Isso soava encorajador. Mas o porta-voz do Departamento de Saúde continuou: "No entanto, as taxas de suicídio na Inglaterra têm sido historicamente baixas, e assim continuam desde 2005. O departamento monitora usando médias móveis de três anos. Com isso, evitamos concentrar desnecessariamente a atenção em flutuações, em vez de na tendência subjacente."[25]

A esta altura do nosso relato, a prática deve soar familiar: tirar médias de mortes é a mesma técnica que a revista *The Economist* usou para ocultar as taxas de mortalidade na Rússia. Quando se usam médias móveis, qualquer grande salto nas taxas de mortalidade pode parecer uma suave ondulação na pista, em vez de um aumento chocante (na verdade, o Departamento parecia haver escolhido o período de três anos especificamente para esse fim, em vez de adotar uma faixa de cinco anos, por exemplo). Os comentários do Departamento foram criticados por diversos professores universitários e estatísticos e, depois disso, a declaração rapidamente desapareceu de sua página na internet.

Se quisesse ajudar seu povo, o governo britânico poderia aprender muito com a experiência da Suécia. Obviamente, o Reino Unido teria que investir mais em ALMPs e impedir que as perdas de empregos continuassem a ocorrer. Mas o governo conservador escolheu fazer exatamente o oposto disso: a austeridade estava criando um programa ativo de *destruição* do trabalho. Os dados revelavam que o programa de austeridade cortou empregos no setor público nas regiões mais carentes do país. Além disso, estava adotando políticas que tornavam mais fácil para o setor privado demitir pessoas durante a recessão. Conforme explicado em termos excepcionalmente rudes em um relatório encomendado pelo governo em 2010, "algumas pessoas serão demitidas simplesmente porque o empregador não gosta delas", e argumentava que esse é "um preço que vale a pena pagar" para dinamizar a economia, embora a lógica de como o desemprego em massa guiaria o crescimento econômico tenha ficado sem explicação.[26]

As consequências do experimento prático de austeridade no Reino Unido logo ficaram tragicamente visíveis nos dados sobre suicídio. Assim como ocorrera nos Estados Unidos, a Grande Recessão no Reino Unido produziu um surto inicial de desemprego e perda de postos de trabalho em 2007. À medida que o emprego começou a se recuperar em 2009, os suicídios começaram a diminuir. Mas, no ano seguinte, quando entrou o governo conservador, o Reino Unido começou um programa maciço de austeridade que, apenas em 2012, eliminou 270 mil empregos no setor público. O país então sofreu uma segunda onda de "suicídios da austeridade".[27]

Diz-se que aqueles que não aprendem com a história estão destinados a repeti-la. Nossos modelos haviam previsto uma repetição das tendências de suicídios, que aumentariam na Espanha, mas não na Suécia, e agora estávamos vendo a reedição de suas histórias contrastantes. Tanto uma quanto a outra passaram por grandes recessões, mas os suicídios voltaram a aumentar substancialmente na Espanha enquanto, na Suécia, caíram.

A variação nas tendências de suicídios observadas no Reino Unido, nos Estados Unidos, na Islândia, na Grécia, na Itália, na Espanha e na Suécia revelou que um aumento de suicídios pode ser evitado durante as recessões. Um número maior de suicídios poderia não ter ocorrido se as políticas certas tivessem sido adotadas, tanto antes da recessão quanto durante, para ajudar as pessoas a retornar ao mercado de trabalho.[28] Esses suicídios são apenas a ponta do iceberg; para cada suicídio consumado, estima-se que ocorram dez tentativas e que existam de cem a mil novos casos de depressão.[29]

Conforme demonstram as experiências sueca e finlandesa, o desemprego pode pôr em risco a saúde mental das pessoas, mas os suicídios não precisam ser uma consequência inevitável. Nem devemos simplesmente esperar que nossos sistemas de saúde venham recolher os destroços depois que as pessoas se tornam deprimidas ou suicidas. Os antidepressivos podem ajudar algumas pessoas a lidar com as consequências do desemprego, mas não seria melhor tratar a causa do problema, em vez de apenas os sintomas? Os suecos investiram proativamente em programas direcionados aos que perderam empregos e os ajudaram a desenvolver um plano de ação para retornar ao trabalho. Os sofrimentos das Viúvas Brancas na Itália e de seus maridos "suicidados" pela austeridade não podem ser esquecidos. O caminho a seguir está surpreendentemente evidente nos dados. A questão é saber se tomaremos providências agora.

8

Uma praga em todas as suas casas

O s corvos de Bakersfield começaram a morrer em maio de 2007. A maior parte dos californianos conhecia a cidadezinha de Bakersfield como apenas um fim de mundo entre São Francisco e Los Angeles, quente feito o inferno — uma parada para abastecer o tanque e comer comida indiana barata. Um lugar que parecia existir para ser ignorado.

Mas, quando os corvos de Bakersfield começaram a morrer, as pessoas começaram a falar. Primeiro, foram os relatos de crianças que haviam encontrado corvos mortos flutuando na piscina do quintal. Depois, outras espécies de pássaros começaram a cair das árvores. Um fotógrafo do jornal local filmou uma nuvem de andorinhas despencando do céu como pequenos cometas.[1]

A morte dos pássaros já era bastante assustadora, mas o pânico eclodiu quando os humanos começaram a manifestar estranhos sintomas. Algumas pessoas tinham tremores. Outras apareceram com o que os médicos chamam de mioclonia, uma contração espasmódica involuntária dos músculos que lembra os tremores dos possessos. A maior parte dos atingidos apresentava confusão mental, e alguns ficaram paralisados.[2]

Quando chegou o auge do verão, diversas pessoas já haviam dado entrada no Bakersfield Memorial Hospital com uma constelação desses sintomas, que alguns pensavam ser pólio e outros acreditavam que certamente fosse uma manifestação da ira de um Deus enfurecido.

"Poderia ser o excesso de calor?", perguntava-se um médico, tentando aplacar o nervosismo à sua volta. Aquele havia sido um ano excepcionalmente quente e com o inverno mais seco desde 1988. O rio Kern, que sempre descia encrespado das montanhas Sierra Nevada, transformara-se em uma estrada de lama seca e rachada. Numa parada de caminhões na saída leste da cidade, um caminhoneiro de Arkansas teve um colapso e morreu de insolação.[3]

Mas, depois de algumas semanas, os cientistas do Projeto de Encefalite da Califórnia, um laboratório estadual mantido pelos Centros de Controle e Prevenção de Doenças (CDC, na sigla em inglês), alimentaram os médicos de Bakersfield com uma explicação mais racional. Amostras do líquido raquidiano de pessoas afetadas haviam dado resultado positivo para o vírus causador da meningite e da encefalite que afeta tanto humanos quanto animais.

A doença, conhecida como febre do Nilo, aparecera antes na cidade de Nova York e no Texas, e começara matando pássaros. O principal vetor eram os mosquitos que carregavam o vírus e o transportavam de uma vítima para outra. Os mosquitos ficavam infectados depois de picar os pássaros mortos, e então carregavam o vírus em suas glândulas salivares e o transmitiam para pássaros, cavalos e humanos. Em algumas pessoas, a infecção da febre do Nilo resultava em um dia de febre, dores no corpo e erupções na pele; em outras, especialmente as idosas ou que tinham sistemas imunológicos fracos, causava uma infecção potencialmente fatal no cérebro.

Apenas em raras ocasiões os mosquitos haviam causado problemas em Bakersfield. Aliás, o último grande surto de uma doença transmitida por mosquitos na cidade foi em 1952, quando um número espantoso de 813 pessoas morreu de encefalite equina transferida de cavalos infectados para mosquitos e, desses, para os humanos. Aquele episódio levou os departamentos de saúde do governo federal e do estado a criar um Plano de Vigilância e Resposta a Vírus Transmitidos por Mosquitos. Os CDCs lançaram o Projeto Encefalite da Califórnia, um laboratório especializado dedicado a monitorar sintomas e mortes inexplicáveis em todo o estado.

De acordo com os dados dos Centros, o surto de febre do Nilo de 2007 era fora do comum. A equipe dos CDCs havia descoberto que, em geral, a época de calor reduzia as chances de uma epidemia, pois as poças de água perto do rio Kern, onde os mosquitos normalmente se reproduziam, evaporavam. As duas espécies de pássaros portadores do vírus, os *western scrub jays* (pássaros azuis do tipo *aphelocoma californica*) e os tentilhões, também estavam morrendo de sede. O número de mosquitos rurais, *Culex tarsalis*, capturados em armadilhas pelos cientistas também estava abaixo das médias de cinco anos. Dadas essas condições, 2007 deveria ter sido um verão com risco muito baixo de ocorrência da febre do Nilo.

No entanto, até o final de agosto já havia confirmação de quase 140 novos casos humanos em Bakersfield e nas redondezas, um aumento de 280% com relação aos cinquenta casos do ano anterior. Vinte e sete pessoas haviam morrido. "Uma vez registrado o primeiro caso humano, novos casos começaram a pipocar", disse a dra. Claudia Jonah, chefe-substituta da secretaria de Saúde do município. "Num ano em que não deveríamos ter tido nenhum caso, tivemos o maior número de ocorrências de todo o país."[4]

O governador da Califórnia, Arnold Schwarzenegger, declarou estado de emergência no município. Ele estava muito ocupado assinando títulos da dívida para lidar com uma grande crise orçamentária no estado. Mas, numa tentativa desesperada de acabar com a epidemia, lançou uma campanha de US$ 6,2 milhões para reduzir o número de mosquitos em torno de Bakersfield.[5]

Funcionários do Departamento de Saúde do condado de Kern enviaram cartas para todas as casas de Bakersfield e fizeram alertas na televisão, instando todos os moradores a ficar dentro de casa ao amanhecer e ao anoitecer, quando os mosquitos são mais ativos. Apesar do calor sufocante, as crianças e os idosos de Bakersfield usavam mangas compridas e calças para evitar picadas. Então, às 8:30 do dia 9 de agosto, aviões começaram a sobrevoar a cidade, em estilo militar, cobrindo as casas e o comércio com uma densa nuvem cinzenta do inseticida piretrina, um produto químico derivado do crisântemo.[6]

Para descobrir as causas da epidemia, a equipe do centro de Controle de Mosquitos e Vetores de Kern prontamente despachou uma unidade de epidemiologistas da Universidade da Califórnia, liderada pelo dr. William Reisen, especialista em mosquitos. Foram consideradas muitas explicações possíveis. "Talvez a seca atual tenha aglomerado os pássaros em pequenos poços", conjeturou a equipe de Reisen, "onde eles tiveram mais chances de entrar em contato com mosquitos."[7]

Para começar, a equipe solicitou uma varredura aérea de Bakersfield para sondar a existência de manchas de calor que indicassem concentrações de pássaros mortos e de mosquitos. Embora as câmeras aéreas não registrassem nenhum sinal especial em torno de poços onde os pássaros pudessem estar se aglomerando, elas relevaram uma pista inesperada: agrupamentos de retângulos verdes felpudos. Num exame mais detalhado, constatou-se que uma em cada seis piscinas, banheiras para pássaros e jacuzzis na cidade de Bakersfield estava coberta por uma camada de algas verdes.

Imediatamente a equipe de Reisen saiu a campo, batendo nas portas e tocando campainhas para descobrir se as piscinas e as banheiras eram lugares de reprodução de mosquitos. Em todas as residências com aquele "tapete verde", não havia ninguém em casa. Em vez disso, foram saudados com placas de "Vende-se" e "Hipoteca de propriedade do banco" em quase todos os jardins. Os pesquisadores haviam descoberto as origens da epidemia de febre do Nilo. O estudo de Reisen encontrou mais de quatro mil larvas de mosquitos infectadas com cepas de febre do Nilo em 31 piscinas abandonadas.

Bakersfield era não apenas o epicentro de um surto de febre do Nilo, mas também o epicentro da crise nacional de execução de hipotecas. Desde o colapso do mercado imobiliário dos Estados Unidos, em 2006, os bancos haviam executado a hipoteca e reintegrado a posse de mais de seis milhões de casas americanas, o que significava um aumento de 225%. A situação de Bakersfield era ainda pior, pois estava no centro da bolha californiana de empréstimos hipotecários e logo se tornaria o centro do desastre de reintegrações que se seguiu. Quando começou a crise nacional de execuções, a cidade teve um aumento de 300% de inadimplência nas hipotecas, ocupando o oitavo lugar entre as mais afetadas. Quase 2% dos proprietários de casas em Bakersfield haviam requerido a execução de suas hipotecas; a cidade de cerca de 300 mil habitantes listava mais de 5 mil casas abandonadas no início da recessão. Quando as hipotecas foram executadas e as casas retomadas pelos banqueiros, os quintais ficaram abandonados. As ervas daninhas cresceram, a água das piscinas ficou estagnada e as algas vicejaram — criando o ambiente perfeito para os mosquitos se reproduzirem.[8]

Mas o vírus da febre do Nilo não foi o pior que poderia acontecer à saúde pública em consequência da crise de execuções. Os riscos mais graves vieram do aumento de pessoas que ficaram sem ter onde morar. Quando perdem suas casas e passam a viver nas ruas ou em abrigos precários, sua saúde deteriora. Os sem-teto vivem sob um estresse constante e têm maior probabilidade de interromper o uso de remédios e cancelar consultas médicas.

Nos piores casos, se essas pessoas perdem todas as formas de abrigo, passam a enfrentar um maior risco de assaltos, de morte por exposição ao frio, de graves problemas de saúde mental, de uso de drogas e de ir parar na prisão, no hospital ou no necrotério.[9]

Habitação social e auxílios-moradia são os melhores remédios para contrabalançar as ameaças à saúde dos sem-teto. Mas diferentes governos responderam de formas muito diferentes à crise habitacional produzida pela recessão, com resultados dramaticamente distintos para a saúde de seus cidadãos. Tanto os Estados Unidos quanto o Reino Unido passaram por mudanças de regime político durante a Grande Recessão. Essas transições foram decisivas para a resposta de cada um desses governos às respectivas crises de execuções hipotecárias e para os resultados sobre a saúde pública. Com a Lei de Recuperação e Reinvestimento dos Estados Unidos, promulgada em 2009 pelo Congresso e sancionada pelo presidente Obama, o governo americano começou a investir em programas de proteção social para impedir que as execuções continuassem a aumentar o número de pessoas sem moradia. Hospitalizações dispendiosas, mortes prematuras e taxas de doenças infecciosas relacionadas ao desabrigo foram todas significativamente reduzidas nos meses que se seguiram. Em contraste, o governo conservador que assumiu o poder em 2010 no Reino Unido, embora não enfrentasse uma crise habitacional tão grave quanto a dos Estados Unidos, começou instituindo medidas radicais que incluíam cortes nos orçamentos de programas habitacionais. A falta de moradia aumentou depois dessas medidas, trazendo com isso um aumento de hospitalizações evitáveis e surtos de doenças.

Há muito se sabe que a habitação é uma precondição para a boa saúde. As pessoas sem moradia estão entre os grupos mais vulneráveis da sociedade. Elas tendem a morrer 40 anos mais cedo do que aquelas que têm um teto sobre a cabeça. Com frequência, sofrem de uma série de problemas de saúde e carecem de acesso adequado à assistência médica. Além disso, os sem-teto têm alto risco de contrair doenças infecciosas como a tuberculose, que podem se espalhar pela população. Saúde precária e desabrigo estão

tão intimamente ligados, que é difícil determinar qual veio primeiro, mas o resultado para a saúde pública é o mesmo: um enorme aumento do risco de morte e de sofrimento evitável.[10]

Embora a relação entre desabrigo e doença seja parte do conhecimento comum há muito tempo, a crise de execuções hipotecárias durante a Grande Recessão nos ensinou algo novo: a ameaça de perder a moradia pode contribuir para o surgimento de doenças antes mesmo que a pessoa perca sua casa. À medida que lutavam para pagar as dívidas, o estresse concomitante aumentava os riscos de suicídio e depressão, e muitas estavam abrindo mão de alimentos e remédios para conseguir pagar as mensalidades da hipoteca. Um estudo com americanos acima de 50 anos, com amostras controladas estatisticamente por doenças preexistentes, descobriu que, entre 2006 e 2008, as pessoas com prestações atrasadas tinham nove vezes mais chance de desenvolver sintomas depressivos, entre sete e oito vezes mais probabilidade de experimentar "insegurança alimentar" (ou seja, de ficar sem uma nutrição adequada e de saltar refeições) e nove vezes mais chance de reduzir as doses de medicamentos.[11]

Muitas pessoas não podiam comprar medicamentos ou estavam sacrificando cuidados de saúde para pagar dívidas, e as que enfrentavam a ameaça de execução tinham maior probabilidade de sofrer complicações de saúde que as forçavam a procurar um pronto-socorro. Um grande estudo comparativo realizado em Filadélfia comparou taxas de hospitalização entre dois grupos: pessoas que haviam recebido uma notificação de que sua casa seria tomada pelo agente financiador (grupo de observação) e pessoas com as mesmas características de idade, gênero, área de residência e status de seguro-saúde que não corriam o risco de execução (grupo de controle). O estudo constatou que, entre 2005 e 2008, as pessoas cujas casas seriam retomadas corriam um risco maior de ir parar em um hospital local do que as do grupo de controle. No período de seis a 24 meses antes da data da execução, as que haviam recebido uma notificação tinham uma probabilidade 50% maior de buscar um pronto-socorro. As duas principais causas eram hipertensão e falência renal associada ao diabetes, doenças que não deveriam resultar em hospitalização a menos que as pessoas estivessem deixando de tomar os medicamentos.[12]

Quando as casas eram realmente tomadas e elas se viam forçadas a sair, o risco de ir parar em um pronto-socorro era ainda maior. No Arizona, na Califórnia, na Flórida e em Nova Jersey, à medida que as pessoas iam deixando de tomar os medicamentos necessários, surgia uma forte correlação entre taxas de execução nas comunidades e taxas de idas ao pronto-socorro. Quando examinamos todos os códigos postais entre 2005 e 2007, no auge da crise de execuções, mas antes que o desemprego aumentasse, os códigos com maior número de casas perdidas tinham maiores riscos de buscar um pronto-socorro, mesmo depois de ajustar as amostras por preços das casas, desemprego, migração e tendências históricas locais de idas a pronto-socorro. Na média, cada cem execuções adicionais correspondiam a um aumento de 7,2% nas entradas em prontos-socorros e hospitais motivadas por hipertensão, bem como a um salto de 8,1% nas complicações relacionadas ao diabetes, principalmente em pessoas com menos de 50 anos. Entre 2007 e 2009, as idas a prontos-socorros aumentaram repentinamente: 6 milhões a mais do que o número que se poderia esperar em períodos normais.[13]

Embora fosse evidente que as execuções representavam uma grave ameaça de que os americanos fossem parar em um pronto-socorro, o perigo real à sua saúde era o fato de não terem um lugar para morar. Se haveria, ou não, um maior número de pessoas sem-teto durante a recessão dependia, em última instância, de como os governos escolhessem responder.

Quando o presidente Obama tomou posse, a curva de execuções hipotecárias estava em ascensão. Desde o estouro da bolha imobiliária, a população que havia perdido suas casas quase triplicou, passando de uma em cada 476 famílias em 2007 para uma em cada 135 famílias em meados de 2009.[14]

Essa onda de execuções colocou uma enorme pressão sobre os sistemas de habitação social num momento em que já estavam sobrecarregados. Muitas vezes se esquece que as taxas de pessoas desabrigadas nos Estados Unidos já haviam alcançado níveis sem precedentes depois dos furacões Katrina e Rita, que desalojaram milhares de famílias em Nova Orleans e no litoral do Texas.

Mesmo antes do surto de novas execuções hipotecárias, os serviços de habitação social não conseguiam acompanhar o ritmo do aumento no número de pessoas que precisavam de assistência habitacional. Em 2007, um estudo de 23 grandes cidades americanas constatou que a metade dos programas de habitação social já não tinha espaço disponível e precisava recusar pessoas desabrigadas.

Embora alguns dos que ficaram sem moradia conseguissem encontrar um abrigo temporário — com amigos ou parentes —, outros não tinham tanta sorte. Antes da Grande Recessão, quase 40% dos sem-teto estavam vivendo na rua, em um carro ou em algum lugar não destinado à habitação humana. Como explicou na época Neil Donovan, diretor-executivo da Coalizão Nacional Pelos Sem-teto, para essas pessoas "a rede de segurança habitacional dos Estados Unidos está mais do que corroída, ela não existe".[15]

Quando as execuções hipotecárias aumentaram nos Estados Unidos durante a Grande Recessão, o número de pessoas sem-teto cresceu no mesmo ritmo. Entre 2008 e 2009, mais de meio milhão de outras casas foram retomadas. Por sua vez, pelo menos 20 mil pessoas adicionais ficaram sem moradia durante o mesmo período. Em 2009, cerca de 1,6 milhão de pessoas (cerca de um em cada 200 habitantes dos Estados Unidos) usaram um abrigo de emergência em algum momento. Mas, no total, mais de 250 mil pessoas sem-teto haviam perdido suas casas e estavam sem abrigo — vivendo em armazéns abandonados, parques, carros e becos, entre outros lugares inadequados.[16]

As crianças estavam entre as mais trágicas vítimas da crise de execuções. O número de crianças vivendo sem casa aumentou de 1,2 milhão para 1,6 milhão entre 2007 e 2010, ou aproximadamente uma em cada 45 crianças americanas. Os repórteres descobriram que, em algumas cidades pequenas atingidas por uma epidemia de execuções, os ônibus escolares precisavam sair das rotas habituais para parar nos pátios de grandes supermercados onde os pais haviam estacionado suas caminhonetes e as convertido em casas improvisadas. Percevejos e sarna eram apenas alguns dos problemas de saúde que essas crianças sem casa enfrentavam.[17]

A experiência de desabrigo deixa uma marca permanente na saúde das pessoas afetadas. No pior dos casos, pode ser letal. Durante a recessão nos Estados Unidos, estimou-se que os sem-teto estavam trinta vezes mais sujeitos do que o restante da população a morrer em consequência do uso de drogas ilegais, 150 vezes mais expostos a assaltos fatais, e com risco 35 vezes maior de cometer suicídio. Na média, as pessoas sem moradia nos Estados Unidos tinham uma expectativa de vida igual à de pessoas em países devastados por guerras, como Serra Leoa e o Congo.[18]

A crise de execuções em São Francisco dá uma noção do que eram os problemas no país. Entre 2007 e 2008, os programas habitacionais de São

Francisco não conseguiram atender à demanda e precisaram ampliar a lista de espera em 50% para que famílias e indivíduos tivessem acesso a abrigos de emergência. Uma análise dos dados da Califórnia estimou que aproximadamente 37 famílias entravam no sistema de abrigos para cada mil pedidos de execução de hipotecas, mesmo depois de controlar por taxas de pobreza — o que significava que aqueles lançados ao desabrigo pelas execuções não eram simplesmente os que já tinham probabilidade de necessitar de auxílio. Um número maior de pessoas estava sendo recusado, e seus problemas de saúde representavam um tremendo ônus para o sistema.[19]

Thomas, um homem de quarenta e poucos anos, era um desses casos. Havia perdido sua casa e se tornara alcoólatra. Sanjay o conheceu na Housing and Urban Health Clinic de São Francisco quando tratava seus inúmeros ferimentos e um problema de desmaios causado pela bebida. O paciente também foi parar em uma lista mantida pela cidade com os nomes dos "mais frequentes usuários" do pronto-socorro, o que significa dizer que ele custava à cidade um preço acima do normal, dados os ferimentos frequentes que sofria quando estava bêbado — pois entrava em brigas, era assaltado e, certa vez, caiu das escadas numa estação de metrô. As inúmeras tentativas de persuadir Thomas a parar de beber não tiveram sucesso.

Havia pouco que Sanjay pudesse fazer para tratar as consequências do desabrigo sobre a saúde de pacientes como ele.

Conforme explicado por outro médico, quando pacientes sem-teto chegam à clínica, tratar seus sintomas é "o mesmo que dar aspirina a quem tem câncer". Os desabrigados têm dificuldade de tomar remédios sistematicamente, como se requer nos casos de hipertensão e diabetes, porque teriam de arcar com parte dos custos e não têm dinheiro para isso. As pessoas sem moradia também enfrentam depressão e ansiedade extremas; assim, muitas vezes se automedicam com drogas e bebidas alcoólicas. Para tratar todas essas situações, uma pessoa sem-teto precisaria de até dez medicamentos diferentes, e, ainda assim, é improvável que esses tivessem os efeitos previstos na ausência de uma residência estável e da segurança que ela confere.

A melhor receita para pessoas sem casa é simples e óbvia: ponha um teto sobre suas cabeças. Esta é uma abordagem conhecida como *Housing First* [Primeiro, a Moradia], porque busca, em primeiro lugar, solucionar a necessidade imediata de abrigo antes de lidar com suas outras preocupações. Certamente, isso custa dinheiro no início, mas a evidência mostra que, se executada corretamente, é uma medida que economiza dinheiro e salva vidas no longo prazo.

Foi isso que o governo dos Estados Unidos começou a fazer logo depois da posse do presidente Obama. Em 20 de maio de 2009, Obama implementou um pacote maciço de medidas para ajudar pessoas como Thomas e estimular a economia. O Congresso destinou 1,5 bilhão de dólares ao Programa de Prevenção do Desabrigo e Realocação Rápida para impedir que as vítimas de execuções ficassem sem teto e ajudar os já desabrigados a conseguir outra moradia. Como parte do programa, os governos locais identificaram essas pessoas e as ajudaram a encontrar novos lugares para viver e a pagar por eles. O Departamento de Habitação e Desenvolvimento Urbano (HUD, na sigla em inglês) também usou recursos para aumentar o número de abrigos de emergência e as unidades para moradores de mais longa permanência.[20]

Os programas destinados a evitar o desabrigo, como aqueles apoiados com os novos recursos, ajudaram Thomas a colocar sua vida nos trilhos novamente. Na clínica, as enfermeiras e os médicos haviam tentado de tudo para ajudá-lo, mas foi somente quando a cidade de São Francisco encontrou um apartamento para ele por meio do antigo, mas excessivamente demandado, programa de Acesso Direto à Moradia que sua depressão subjacente realmente melhorou. Thomas passou a frequentar as reuniões dos Alcoólicos Anônimos e acabou se recuperando do problema com a bebida. Trabalha agora como assistente do *chef* de um restaurante local, paga o aluguel e os impostos e também evita o pronto-socorro do hospital.

No longo prazo, São Francisco economizou dinheiro ao garantir um teto estável sobre a cabeça de Thomas. Ficou mais barato para a cidade fornecer a ele um apartamento modesto do que pagar por suas estadias em hospitais e prisões. Uma análise estatística de programas como o Acesso Direto à Moradia de São Francisco constatou que, muitas vezes, economizavam dinheiro para cidades e estados ao reduzir os gastos com saúde (e, frequentemente, com prisões).[21]

Com o apoio do pacote de estímulo de Obama, os prefeitos de Nova York, Denver, São Diego, Chicago e Filadélfia logo começaram a expandir programas *"Housing First"* semelhantes ao de São Francisco. Em Filadélfia, cada grupo de 100 pessoas tiradas do desabrigo permitiu uma economia de US$ 421.893,00 por ano, uma quantia que superava o custo de executar o programa e cobrir os gastos com habitação social.[22]

Em todo o país, a despeito de um histórico período de retração na construção de habitações e na economia, o desabrigo diminuiu entre 2009 e 2011, em sincronia com o lançamento do programa de prevenção do Departamento de Habitação e Desenvolvimento Urbano. Mesmo quando as hipotecas de outros quase dois milhões de casas foram executadas em 2010, a população sem-teto na verdade diminuiu. Naquele ano, o programa financiado com recursos do pacote de estímulo ajudou 700 mil pessoas em risco de desabrigo a encontrar um lugar para morar, e até 2012 havia evitado o desabrigo de 1,3 milhão de americanos.[23]

O Reino Unido apresentou um gritante contraste com o exemplo dos Estados Unidos durante a Grande Recessão. Havia muito que se reconhecia a habitação como uma questão de saúde pública. Programas habitacionais do governo eram considerados como parte tão integrante da saúde, que o Departamento de Habitação do Reino Unido esteve sob o controle do Departamento de Saúde até 1951 (quando os conservadores derrotaram o Partido Trabalhista e a habitação foi separada, numa decisão vista, em parte, como um movimento para diminuir o poder do Serviço Nacional de Saúde). Antes da Grande Recessão, o Departamento para Comunidades e Governo Local executava um bem-sucedido programa de habitação social, semelhante ao *Housing First* nos Estados Unidos. Os ingleses que atendiam aos requisitos podiam receber subsídios habitacionais de até diversas centenas de libras por mês — não uma quantia imensa, mas suficiente para as pessoas terem um teto. Os programas habitacionais do país haviam conseguido manter uma taxa de desabrigados que correspondia a dois quintos da taxa americana (cerca de uma pessoa desabrigada em cada 500 habitantes do Reino Unido *versus* cerca de uma pessoa em cada 200 habitantes nos Estados Unidos) e ajudaram a reduzir em cerca de 50% as taxas de desabrigo entre 2000 e 2007.[24]

Como nos Estados Unidos, o governo britânico precisava decidir a resposta que daria a uma crise de execuções depois da explosão de sua própria bolha imobiliária. Durante o governo do Partido Trabalhista, entre 2007 e 2009, o número de casas retomadas no Reino Unido quase dobrou, passando de 25.900 para 48.000. No início, os programas de habitação social não apenas impediram um aumento do número de desabrigados, mas ajudaram um maior número de pessoas a encontrar moradia: o total de famílias sem-teto caiu de 63.170 em 2007 para 40.020 em 2009. Essas estatísticas promissoras mudaram dramaticamente a partir de 2010, quando o governo da coalizão conservadora assumiu e começou a cortar as redes de segurança que haviam protegido as pessoas contra o desabrigo. Em 2010, George Osborne, ministro da Fazenda, anunciou um pacote de austeridade que incluía cortes de 83 bilhões de libras (US$ 113 bilhões), dos quais 8 bilhões (US$ 13 bilhões) seriam feitos no orçamento dos programas de habitação social. Esse era o plano que os conservadores chamaram de Grande Sociedade, que encolhia o papel do Estado na esperança de que as comunidades locais preenchessem as lacunas. Conforme explicado no panfleto que distribuíram, o plano "baseava-se em uma reforma radical dos serviços públicos para construir a Grande Sociedade na qual cada um faz sua parte, transferindo o poder do governo central para o nível local e conseguindo o melhor resultado possível com o dinheiro dos contribuintes". O raciocínio era que muitas pessoas simplesmente não precisavam desses programas habitacionais e estavam enganando o sistema num momento em que o gasto público devia ser cortado para estimular a recuperação econômica. Conforme aconteceu, isso se provou um raciocínio errado que, na realidade, prolongou a recessão e, simultaneamente, piorou a crise habitacional e os problemas de saúde associados. Anteriormente, o governo trabalhista havia construído 22 mil novas casas "acessíveis" em 2009, ajudando 1,8 milhão de famílias que estavam na fila à espera de ajuda. Mas o programa trabalhista para expandir a habitação social foi suspenso em todo o Reino Unido quando o governo conservador cortou o orçamento para habitação social.[25]

Para um grande número de famílias que mal estavam conseguindo se sustentar, o corte dos auxílios habitacionais significou o caos financeiro. Durante a recessão, 93% daqueles que se registraram para receber esses auxílios tinham empregos, mas não conseguiam ganhar dinheiro suficiente para acompanhar o aumento dos aluguéis.

As medidas de austeridade do governo conservador transformaram em sem-teto cerca de 10 mil famílias do Reino Unido. O desabrigo no país não cresceu imediatamente após a crise de execuções, como ocorreu nos Estados Unidos. Mas em 2010 ocorreu uma guinada, exatamente quando o governo começou a cortar os orçamentos dos programas habitacionais. Naqueles anos, o número de pessoas sem moradia cresceu 30% no Reino Unido, enquanto decrescia nos Estados Unidos com a introdução do Programa de Prevenção do Desabrigo, uma das medidas de estímulo implantadas pelo governo.[26]

Esses resultados não eram surpresa para o governo conservador. Em 2010, o Comitê Consultivo sobre Seguridade Social do governo britânico informou que os cortes dos recursos locais para a habitação "deverão resultar em dificuldades financeiras, fragmentações e deslocamentos de famílias e em pressões sobre os orçamentos de outras entidades não ligadas à habitação". O relatório chegou a questionar se, dados esses resultados antecipados, "os cortes na habitação preencheriam os critérios do próprio governo de implementar uma reforma do sistema de benefícios baseada em princípios íntegros e sólidos".[27]

O governo conservador também compreendeu o impacto da austeridade sobre a saúde. Um relatório de 2010 do Departamento de Saúde afirmou que a expectativa de vida para uma pessoa sem-teto típica era de 45 anos, em comparação com os mais de 80 anos para o restante da população. Estimava-se que, no período de cinco anos depois de perder a moradia, as pessoas desabrigadas — mesmo temporariamente — tinham probabilidade 4,4 vezes maior de morrer prematuramente do que pessoas do mesmo sexo e da mesma idade que mantiveram suas habitações. E o governo foi informado de que, ao longo do tempo, os custos do desabrigo consumiriam quaisquer economias resultantes da austeridade. A Shelter, uma instituição beneficente que se dedica à questão da moradia e dos sem-teto no Reino Unido, publicou um relatório com a conclusão de que o multiplicador fiscal da habitação era 3,5 — ou seja, para cada libra cortada, a economia perderia 3,5 libras adicionais. Em 2011, já se estimava que os cortes no orçamento para habitação haviam custado 200 mil empregos nas áreas de construção e manutenção de moradias.[28]

Assim, se o governo sabia dos custos humanos e econômicos imediatos da austeridade, havia apenas algumas razões possíveis que explicassem por que tomou a decisão de ir adiante com o programa. Uma era a ideologia — a crença de que é sempre melhor ter menos envolvimento do governo na economia e no mercado imobiliário. Outra era a crença equivocada de que cortes na dívida acabariam estimulando a economia e que o desabrigo e seus complementos característicos eram "um preço que valia a pena pagar" pela recuperação — que o sofrimento no curto prazo levaria ao ganho no longo prazo.

Os impactos da austeridade rapidamente se manifestaram nas estatísticas de doenças infecciosas. À medida que crescia o número de pessoas vivendo nas ruas de Londres, as taxas de tuberculose deram um salto. No total, houve 279 novos casos em 2011 — um aumento de 8% sobre o ano anterior. O desabrigo foi um dos principais fatores que levaram ao surto de tuberculose em Londres; outros elementos de risco incluíam o uso de drogas e passagens por uma prisão (também correlacionados com o desabrigo). Um especialista em tuberculose da Agência de Proteção da Saúde explicou: "O risco de contrair tuberculose está basicamente restrito a alguns grupos específicos em Londres. Esses incluem os sem-teto, os usuários de drogas e bebidas alcoólicas, e os prisioneiros." Essa população de pessoas em alto risco disseminou pela cidade a epidemia transmitida pelo ar. Como observou em 2012 o diretor da Agência, "a tuberculose é um de nossos maiores problemas de saúde pública".[29]

A tuberculose não era a única terrível consequência dos cortes nas redes de segurança habitacional. Outros problemas de saúde pública associados ao desabrigo também vinham crescendo depois da austeridade. À medida que o número de jovens que dormiam nas ruas de Londres aumentava 32% entre 2010 e 2011, um número crescente relatava assaltos e estupros, bem como a entrada no mundo das drogas. Para tornar as coisas ainda piores, a austeridade nem ao menos serviu para impulsionar a economia e melhorar as perspectivas de trabalho dessa geração. Em vez disso, coincidiu com outra fase de desaceleração econômica, e o número de jovens desempregados (entre 16 anos e 24) atingiu 1 milhão, um novo recorde.[30]

É nítido o contraste entre as políticas adotadas pelos Estados Unidos e pelo Reino Unido e entre as taxas de pessoas sem-teto que produziram. Quando os Estados Unidos investiram em programas habitacionais efetivos, conseguiram proteger muitas pessoas da devastação do desabrigo, mesmo durante uma maciça recessão e uma crise imobiliária. Mas quando, na metade da crise, o Reino Unido cortou os orçamentos para habitação, suas taxas de desabrigados — que vinham se mantendo estáveis durante a onda de execuções no início da crise — começaram a subir.

Em toda a Europa, as experiências divergentes dos Estados Unidos e do Reino Unido foram percebidas como governos diferentes escolhendo adotar medidas de estímulo ou austeridade em resposta à recessão. Nós constatamos que aqueles países que implementaram as maiores medidas de austeridade sob a pressão do Banco Central Europeu e do Fundo Monetário Internacional sofreram os mais danosos efeitos sobre a saúde em decorrência da crise habitacional. E a carga da austeridade tendeu a recair sobre os grupos mais vulneráveis da sociedade: os sem-teto e os deficientes ou incapacitados.

Um exemplo ilustrativo é a Grécia, onde os programas de austeridade do FMI desencadearam os maiores cortes nas redes de segurança habitacional de toda a Europa. O número de pessoas sem moradia teve um aumento de 25%, criando as condições de aglomeração e uso de drogas no centro de Atenas que contribuíram para a disseminação do HIV. A Grécia também sofreu uma epidemia de febre do Nilo em julho e agosto de 2010 — o primeiro grande surto dessa doença entre humanos na Europa desde os surtos de 1996 e 1997 na Romênia.[31]

Embora as diferenças nos procedimentos nacionais de coleta de dados tornem difícil comparar o número de pessoas sem-teto em todos os países europeus em qualquer sentido absoluto, é impressionante que o desabrigo tenha aumentado em praticamente todos os que cortaram os orçamentos de seus programas habitacionais. A Irlanda sofreu o segundo maior corte depois da Grécia, e teve um aumento de 68% no número de pessoas sem moradia, embora, anteriormente, suas taxas estivessem caindo. A Espanha e Portugal também fizeram grandes cortes nos orçamentos de habitação durante suas recessões, produzindo grandes aumentos no desabrigo. O número de desabrigados em Barcelona aumentou 31% entre 2008 e 2011, estimando-se que tenha passado de 2.013 para 2.791 pessoas. Da mesma forma, Portugal teve um aumento de 25% entre 2007 e 2011.[32]

Em contraste, em 2008 a Finlândia lançou um novo programa para fornecer 1.250 moradias para pessoas sem-teto, com o objetivo principal de eliminar o desabrigo até 2015. O programa finlandês centrou-se em prover acesso imediato à moradia — semelhante à abordagem *Housing First* adotada em São Francisco —, mas deu um passo adiante provendo assistentes sociais que ajudavam as pessoas desabrigadas a se reintegrar na sociedade. Em vez de cortar orçamentos de habitação durante a recessão, as decisões da Finlândia levaram a uma queda do número de pessoas sem moradia entre 2009 e 2011, justamente quando o desabrigo crescia no Reino Unido, na Irlanda, na Grécia, na Espanha e em Portugal.[33]

Embora, no início, os Estados Unidos tenham se destacado como uma história de sucesso, implementando um programa de grande eficácia para conter os riscos à saúde decorrentes das execuções hipotecárias, existe hoje o perigo de que esses ganhos sejam revertidos. As medidas de apoio à moradia, financiadas com os recursos do estímulo, terão um fim prematuro. Em 2011, o Congresso americano cortou US$ 3,8 bilhões destinados aos programas do Departamento de Habitação e Desenvolvimento Urbano, um corte de 10% em um orçamento que já estava — antes do pacote de estímulo — em seu nível mais baixo em uma década desde que o governo Bush cortara os programas de apoio social seguindo o mesmo argumento ideológico dos conservadores britânicos.[34]

Essas decisões de políticas resultaram em um número muito reduzido de moradias para um número excessivo de desabrigados em todo o país. Em Dallas, por exemplo, em maio de 2011, mais de 21 mil pessoas se registraram para disputar 5 mil apartamentos subsidiados. No dia do registro, a multidão que aguardava na fila desencadeou um tumulto que deixou pelo menos oito pessoas feridas. Em Oakland, 100 mil pessoas se registraram para apenas 10 mil habitações públicas. Os abrigos que recebiam os sem--teto em Nova York atingiram a lotação máxima depois que as medidas de austeridade eliminaram um programa de subsídios para aluguel. A cidade alcançou o recorde de 41 mil pessoas sem moradia que buscavam um abrigo a cada noite. À medida que as pessoas não conseguiam espaço nos abrigos já abarrotados, foi feita uma projeção de que o desabrigo aumentaria novamente 5% nos Estados Unidos em 2013.[35]

Enquanto isso, a crise de execuções continua nos Estados Unidos, e a Califórnia e a Flórida continuam a ser os estados mais afetados. Na Flórida, houve mais de 25 mil execuções (cerca de uma casa em cada 350) em 2011; na época em que estamos escrevendo este livro, a taxa de execuções continua alta. O município de Duval, um dos epicentros da crise imobiliária, está tendo uma execução em cada 254 casas, e o número de pessoas sem-teto cresceu 10% em 2011, o último ano para o qual existem dados disponíveis até agora.[36]

Lado a lado com o aumento de desabrigados, a Flórida registrou também o pior surto de tuberculose nos Estados Unidos em duas décadas. Foram detectados 99 casos em Jacksonville, e pelo menos 13 pessoas morreram. Os Centros de Controle de Doenças foram chamados para investigar e concluíram que o surto surgira devido ao aumento de 20% no número de desabrigados no município de Duval durante a recessão e à transmissão do bacilo pelo ar em abrigos superlotados — tal como ocorrera em Londres.[37]

Enquanto os funcionários dos CDCs monitoravam a situação na Flórida, chegaram notícias de outro surto de doença do outro lado do país — novamente, em Bakersfield. As coisas não haviam ido bem desde 2007. O governo da Califórnia decidira seguir o caminho da austeridade, cortando as linhas telefônicas em algumas das universidades estaduais que haviam ajudado a detectar o surto anterior de febre do Nilo. Cerca de 15% da força de trabalho da área de saúde pública foram cortados. Seguindo as amplas medidas de austeridade, o site do Departamento de Saúde Pública do estado anunciou em 2011: "Infelizmente, o Projeto de Encefalite da Califórnia teve seus serviços descontinuados devido às limitações de recursos." O triunfo do programa em Bakersfield na epidemia anterior não foi suficiente para manter abertas as suas portas.[38]

Mas, em junho de 2012, os corvos começaram novamente a morrer, e uma mulher de 70 anos deu entrada no hospital apresentando confusão mental e múltiplas picadas de mosquitos nos braços. A febre do Nilo havia voltado.

Desta vez, Bakersfield não tinha com quem contar.

CONCLUSÃO

Curando o corpo econômico

O que queremos dizer com a expressão "o corpo econômico"? Trata-se, é óbvio, de um correlato da expressão "o corpo político".

Aqui está uma definição-padrão de *corpo político* no dicionário: "um grupo de pessoas organizadas sob uma única autoridade governamental; um povo considerado como uma unidade coletiva."[1]

Nós adaptamos essa fórmula ao corpo econômico: "um grupo de pessoas organizadas sob um conjunto comum de políticas econômicas; um povo cujas vidas são coletivamente afetadas por essas políticas."

O corpo econômico significa não apenas os sistemas financeiros dos quais somos todos parte, mas os efeitos das políticas econômicas sobre a saúde. Como epidemiologistas, estudamos os padrões, as causas e os efeitos das doenças. Quando pensamos no corpo econômico, buscamos compreender como os orçamentos governamentais e as escolhas econômicas afetam vida e morte, resiliência e risco em populações inteiras em todo o mundo.

Sem dúvida, as políticas econômicas não são, nelas mesmas, os patógenos ou os vírus que induzem as doenças diretamente. Em vez disso, são as "causas das causas" de uma saúde ruim — os poderosos fatores subjacentes que determinam quem será exposto aos maiores riscos à saúde. As forças econômicas determinam quem tem maior probabilidade de se embebedar, contrair tuberculose em um abrigo de pessoas sem moradia ou afundar em uma depressão. Essas forças podem afetar não apenas o risco, mas também a proteção, determinando quem tem mais probabilidade de conseguir apoio social, manter um teto sobre a cabeça ou se recuperar de uma fase ruim na vida. É por isso que até uma pequena mudança nos orçamentos públicos pode ter grandes — e possivelmente involuntários — efeitos sobre o corpo econômico, para o bem ou para o mal.

Que efeitos tem sobre a saúde a escolha entre austeridade e estímulo? Observamos hoje um vasto experimento natural sendo realizado no corpo econômico. É semelhante aos experimentos de políticas que ocorreram na Grande Depressão, na crise pós-comunismo na Europa Oriental e na crise financeira da Ásia Oriental. De forma semelhante ao que ocorreu nessas tentativas anteriores, as estatísticas de saúde da Grande Recessão revelaram o preço mortífero da austeridade — um preço que pode ser calculado não apenas a partir das variações das taxas de crescimento econômico, mas também do número de anos de vida perdidos e de mortes evitáveis.

Se os experimentos de austeridade tivessem sido guiados pelos mesmos padrões rigorosos adotados nos estudos clínicos, há muito teriam sido descontinuados por um conselho de ética médica. Os efeitos colaterais do tratamento com austeridade têm sido graves e, muitas vezes, letais. Os benefícios do tratamento não se concretizaram. Em vez de austeridade, deveríamos implementar políticas baseadas em evidências para proteger a saúde durante tempos difíceis. A proteção social salva vidas. Se administrados corretamente, esses programas não estouram o orçamento, mas — como mostramos ao longo de todo este livro — estimulam o crescimento econômico e melhoram a saúde pública.

Os defensores da austeridade ignoraram evidências que mostravam as consequências de suas recomendações sobre a saúde e a economia. Eles as ignoraram mesmo quando — como no caso do FMI — a evidência muitas vezes estava contida em seus próprios dados. Os proponentes da austeridade, como David Cameron, o primeiro-ministro britânico, continuam a prescrever austeridade para o corpo econômico a despeito das provas de que o remédio não funcionou.

Em última instância, a austeridade fracassou porque não está baseada numa lógica firme ou em dados sólidos. É uma ideologia econômica. Deriva da crença de que um Estado limitado e mercados livres são sempre melhores do que intervenção estatal. É um mito socialmente construído — uma crença conveniente entre políticos que, por sua vez, são utilizados por outros indivíduos cujo interesse é aumentar seus ganhos pessoais à custa do encolhimento do Estado e da privatização de sistemas de seguridade social. Esse mito causa um grande dano — punindo os mais vulneráveis, e não aqueles que causaram essa recessão.[2]

Em vez de jorrar ideologia, nosso trabalho entrega fatos, explicações e evidências sólidas. A Figura C.1 demonstra como a austeridade sufocou o crescimento econômico, aprofundando recessões. Em contraste, os governos que aumentaram os gastos no setor público tiveram recuperações econômicas mais rápidas, e essas, por sua vez, os ajudam a sair da dívida.

Figura C.1. Maiores gastos públicos, recuperação econômica mais rápida, 2009-2010[3]

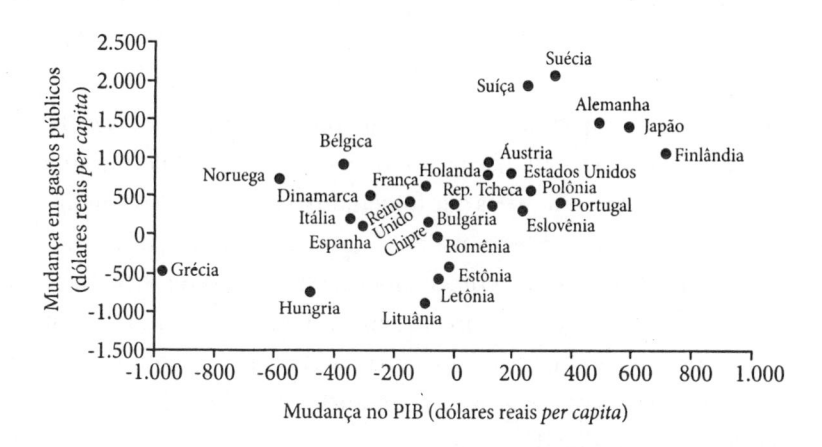

A maior tragédia da austeridade não é que ela prejudique nossas economias. A maior tragédia é o sofrimento humano desnecessário que a austeridade tem causado. Olivia, Dimitris, Brian, Vladimir, Diane e Kanya são apenas um punhado dos bilhões de pessoas prejudicadas pela austeridade. Não há nenhuma recuperação econômica, por maior que seja, que possa reverter os danos causados a seus corpos e suas mentes. Os proponentes da austeridade prometem que o sofrimento no curto prazo conduz a ganhos no longo prazo. Repetidas vezes essa promessa provou-se falsa, tanto em recessões passadas quanto na atual. A austeridade é uma escolha. E não precisamos optar por ela.

Em crises anteriores, durante tempos de dificuldades ainda maiores do que as atuais, as pessoas escolheram responder a recessões com programas como o New Deal de Roosevelt. O New Deal não apenas impediu desastres na saúde pública em um tempo de vulnerabilidades, mas também gerou algumas das mais vitais políticas de proteção social que existem ainda hoje, como o programa Food Stamp [cupons de alimentação] e a Seguridade Social. Depois da Segunda Guerra Mundial, a dívida da Inglaterra era mais de 400% de seu PIB. Ainda assim, o Reino Unido não cortou o orçamento para reduzir o déficit. Em vez disso, atacou o que o economista e reformador social sir William Beveridge chamou de "Cinco Gigantes": Carência, Doença, Ignorância, Esqualidez e Desocupação. Em 1948, embora a economia britânica estivesse em ruínas, o Partido Trabalhista lançou programas de proteção social extremamente bem-sucedidos, inclusive o Serviço Nacional de Saúde, e, ao fazê-lo, acabou com a crise da dívida.

A resposta atual às dificuldades econômicas tem sido, em grande medida, o oposto do New Deal. Nos Estados Unidos, o presidente Obama sancionou em maio de 2009 a Lei de Recuperação e Reinvestimento, que ajudou a muitos dos que mais precisavam. Mas os recursos desse estímulo federal estão quase acabando, e os políticos estão cortando programas de saúde pública, inclusive aqueles que fomentam o crescimento econômico e impedem privações durante recessões. O governo britânico, liderado pelos conservadores de Cameron, começou a transformar o Serviço Nacional de Saúde, que era considerado um sistema modelo para o mundo, em um programa disfuncional, baseado no mercado. Os Bancos Centrais europeus e o FMI continuam a impor à Grécia uma austeridade brutal — espalhando epidemias evitáveis de HIV e malária.[4]

Existe uma alternativa — a via democrática. A Islândia padeceu a pior crise bancária de sua história e sofreu pressões para seguir os ditames da austeridade. Mas, depois que o povo foi para as ruas em protesto, os políticos islandeses deram um passo radical. Deixaram que o povo decidisse — democraticamente — se iria engolir a pílula amarga da austeridade para pagar pela ganância de seus banqueiros. O retumbante "Não" da Islândia foi ouvido em todo o mundo e gerou controvérsia, mas a história demonstrou o acerto da escolha popular. A economia islandesa está mais forte do que antes, e, a despeito de uma maciça recessão, a saúde pública realmente melhorou durante a recessão. Do mesmo modo, os que protestaram na Marcha dos Famintos da Ford durante a Grande Depressão dos anos 30 e nos motins da fome na Malásia durante a crise financeira da Ásia Oriental também exigiam que seus governos fossem contra as políticas de austeridade. O que começou como esforços de uns poucos cidadãos converteu-se em um movimento social que, em última instância, capacitou as pessoas a recuperar o controle sobre seu corpo econômico, tomando-o das mãos de banqueiros independentes e do Fundo Monetário Internacional. Essas pessoas foram capazes de transformar o futuro de seus países. Nunca duvide da capacidade que têm os cidadãos organizados de fazer diferença.

Se fizermos a opção verdadeiramente democrática, o primeiro passo é identificar as políticas baseadas em evidências e distingui-las das que não são. Com coisas tão importantes em jogo, e dado o alto risco, não podemos confiar nossas decisões a ideologias e crenças. Como disse o matemático W. Deming: "Em Deus, nós confiamos; todos os outros têm que apresentar dados."

Muitas vezes, políticos tanto da esquerda quanto da direita espalham ideias baseadas em teorias sociais e ideologias econômicas preconcebidas, não em fatos, números e provas concretas. Somente quando os cidadãos têm acesso aos dados e podem utilizá-los é que se tornam capazes de responsabilizar os políticos por suas decisões orçamentárias e pelos efeitos dessas decisões sobre a vida e a morte de pessoas. Esperamos que este livro seja um primeiro passo para democratizar as escolhas sobre a saúde do corpo econômico.

Para quebrar o ciclo de programas de austeridade radical, precisamos de um novo New Deal. Os dados mostram que funcionou da primeira vez e também das outras em que foi tentado, com diferentes nomes. As economias se reergueram e a saúde das pessoas melhorou. Um New Deal tem inerente a ele um caminho que se afasta da austeridade e ruma em direção a um corpo econômico mais saudável. Para que funcione, precisa seguir três princípios fundamentais.

"PRIMEIRO, NÃO CAUSE DANO"

"Primeiro, não cause dano" é a antiga lei magna das profissões de cura. Como as políticas sociais e econômicas têm efeitos colaterais sobre a saúde e a doença, o mantra dos médicos deve se tornar uma exigência para todas essas políticas. Para que as democracias funcionem, precisamos conhecer as plenas consequências de nossas escolhas de políticas. Precisamos avaliar as políticas públicas com o mesmo rigor usado para avaliar novos tratamentos medicamentosos e dispositivos médicos. Só assim poderemos tomar decisões bem embasadas a respeito de escolhas conflitivas: você preferiria uma redução de 0,3% no déficit orçamentário de curto prazo ou a morte adicional de 2 mil americanos? Se, durante a Grande Recessão, nossos políticos e especialistas tivessem feito as contas de sua austeridade nesses termos brutalmente honestos, possivelmente teriam escolhido outras prioridades.

Para garantir que a saúde seja levada em conta em todas as políticas que a afetam, devemos estabelecer mecanismos de revisão da saúde pública. No nível federal, poderia ser uma Secretaria de Responsabilidade pela Saúde. Deveria haver secretarias semelhantes em quase todos os níveis de governo. Deveriam ser semelhantes às agências governamentais que protegem o público contra produtos e medicamentos perigosos. A Secretaria de Responsabilidade pela Saúde analisaria programas governamentais e informaria os cidadãos sobre como diferentes políticas afetam a saúde pública.[5]

SEGUNDO, AJUDE AS PESSOAS A VOLTAR AO MERCADO DE TRABALHO

Em tempos difíceis, ter um emprego estável é, muitas vezes, o melhor remédio. O desemprego e o medo do desemprego estão entre as causas mais significativas de danos à saúde enfrentados pelas pessoas durante uma crise econômica. O mercado de ações pode estar superaquecido novamente, mas o desemprego ainda está alto demais para se dizer que estamos em uma recuperação verdadeiramente democrática — ou seja, uma recuperação para todos, não só para alguns poucos. Programas inovadores como os programas ativos para o mercado de trabalho (ALMPs) ajudam o desempregado a se manter ativo durante as recessões. Os ALMPs evitam depressão e suicídio não apenas entre os desempregados, mas também entre os que podem estar preocupados com uma possível perda do emprego. Além disso, os ALMPs podem reconduzir as pessoas ao mercado de trabalho, economizando recursos públicos que iriam para o seguro-desemprego e também aumentando o suprimento de mão de obra, elemento fundamental do crescimento e da recuperação econômica.

Pode ser difícil encontrar trabalho durante uma recessão, e por isso o estímulo econômico também é necessário para ajudar a criar empregos. Como argumentou Keynes, talvez com um pouco de exagero, seria melhor empregar a metade dos desempregados para enterrar notas de 50 libras e a outra metade para desenterrá-las do que deixar que as pessoas continuem ociosas e vivendo do seguro-desemprego. No entanto, se desejarmos fazer mais para ativar os trabalhadores e impulsionar a economia, precisamos adotar o tipo certo de estímulo. Saúde, educação e políticas de proteção social têm multiplicadores fiscais dos mais elevados. No caso do setor de saúde, os investimentos públicos agregam à economia mais de três dólares para cada dólar gasto. Enquanto isso, o multiplicador fiscal do resgate de bancos e dos gastos com defesa muitas vezes é negativo. Com esse tipo de gasto governamental, a economia encolhe porque o dinheiro tende a ser retirado de novos empreendimentos produtivos que empregam pessoas e a voar para contas bancárias privadas e paraísos fiscais.[6]

TERCEIRO, INVISTA EM SAÚDE PÚBLICA

Se qualquer membro da família estiver doente e sofrendo, fazemos tudo o que pudermos para ajudar. A mesma lógica se aplica ao corpo econômico. Numa época em que as pessoas estão sofrendo com a recessão, os políticos devem agir para protegê-las dos perigos do desemprego e da pobreza. Eles devem produzir leis que forneçam cuidados com base nas necessidades das pessoas, e não em sua capacidade de pagar. Essa abordagem eliminaria muitas hospitalizações dispendiosas causadas pela demora no atendimento médico — como aconteceu com Diane. Uma recessão pode causar danos ao bolso das pessoas, mas ninguém deveria perder o acesso a cuidados de saúde em razão de uma retração econômica. Como cidadãos, devemos requerer de nosso governo que tome decisões que protejam a saúde pública. No Reino Unido, está sendo feito o oposto disso, com a desmontagem do Serviço Nacional de Saúde.

É fácil perder de vista o quão importantes são os programas de prevenção de doenças, até que seja tarde demais. Os Centros de Controle e Prevenção de Doenças nos Estados Unidos, e suas contrapartes na Europa, protegem nossas comunidades de inúmeras epidemias, desde as doenças produzidas por alimentos até tuberculose, e geralmente não fazem nenhum alarde disso. O Projeto de Encefalite da Califórnia ajudou Bakersfield a controlar a epidemia de febre do Nilo, mas, quando aconteceu um segundo surto em 2012, os cortes no orçamento deixaram a cidade sem a assistência crucial de que necessitava. Essa forte presença do setor público na saúde e nos serviços de atendimento é necessária para melhorar a vigilância sobre doenças, agilizar nossa resposta a epidemias e impedir que soframos novas tragédias. Nos Estados Unidos, vimos o que acontece quando entregamos a saúde ao setor privado. Os Departamentos de Saúde Pública ficam com a tarefa de recolher os destroços quando empresas privadas deixam de proteger as pessoas durante tempos difíceis. Os programas de saúde pública precisam ser apoiados, e não cortados, em tempos de grande adversidade.

Para conseguir uma recuperação humana real, duradoura, precisamos mudar, essencialmente, nosso pensamento sobre o que é importante. O crescimento econômico é um meio para um fim, não um fim em si mesmo. Foi essa a compreensão fundamental de Robert Kennedy em seu pronunciamento durante a campanha presidencial de 1968. De que vale um aumento na taxa de crescimento, perguntou ele, se isso causa danos à nossa saúde?

Quando contarmos aos nossos filhos o que foi a Grande Recessão, eles não nos julgarão por taxas de crescimento ou reduções de déficits. Em vez disso, avaliarão o que tivermos feito para cuidar dos mais vulneráveis na sociedade e nos perguntarão se ajudamos a atender às mais básicas necessidades de saúde de nossa comunidade: serviços de saúde, moradia e empregos. A principal fonte de riqueza de qualquer sociedade é seu povo. Investir na saúde pública é uma escolha sábia nos bons tempos e uma necessidade urgente nos tempos difíceis.

Notas

PREFÁCIO

1. Ver Robert Wood Johnson Foundation. 2009. *Breaking Through on the Social Determinants of Health and Health Disparities: An Approach To Message Translation.* RWJF Sumário do número 7. É óbvio que todo mundo precisa morrer de alguma causa, mas décadas de pesquisa em saúde pública mostraram que metade de todas as mortes ocorre prematuramente, causada por doenças que poderiam ter sido evitadas. Um estudo concluiu que, "nos Estados Unidos, talvez entre 10 e 15% [da mortalidade evitável] poderiam ser evitados com uma melhor disponibilidade ou qualidade de cuidados médicos". Os outros 85 a 90% são atribuíveis a fatores sociológicos como o ambiente ou o cigarro. Ver J. McGinnis, P. Williams-Russo, J. R. Knickman. 2002. "The Case for More Active Policy Attention to Health Promotion", *Health Affairs* v21(2): 78–93. Organização Mundial da Saúde. 2013. *The Determinants of Health.* Disponível em: http://www.who.int/hia/evidence/doh/en/.

2. Fonte da Figura P.1: EuroStat 2013 Estatísticas. O produto interno bruto está ajustado por sazonalidades e por dias de trabalho. A linha de base corresponde ao segundo trimestre de 2008.

3. Nos Estados Unidos, as mortes por acidente de carro atingiram o nível mais baixo em sessenta anos: as pessoas estavam dirigindo menos porque, entre outras razões, tinham menos dinheiro para a gasolina.

4. Fonte da Figura P.2: Adaptado de: D. Stuckler, S. Basu, M. McKee. 2010. "Budget Crises, Health, and Social Welfare Programmes", *British Medical Journal* v340:c3311. Gastos com seguridade social ajustados pela paridade de poder de compra, dólar *per capita* em valor constante de 2005. Expectativa de vida ao nascer.

5. *The Gospel According to RFK: Why It Matters Now,* editado com comentários por Norman MacAfee (Nova York, 2008), p. 45.

INTRODUÇÃO

1. Olivia era uma paciente atendida pelos colegas de Sanjay no departamento de pediatria de um hospital na Califórnia. Seu nome e todos os detalhes da história que pudessem identificá-la foram mudados para proteger sua identidade.

2. Durante a recessão, cerca de 770 mil americanos adicionais se embebedavam com bebidas alcoólicas, conforme encontramos em Bor, et al. 2013. "Alcohol Use During the Great Recession of 2008–2009", *Alcohol and Alcoholism*. Disponível em: http://alcalc.oxfordjournals.org/content/early/2013/01/28/alcalc.agt002.short.

3. Niki Kitsantonis, "Pensioner's Suicide Continues to Shake Greece", *The New York Times*, 5 de abril de 2012. Disponível em: http://www.nytimes.com/2012/04/06/world/europe/pensioners-suicide-continues-to-shake-greece.html?_rl&.

4. Makis Papasimakopoulos, "Note Found on Syntagma Suicide Victim", *Athens News*, 5 de abril de 2012. http://www.athensnews.gr/portal/1/54580.

5. A. Kentikelenis, M. Karanikolos, I. Papanicolas, S. Basu, M. McKee, D. Stuckler. 2011. "Health Effects of Financial Crisis: Omens of a Greek Tragedy", *The Lancet* 378(9801): 1457–58.

6. M. Suhrcke e D. Stuckler. 2012. "Will the Recession Be Bad for Our Health? It Depends", *Social Science & Medicine* v74(5): 647–53; C. Ruhm. 2008. "A Healthy Economy Can Break Your Heart", *Demography* v44(4): 829–48; D. Stuckler, C. Meissner, P. Fishback, S. Basu, M. McKee. 2012. "Was the Great Depression a Cause or Correlate of Significant Mortality Declines? An Epidemiological Response to Granados", *Journal of Epidemiology & Community Health*; K. Smolina, et al. 2012. "Determinants of the Decline in Mortality from Acute Myocardial Infarction in England Between 2002 and 2010: Linked National Database Study", *British Medical Journal* v344:d8059.

7. Fundo Monetário Internacional. Outubro de 2012. "World Economic Outlook, Coping with High Debt and Sluggish Growth", Disponível em: http://www.imf.org/external/pubs/ft/weo/2012/02/pdf/text.pdf.

PARTE I: HISTÓRIA
CAPÍTULO 1: ATENUANDO A GRANDE DEPRESSÃO

1. J. Burns, "Atos Benefit Bullies Killed My Sick Dad, Says Devastated Kieran, 13", *Daily Record*, 1º de novembro de 2012. Disponível em: http://www.dailyrecord.co.uk/news/scottish-news/atos-killed-my-dad-says-boy-1411100.

2. "Public Sector, Welfare Faces Budget Axe-Cameron", Reuters UK, 18 de junho de 2010. Disponível em: http://uk.reuters.com/article/2010/06/18/uk-britain-budget-cameron--idUKTRE65H5TC20100618; "Conservative Conference: Cameron in Benefit Cuts Warning", BBC, 7 de outubro de 2012. Disponível em: http://www.bbc.co.uk/news/uk-politics-19864056. Ver Tabela 2: "Estimates for Fraud and Error by Client Group

and Error Type and Error Reason — Overpayments (2011/2012)". Estimou-se que menos de 0,1% das fraudes, que totalizavam 2 milhões de libras, relacionavam-se às condições para se ter direito ao benefício. Em Department for Work & Pensions. Fraud and Error in the Benefit System. Disponível em: http://statistics.dwp.gov.uk/asd/asd2/index.php?page=fraud_error; M. D'Arcy, "Protests Against Paralympics Partner Get Senior Support", 2012, *Public Service UK*. Disponível em: http://www.publicservice.co.uk/news_story.asp?id=20757.

3. Sala de imprensa no site da Atos: "The Department for Work and Pensions Awards Two of the PIP Assessment Contracts to Atos". Disponível em:http://atos.net/en-us/Newsroom/en-us/Press_Releases/2012/2012 _08_02_01.htm e em http://uk.atos.net/en-uk/careers_/career_directions/systems_integration/default.htm; R. Ramesh, "Atos Wins £400m Deals to Carry Out Disability Benefit Tests", *The Guardian*, 2 de agosto de 2012. Disponível em: http://www.guardian.co.uk/society/2012/aug/02/atos-disability-benefit-tests.

4. "Work Test Centres 'Lack Disabled Access'", BBC, 12 de novembro de 2012. Disponível em: http://www.bbc.co.uk/news/uk-politics-20423701; Burns, "Atos Benefit Bullies".

5. Ver também J. Ball, "Welfare Fraud Is a Drop in the Ocean Compared to Tax Avoidance", *The Guardian*, 3 de fevereiro de 2013. Disponível em: http://www.guardian.co.uk/commentisfree/2013/feb/01/welfare-fraud-tax-avoidance; a resposta oficial da Atos foi que "não tomamos decisões sobre o direito das pessoas ao benefício ou sobre políticas de previdência social, mas continuaremos a garantir que o serviço que fornecemos seja tão profissional e compassivo quanto possa ser". Citado em M. D'Arcy, "Protests Against Paralympics Partner Get Senior Support", *Public Service UK*, 2012. Disponível em: http://www.publicservice.co.uk/news_story.asp?id=20757.

6. Assim como os escritos de John Maynard Keynes e John Kenneth Galbraith voltaram a ganhar popularidade, o mesmo ocorreu com outras histórias escritas sobre a Depressão — como a de Milton Friedman, um economista conservador defensor do livre mercado. Enquanto Keynes propunha gastos governamentais para incentivar a demanda na economia, Friedman enfatizava o papel da política monetária — para baixar as taxas de juros e aumentar a oferta de moeda para que as pessoas voltassem a buscar empréstimos e o mercado voltasse a se movimentar. A escola de pensamento de Friedman enfatizava a importância do mercado. Mas, para que o mercado funcionasse, seria necessário que aqueles que tomassem decisões erradas sofressem as consequências.

7. M. Thoma, "Too Much Too Big to Fail", *Economist's View*, 2 de setembro de 2010. Disponível em: http://economistsview.typepad.com/economistsview/2010/09/too--much-too-big-to-fail.html.

8. S. Fleming, "UK Hit Hardest by Banking Bailout, with £1 Trillion Spent to Save the City", *Daily Mail*, 17 de dezembro de 2009. Disponível em: http://www.dailymail.co.uk/news/article-1236800/UK-hit-hardest-banking-bailout-1trillion-spent-

-save-City.html; ver também http://www.pbs.org/wnet/need-to-know/economy/ the-true-cost-of-the-bank-bailout/3309/. Os pacotes de resgate do governo salvaram muitas corporações, e, até 2013, muitas haviam saldado os empréstimos, com juros. L. Vo and J. Goldstein, "Where the Bailouts Stand, in 1 Graphic". *NPR Planet Money*, 9 de outubro de 2010. Disponível em: http://www.npr.org/blogs/ money/2012/09/10/160886823/where-the-bailouts-stand-in-1-graphic; "AIG Subsidiary Parties in Style in OC, Two Weeks after Bailout", *Orange County Register*, 2 de outubro de 2008. Disponível em: http://taxdollars.ocregister.com/2008/10/02/ after-federal-bailout-aig-fetes-in-style-in-oc/; M. Wolfe, "Keynes Offers Us the Best Way to Think About the Financial Crisis", *Financial Times*, 23 de dezembro de 2008. Disponível em: http://www.ft.com/intl/cms/s/0/be2dbf2c-d113-11dd-8cc3--000077b07658.html#axzz2IArd1Y5r.

9. P. Krugman, "Inflation Lessons", *The New York Times*, 25 de agosto de 2012. Disponível em: http://krugman.blogs.nytimes.com/2012/08/25/inflation-lessons/.

10. P. Krugman, "Soup Kitchens Caused the Great Depression", *The New York Times*, 3 de novembro de 2012. Disponível em: http://krugman.blogs.nytimes.com/2012/11/03/ soup-kitchens-caused-the-great-depression/.

11. D. Stuckler, S. Basu, M. McKee, M. Suhrcke. 2010. "Responding to the Economic Crisis: A Primer for Public Health Professionals", *Journal of Public Health* v32(3): 298–306. Disponível em: http://jpubhealth.oxfordjournals.org/content/32/3/298. short; T. Pettinger, "UK National Debt", *Economics: UK Economy Statistics*, 23 de janeiro de 2013. Disponível em: http://www.economicshelp.org/blog/334/uk-economy/ uk-national-debt/.

12. J. Hardman, "The Great Depression and the New Deal. Poverty & Prejudice: Social Security at the Crossroads". Disponível em: http://www.stanford.edu/class/e297c/ poverty_prejudice/soc_sec/hgreat.htm; D. Stuckler, S. Basu, C. Meissner, P. Fishback, M. McKee. 2012. "Banking Crises and Mortality During the Great Depression: Evidence from US Urban Populations, 1927–1939", *Journal of Epidemiology and Community Health* v66:410–19.

13. O aumento de investimentos, basicamente feitos pelos mais ricos, fez com que as ações típicas quadruplicassem de preço entre 1921 e 1929. Os super-ricos, inclusive os Rockefeller, Ford, Carnegie e Vanderbilt, ajudaram a criar uma bolha imobiliária. Os vendedores obtinham pequenos lucros passando rapidamente as propriedades para o comprador seguinte em um mercado com alta demanda; John Kenneth Galbraith, *The Great Crash: 1929* (Boston, 1988); ver também E. N. White, "Lessons from the Great American Real Estate Boom and Bust", National Bureau of Economic Research, 2009, Documento de Trabalho 15573. Disponível em: http://www.clevelandfed.org/ research/seminars/2010/white.pdf. A maior parte das pessoas que compraram terras nunca havia posto os pés no estado em que estavam comprando. Os especuladores imobiliários contratavam homens e mulheres jovens e atraentes para fazer propaganda de terrenos e aceitar qualquer pagamento como sinal.

14. Hardman, "The Great Depression and the New Deal. Poverty & Prejudice"; T. H. Watkins, The *Great Depression: America in the 1930s* (Boston, 1993).

15. As tensões raciais também aumentaram gradativamente: apenas em 1933, foram notificados oficialmente 24 linchamentos de americanos negros — provavelmente um número subestimado, pois, na época, raramente a polícia dava atenção a linchamentos. Centers for Disease Control, "CDC Study Finds Suicide Rates Rise and Fall with Economy", 14 de abril de 2011. Disponível em: http://www.cdc.gov/media/releases/2011/p0414suiciderates.html. Ver também "Did Investors Really Jump out of Windows?" Disponível em: http://news.kontentkonsult.com/2008/10/did-investors--really-jump-out-of.html; George H. Douglas, *Skyscrapers: A Social History of the Very Tall Building in America* (Londres, 2004).

16. "Mortality Rate Drops in North America: Mortality Figures for This Year Show Lowest Level for the United States and Canada", *The New York Times*, 26 de outubro de 1930. Conforme o *New York Times* noticiou depois, naquele mesmo ano, "o país estava passando pela mais grave depressão industrial vista em uma geração. Nenhuma grande área ficou isenta de seus efeitos. Área urbana ou rural, agricultor e operário, leste e oeste, norte e sul, todos foram afetados. Em toda parte a pobreza aumentou. Os orçamentos familiares tiveram que sofrer grande redução. Homens e mulheres se privavam de suas rações para alimentar os filhos. Os pedidos que chegavam às instituições de caridade eram sem paralelo, muitas vezes vindos de famílias que, até então, nunca haviam conhecido o significado da palavra necessidade. Levando em conta todos os sinais e todos os antecedentes, tempos difíceis que duraram tanto deveriam ter trazido em sua esteira doenças e mortes. Na verdade, 1931 foi um dos anos mais saudáveis na história do país. A evidência é esmagadora". Citado em "No Slump in Health", *The New York Times*, 5 de janeiro de 1932. Para análise contemporânea adicional, ver "Sees Public Health Unhurt by Slump", *The New York Times*, 30 de outubro de 1931.

17. "Existem evidências indubitáveis", concluiu Sydenstricker, "de que, até este momento, o desemprego, o poder de compra reduzido, os padrões de vida alterados, até a privação, não mataram muitas pessoas. É difícil dizer o que causou esse resultado gratificante". Ver E. Sydenstricker. 1933. "Health and the Depression", *Milbank Mem Q* v11:273–80.

18. Outro médico concordou, especulando que "o clima pode haver ajudado", impedindo surtos de pneumonia. Outro sugeriu que "a profissão médica está se tornando cada vez mais hábil no diagnóstico e no tratamento de doenças". Outro grupo de pensadores sustentava que talvez fosse a própria Depressão, que conduzia a "um modo de vida mais normal do que nos tempos de grande crescimento" e reduzia o nível de estresse. Todas essas explicações, no entanto, pareciam improváveis. A maior parte das mudanças nas taxas de mortalidade não correspondia a doenças de inverno, e o inverno não havia sido particularmente suave — especialmente para os que moravam nos bairros mais pobres. Não ocorrera nenhuma nova descoberta de medicamentos nem novas técnicas cirúrgicas. O antibiótico sulfonamida só seria inventado no final

da década de 1930, e a penicilina só surgiu na década seguinte. Também não estava claro como a redução do estresse poderia ter melhorado a saúde durante a Depressão. Todas as evidências históricas sugerem que as pessoas enfrentaram um enorme estresse naquele período — muito mais do que nos anos de prosperidade, os "loucos anos 1920". Citado em D. Stuckler, S. Basu, et al., "Banking Crises and Mortality During the Great Depression"; ver também US Climate at a Glance, *National Climatic Data Center*. Disponível em: http://www.ncdc.noaa.gov/oa/climate/research/cag3/cag3. html; R. Pearl, *The Rate of Living* (Nova York, 1928).

19. Para mais detalhes sobre nosso estudo, ver Stuckler, et al., "Banking Crises and Mortality During the Great Depression". Somos gratos ao nosso colega, professor Price Fishback, por disponibilizar esses dados. Os dados de mortalidade vieram dos Centros de Controle de Doenças, US Historical Mortality Database, 1929–1937 (Atlanta, 1929). Dados sobre a crise bancária foram obtidos no Federal Deposit Insurance Corporation Bank Data and Statistics, 2010.

20. Fonte da Figura 1.1: Adaptado de Stuckler, et al. "Banking Crises and Mortality During the Great Depression".

21. Fonte da Figura 1.2: Ibid.

22. A. R. Omran. 1971. "The Epidemiologic Transition: A Theory of the Epidemiology of Population Change", *Milbank Mem Fund Q* v49:509–38. Disponível em: http://www.jstor.org/stable/10.2307/3349375.

23. Outros comentaristas sugeriram que a Grande Depressão era a causa direta de grandes melhorias na saúde. Veja, por exemplo, J. Tapia-Granados e A. Diez-Roux. 2009. "Life and Death During the Great Depression", *Proceedings of the National Academy of Sciences* v106(41): 17290–95. Sua análise usou 20 pontos de observação de dados agregados norte-americanos. Um sinal da falta de validade da análise é o fato de considerarem a Grande Depressão como uma causa das melhorias de curto prazo nas estatísticas de câncer. No entanto, não existia nenhum tratamento eficaz na época, e são necessárias décadas para que ocorram mudanças no câncer. Quando revimos a análise usando dados no nível de estados e isolamos tendências de curto prazo e de longo prazo, foi possível demonstrar como essas conclusões implausíveis eram espúrias. Ver D. Stuckler, S. Basu, et al. 2012. "Was the Great Depression a Cause or Correlate of Significant Mortality Declines? An Epidemiological Response to Granados", *Journal of Epidemiology and Community Health*.

24. Para detalhes metodológicos, ver Stuckler, et al. "Banking Crises and Mortality During the Great Depression". Em resumo, usamos um filtro Hodrick-Prescott para diferenciar tendências de curto e longo prazo. Essa é uma técnica de duas etapas que decompõe movimentos nos dados de séries históricas, distinguindo componentes de curto prazo e tendenciais. Primeiro, o filtro HP identifica uma tendência temporal suavizada na série logarítmica das taxas de mortalidade para cada estado. Em seguida, podem ser usados desvios de curto prazo das séries temporais originais, em

comparação com a tendência de longo prazo estimada, para subsequentes análises estatísticas. Realizamos uma análise de sensibilidade usando diferentes parâmetros de suavização para estimar tendências de longo prazo (o padrão é 6,25, embora Granados e colegas usem 100), concluindo que nossos resultados não diferiam qualitativamente. Também replicamos nossa análise utilizando mudanças de curto prazo nas mortalidades (usando níveis anuais da mudança percentual nas mortalidades). Também controlamos por diferenças relativamente fixas entre estados, como localização geográfica, usando variáveis binárias para estados. No todo, constatamos que as falências bancárias estavam significativamente associadas a maiores taxas de suicídio, mas a menores taxas de mortalidade relacionada ao trânsito. Não observamos nenhum efeito na taxa de mortalidade cardiovascular, nas taxas de homicídio, nas taxas de mortalidade por pneumonia, cirrose ou câncer. Dado que, no conjunto da população, o risco de mortes atribuíveis a acidentes de trânsito em estradas era 50% maior do que o de suicídios, as reduções das mortes por acidentes superaram os aumentos em suicídios, produzindo um efeito líquido negativo das falências bancárias sobre a mortalidade devida a todas as causas.

25. Fonte da Figura 1.3: Adaptado de Stuckler, et al. "Banking Crises and Mortality During the Great Depression".

26. Na verdade, tantas pessoas morriam em acidentes, que passou a ser obrigatório informar a posse de um carro quando se comprava um seguro de vida. "Vital Statistics", 1932. Relatório da *American Journal of Public Health*. Disponível em: http://ajph. aphapublications.org/doi/pdf/10.2105/AJPH.22.4.413. Ver Associated Press, "Traffic Deaths Drop in 1932; First Decline in Auto History", *The New York Times*, 28 de novembro de 1932; M. Kafka, "An Appalling Waste of Life Marks the Automobile", *The New York Times*, 28 de agosto de 1932.

27. A. Reeves, D. Stuckler, M. McKee, D. Gunnell, S. S. Chang, S. Basu. 2012. "Increase in State Suicide Rates in the USA During Economic Recession", *The Lancet* v380:1813–14. B. Barr, D. Taylor-Robinson, A. Scott-Samuel, M. McKee, D. Stuckler. 2012. "Suicides Associated with the 2008–10 Economic Recession in England: A Time-Trend Analysis", *British Medical Journal* v345:e5142. Disponível em: http:// www.bmj.com/ content/345/bmj.e5142.

28. Ver, por exemplo, "U.S Highway Deaths at Lowest Level in 60 Years", *Washington Post*, 9 de setembro de 2010. De acordo com a Associação Nacional de Segurança nas Estradas, "Atribuímos o progresso a uma série de fatores, que incluem o crescente uso de cintos de segurança, maior severidade na aplicação das leis sobre direção distraída, melhores estradas, veículos mais seguros e uma coordenação cada vez maior entre entidades estaduais e o governo federal no trato da questão da segurança. A atenção específica dada por Ray LaHood, secretário de Transportes, à direção distraída deu um destaque sem precedentes aos comportamentos de segurança nas estradas e, como resultado, vidas estão sendo salvas". A explicação mais provável para essa mudança

positiva é a própria Grande Recessão. Ver também M. Cooper, "Happy Motoring: Traffic Deaths at 61-Year Low", *The New York Times*, 1 de abril de 2011. Disponível em: http://www.nytimes.com/2011/04/01/us/01driving.html?_r=0NIDirect Government Services, "Lowest Number of Road Deaths on Record", 3 de janeiro de 2013. Disponível em: http://www.nidirect.gov.uk/news-jan13-lowest-number-of-road--deaths-on-record; para a Irlanda, Serviço Nacional de Polícia da Irlanda. Garda National Traffic Bureau. Fatalities and Other Traffic Statistics. Disponível em: http://www.garda.ie/Controller.aspx?Page=138. As consequências têm desencadeado uma reação em cadeia em outros países. Do outro lado do mundo, na Índia, um número crescente de agricultores está vendendo os rins para pagar dívidas, pois o mercado clandestino de órgãos cresceu.

29. Edward Behr, *Prohibition: Thirteen Years That Changed America* (Boston, 1996), pp. 78-79. Para estimativas de tendências temporais adicionais baseadas em dados agregados (não em nível estadual), comparando estados "secos" e "molhados", ver J. A. Miron e J. Zwiebel. 1991. "Alcohol Consumption During Prohibition", *American Economic Review* v81(2): 242-47.

30. M. Davis, *Jews and Booze: Becoming American in the Age of Prohibition* (Nova York, 2012), p. 191.

31. Fonte da Figura 1.4: Adaptado de Stuckler, et al. "Banking Crises and Mortality During the Great Depression".

32. A dívida pública total também cresceu, passando de US$ 16,2 bilhões em 1930 para US$ 19,4 bilhões em 1932.

33. Charles R. Geisst, *Wall Street: A History* (Nova York, 2012).

34. Maurice Sugar, The *Ford Hunger March* (Berkeley, 1980), p. 108.

35. Irving Bernstein, *A History of the American Worker 1933-1941: The Turbulent Years* (Boston, 1970), pp. 499-71. As inscrições no Partido Socialista da América dobraram entre 1928 e 1932.

36. William E. Leuchtenburg, *Franklin D. Roosevelt and the New Deal 1932-1940* (Nova York, 1963), pp. 1-17. Talvez seja uma ironia o fato de que o New Deal, cujo surgimento se deveu, em parte, à agitação socialista, tenha tornado o Partido Socialista muito menos relevante.

37. C. E. Horn e H. S. Schaffner, *Work in America: An Encyclopedia of History, Policy, and Society* (Santa Barbara, 2003). Somos gratos a Price Fishback e à sua equipe pelo *insight* sobre as notáveis variações entre os estados no que se refere à implementação do New Deal.

38. Como parte da política eleitoral, a distribuição dos fundos de assistência privilegiou as cidades com candidatos presidenciais do Partido Democrata, as que tinham maior representação no Comitê de Trabalho da Câmara de Deputados durante o New Deal e aquelas com governadores democratas.

39. E. Amenta, K. Dunleavy, M. Bernstein. 1994. "Stolen Thunder? Huey Long's 'Share Our Wealth,' Political Mediation, and the Second New Deal", *American Sociological*

Review v59(5): 678–702. Disponível em: http://www.jstor.org/discover/10.2307/209 6443?uid=3739560&uid=2&uid=4&uid=3739256&sid=21101670536097; W. I. Hair, *The Kingfish and His Realm: the Life and Times of Huey P. Long* (Baton Rouge, 1991).

40. Ver também P. Fishback, M. R. Haines, S. Kantor. 2007. "Births, Deaths and New Deal Relief During the Great Depression", the *Review of Economics and Statistics* v89(1):1–14.

41. Citado em G. Perrott e S. D. Collins. 1934. "Sickness and the Depression: A Preliminary Report upon a Survey of Wage-earning Families in Ten Cities", *The Milbank Memorial Fund Quarterly* v12(3): 218–24. Disponível em: http://www.jstor.org/discover /10.2307/3347891?uid=3739560&uid=2&uid=4&uid=3739256&sid=21101670536097.

42. Nosso colega dr. Price Fishback, um economista da Universidade do Arizona, examinou os dados e chegou a conclusões semelhantes: "Embora os programas de assistência tivessem como alvo uma ampla gama de problemas sociais e econômicos, seu custo por vida salva é semelhante ao de programas modernos mais especificamente voltados para a redução da mortalidade, como o Medicaid". Ver Fishback, et al., "Births, Deaths and New Deal Relief".

43. O Primeiro New Deal totalizou entre 10 e 20% do PIB. Nos seis anos após sua implementação, os gastos públicos dobraram. Ainda assim, a Depressão só terminou com a Segunda Guerra Mundial e com um grande aumento nos incentivos governamentais na década de 1940. Price Fishback e seus colegas estimam que o multiplicador da renda pessoal em relação às obras públicas e assistenciais foi algo como 1,67. Essa magnitude é semelhante às nossas estimativas do total de gastos públicos e proteção social, citadas no capítulo 4. P. Fishback e V. Kachanovskaya, "In Search of the Multiplier for Federal Spending in the States During the New Deal". Documento de Trabalho. 2010. Disponível em: http://econ.arizona.edu/docs/Working_Papers/2010/WP-10-09.pdf.

44. E o New Deal deu início a reformas para impedir a ocorrência de outra recessão. A Lei Bancária de 1933, ou lei Glass-Steagall, como é normalmente conhecida, separou bancos comerciais e de investimento e proibiu que os bancos negociassem papéis da dívida e derivativos, os tipos de investimentos que haviam precipitado a queda da Bolsa de Valores em 1929. Devido à lei Glass-Steagall, passaram-se mais de seis décadas sem outra Crise ou Depressão. Mas, infelizmente, em 1999, depois de um intenso lobby feito pelos bancos, a lei foi revogada por um Congresso republicano e um presidente democrata, Bill Clinton. As comportas foram reabertas para permitir que investimentos de alto risco criassem outra bolha imobiliária e uma Grande Recessão. Em 1939, Roosevelt também criara um imposto adicional sobre "lucros não distribuídos", estabelecendo o princípio de que os ganhos corporativos podiam ser taxados para pagar os efeitos negativos das ações de corporações sobre o restante da economia. Mas o novo imposto foi enfraquecido pelo Congresso e expirou pouco tempo depois. "The Wall Street Fix: Mr. Weill Goes to Washington: The Long Demise of Glass-Steagall", *Frontline*, PBS, 5 de maio de 2003.

45. M. Harhay, J., Bor, S. Basu, M. McKee, J. Mindell, N. Shelton, D. Stuckler, "Differential Impact of Economic Recession on Alcohol Use Among White British Adults, 2006-2009", análise não publicada; J. Bor, S. Basu, A. Coutts, M. McKee, D. Stuckler. No prelo. "Alcohol Use During the Great Depression of 2008-2009", *Alcohol and Alcoholism*.

CAPÍTULO 2: A CRISE DE MORTALIDADE PÓS-COMUNISMO

1. Programa das Nações Unidas para o Desenvolvimento. The *Human Cost of Transition: Human Security in South East Europe* (Nova York: UNDP). Disponível em: http://hdr.undp.org/en/reports/regional/europetheci/name,2799,en.html. Tecnicamente, a Rússia não era um Estado até 1992. Banco Mundial, Indicadores Mundiais de Desenvolvimento, edição 2013. Disponível em: http://data.worldbank.org/indicator. Ver também J. DaVanzo e G. Farnsworth, "Russia's Demographic 'Crisis'", RAND, 1996. O censo russo havia projetado que a população cresceria durante esse período, e as estimativas oficiais dos Estados Unidos também previram um crescimento contínuo. No entanto, demógrafos astutos, inclusive Nicholas Eberstadt, que vinham estudando os dados de mortalidade da Rússia desde o início da década de 1980, rapidamente reconheceram que a mortalidade estava seguindo uma trajetória adversa havia vários anos e que a situação do início dos anos 90 refletia um choque de curto prazo que se sobrepusera à deterioração de longo prazo.

2. USSR Census 1989. Publicado pelo State Committee on Statistics. *Natsional'ny Sostav Naseleniia Chast' II.* Informatsionno-izdatel'ski Tsentr (Moscou, 1989). Ver também "Abandoned Cool Mining Town in Siberia: Kadychan, Russia, *Sometimes Interesting*, 24 de julho de 2011. Disponível em: http://sometimes-interesting.com/2011/07/24/abandoned-coal-mining-town-in-siberia-kadykchan-russia/. Ver estatísticas populacionais do Censo Russo 2002: Всероссийская певрепись насележния 2002 говда.

3. E. Tragakes e S. Lessof, *Healthcare Systems in Transition: Russian Federation* (Copenhague: European Observatory on Health Systems and Policies, 2003). Sempre existira um baixo nível de desemprego, aproximadamente 1,4% em 1990. S. Rosefielde. 2000. "The Civilian Labour Force and Unemployment in the Russian Federation", *Europe-Asia Studies* v52(8): 1433-47. Disponível em: http://www.tandfonline.com/doi/pdf/10.1080/713663146. Estimativas de taxas de pobreza baseadas em análise usando o Russian Longitudinal Monitoring Survey [Levantamento Russo de Acompanhamento Longitudinal]; ver P. Mosley e A. Mussurov, "Poverty and Economic Growth in Russia's Regions", Departamento de Economia de Sheffield, 2009. Disponível em: http://eprints.whiterose.ac.uk/10002/1/SERPS2009006.pdf; Escola de Higiene e Medicina Tropical de Londres, "Living Conditions, Lifestyles, and Health Survey 2001". Detalhes disponíveis em: http://www.lshtm.ac.uk/centres/ecohost/research_projects/hitt.html.

4. Ver também G. Kitching. 1998. "The Revenge of the Peasant? the Collapse of Large--Scale Russian Agriculture and the Role of the Peasant 'Private Plot' in That Collapse,

1991-97", *The Journal of Peasant Studies* v26(1): 43-81; R. J. Struyk e K. Angelici. 1996. "The Russian Dacha Phenomenon", *Housing Studies* v11(2). Disponível em: http://www.tandfonline.com/doi/abs/10.1080/02673039608720854.

5. Essas projeções foram feitas pelo Departamento do Censo dos Estados Unidos, dirigido por Stephen Rapawy. Ver S. Rosefielde. 2000. "The Civilian Labour Force and Unemployment in the Russian Federation", *Europe-Asia Studies* v52(8): 1433-47. Disponível em: http://www.tandfonline.com/doi/pdf/10.1080/713663146. A maciça perda de pessoas foi motivada, em parte, pela queda na fertilidade (como documentado por G. Cornia e R. Paniccia em seu livro seminal, *The Mortality Crisis in Transitional Economies* [Nova York, 2000]), mas, em termos de perdas na força de trabalho, a ruptura que começou em 1990 não teria afetado as pessoas em idade ativa, já que os jovens não teriam se tornado adultos naquele período de oito anos.

6. Programa das Nações Unidas para o Desenvolvimento, "The Human Cost of Transition: Human Security in South East Europe". Disponível em: http://hdr.undp.org/en/reports/regional/europethecis/name,2799,en.html.

7. S. Rosefielde. 2001. "Premature Deaths; Russia's Radical Economic Transition in Soviet Perspective", *Europe-Asia Studies* v53(8): 1159-76.

8. Fonte da Figura 2.1: Autores. Dados do Banco Mundial, Indicadores Mundiais de Desenvolvimento, edição 2013.

9. M. Field. 1999. "Reflections on a Painful Transition: From Socialized to Insurance Medicine in Russia", *Croatian Medical Journal* v40(2). Disponível em: http://neuron.mefst.hr/docs/CMJ/issues/1999/40/2/10234063.pdf; citado a partir de S. Sachs, "Crumbled Empire, Shattered Health", *Newsday*, 26 de outubro de 1997, p. A4. Em 1937, o diretor do censo foi executado por divulgar dados "errados".

10. Outro sinal da confiabilidade dos antigos dados soviéticos sobre mortalidade era que as taxas de mortalidade decorrente de todas as causas haviam crescido muito entre 1991 e 1994, mas as taxas de câncer de mama e de pulmão entre todos os grupos etários haviam se mantido estáveis durante toda a década. Essa estabilidade é um indicador de validade interna, já que as mortes por câncer não devem ter flutuações rápidas e não são diretamente impactadas pela economia. Ver V. Shkolnikov, M. McKee, D. Leon, L. Chenet. 1999. "Why Is the Mortality Rate from Lung Cancer Falling in the Russian Federation?" *Eur J Epidemiology* 15:203-6.

11. M. McKee. 1999. "Alcohol in Russia", *Alcohol and Alcoholism* 34:824-29; M. McKee, A. Britton. 1998. "The Positive Relationship Between Alcohol and Heart Disease in Eastern Europe: Potential Physiological Mechanisms", *Journal of the Royal Society of Medicine* v91; O. Nilssen, et al. 2005. "Alcohol Consumption and Its Relation to Risk Factors for Cardiovascular Disease in the Northwest of Russia: the Arkhangelsk Study", *International Journal of Epidemiology* v34(4): 781-88. Disponível em: http://ije.oxfordjournals.org/content/34/4/781.full.

12. D. Lester. 1994. "The Association Between Alcohol Consumption and Suicide and Homicide Rates: A Study of 13 Nations", *Alcohol and Alcoholism* v30(4): 465-68.

Disponível em: http://alcalc.oxfordjournals.org/content/30/4/465.short; M. McKee, A. Britton. 1998. "The Positive Relationship Between Alcohol and Heart Disease in Eastern Europe: Potential Physiological Mechanisms", *Journal of the Royal Society of Medicine* v91; C. S. Fusch, et al. "Alcohol Consumption and Mortality Among Women", *New England Journal of Medicine* a332(10): 1245-50. Disponível em: http://www.ncbi.nlm.nih.gov/pubmed/7708067; R. Doll, et al. 1994. "Mortality in Relation to Consumption of Alcohol: 13 Years' Observations on Male British Doctors", *BMJ* v309(6959). Disponível em: http://www.ncbi.nlm.nih.gov/pmc/articles/PMC2541157/; A. L. Klastky, M. A. Armstrong, G. D. Friedman. 1992. "Alcohol and Mortality", *Ann Intern Med* v117(8): 646-54. Disponível em: http://www.ncbi.nlm.nih.gov/pubmed/1530196.

13. Organização Mundial da Saúde. European Health for All Database, edição 2012. Ver também V. M. Shkolnikov e A. Nemtsov, "The Anti-Alcohol Campaign and Variations in Russian Mortality", Cap. 8 em *Premature Death in the New Independent States* (Washington, DC, 1997). Disponível em: http://www.nap.edu/openbook. php?record_id=5530&Page=239; V. Shkolnikov, G. Cornia, D. Leon, F. Mesle. 1998. "Causes of the Russian Mortality Crisis: Evidence and Interpretations", *World Development* v25:1995-2011. Alguns economistas argumentaram que a crise de mortalidade da Rússia na década de 1990 foi simplesmente um efeito rebote do fim da campanha contra o álcool. Os russos que sobreviveram à campanha de Gorbachev contra o álcool eram, argumentam eles, verdadeiros "mortos-vivos": tão logo a campanha terminou, eles simplesmente recomeçaram a beber até morrer (p.ex., Jay Bhattacharya, Christina Gathmann e Grant Miller, "The Gorbachev Anti-Alcohol Campaign and Russia's Mortality Crisis", março de 2011. Disponível em: https://iriss.stanford.edu/ sites/all/files/iriss/Russia_mortality_crisis_.pdf). Mas, ao examinarmos os dados mais detidamente, descobrimos que as pessoas salvas pela campanha de Gorbachev não eram as mesmas que estavam morrendo depois que foi encerrada. Se fossem, a queda nas taxas de mortalidade das pessoas entre 20 e 24 anos em 1985 corresponderia a um aumento igual nas mortes de pessoas que tinham entre 25 e 29 anos em 1990. Mas isso não ocorreu. Ao contrário, o aumento das mortes no início da década de 90 superou, em muito, as quedas entre 1985 e 1987: houve mais de dois milhões de casos. Em outras palavras, o fim da campanha contra o álcool não foi a principal causa do aumento de mortes associadas à bebida entre os homens russos. Shkolnikov e seus colegas investigaram a possibilidade de um efeito rebote em um conjunto detalhado de estudos epidemiológicos em meados da década de 1990, chegando a conclusões semelhantes às nossas. Shkolnikov et. al. 1998 relatam evidências de que a distribuição etária das quedas de mortalidade entre 1985 e 1987 e dos aumentos ocorridos entre 1988 e 1992 eram semelhantes. No entanto, também descobrimos que o número excedente de mortes era maior do que as mortes evitadas durante as melhorias de 1985-1987. Além disso, as probabilidades de morte em 1995 haviam

ficado muito acima dos níveis iniciais de 1984 (ver p. 1999). Um exame das flutuações na mortalidade entre 1985 e 1986 e as que ocorreram entre 1992 e 1994 mostra que a magnitude da queda da mortalidade durante a campanha contra o álcool foi superada, e muito, pelo aumento entre 1992 e 1994. Entre outros, ver Shkolnikov e Nemtsov, "The Anti-Alcohol Campaign and Variations in Russian Mortality"; e V. M. Shkolnikov, D. A. Leon, S. Adamets, E. Andreev, e A. Deev. 1998. "Educational Level and Adult Mortality in Russia: An Analysis of Routine Data 1979 to 1994", *Soc Sci Med* 47:357--69; Cornia e Paniccia, em seu livro, *The Mortality Crisis in Transition Economies*, concluem que, "ao contrário da opinião generalizada, as mudanças na mortalidade na década de 1990 não são uma continuação de tendências anteriores" (cap. 1, p. 4), algo que provaram posteriormente (cap. 1, seção 5, pp. 20-21), observando que, "no caso da Rússia, da Ucrânia e da Bulgária (para homens) a tendência pré-transição não consegue capturar a recente evolução na expectativa de vida. Além disso, no caso da Rússia, os afastamentos negativos com relação à tendência da expectativa de vida observados durante a transição são muito maiores do que os afastamentos positivos estimados para os anos da campanha antiálcool". Adicionalmente, Cornia e Paniccia indicam que "mesmo se a causalidade entre as quedas iniciais e os aumentos que se seguiram na mortalidade pudesse ser estabelecida inequivocamente, as primeiras explicariam apenas entre 25% e 35% dos últimos". Para uma discussão mais detalhada, ver Apêndices 1.1 e 5.5 em D. Stuckler, "Social Causes of Post-Communist Mortality", tese de doutorado, Universidade de Cambridge, 2009.

14. Era tão grande a contribuição do álcool para o adoecimento, que as pessoas tinham maior probabilidade de morrer durante os fins de semana na década de 1990, quando não tinham de trabalhar e passavam os dias se embebedando — deixando o país numa ressaca que ia da manhã de sábado à manhã de segunda-feira. M. McKee, et al. 2006. "The Composition of Surrogate Alcohols Consumed in Russia", *Alcoholism: Clinical and Experimental Research*. Disponível em: http://onlinelibrary.wiley.com/ doi/10.1097/01.alc.0000183012.93303.90/abstract. Ver D. Leon, et al. 2007. "Hazardous Alcohol Drinking and Premature Mortality in Russia: A Population Based Case--Control Study", *The Lancet* 369:2001-9.

15. Na área rural, as pessoas se embriagavam com bebidas feitas em casa, chamadas *samogon*. M. Wines, "An Ailing Russia Lives a Tough Life That's Getting Shorter", *The New York Times*, 30 de dezembro de 2000. Disponível em: http://faculty.usfsp. edu/jsokolov/agerussl.htm.

16. S. Tomkins, et al. 2007. "Prevalence and Socio-economic Distribution of Hazardous Patterns of Alcohol Drinking: Study of Alcohol Consumption in Men Aged 25–54 Years in Izhevsk, Russia", *Addiction* v102(4): 544–53.

17. A. Bessudnov, M. McKee, D. Stuckler. 2012. "Inequalities in Male Mortality by Occupational Class, Perceived Status and Education in Russia, 1994–2006", *European Journal of Public Health* v22(3): 332–37. Disponível em: http://eurpub.oxfordjournals.

org/content/22/3/332.short; Perlman e Bobak. 2009. "Assessing the Contribution of Unstable Employment to Mortality in Posttransition Russia: Prospective Individual--Level Analyses from the Russian Longitudinal Monitoring Survey", *American Journal of Public Health* v99(10): 1818-25.

18. Por essa razão, não apenas o desemprego propriamente dito, mas o medo do desemprego contribuíam para um maior risco de morte na Rússia. Ver F. Perlman, e M. Bobak, "Assessing the Contribution". Esses programas de benefícios sociais colaboraram para um coeficiente saúde/PIB muito alto nos países soviéticos. Em geral, as economias soviéticas tendiam a ter expectativas de vida muito mais altas do que as economias capitalistas com níveis semelhantes de PIB *per capita* (como Chile, Turquia, Botswana, África do Sul etc.). Na média, e em comparação com as médias de economias capitalistas com o mesmo nível de renda, os homens soviéticos tinham 4,8 anos de melhor saúde e as mulheres tinham 7,7 anos de melhor saúde.

19. D. Stuckler, L. King, M. McKee. 2000. "Mass Privatization and the Post-Communist Mortality Crisis", *The Lancet* v373(9661): 399-407. Disponível em: http://www.thelancet.com/journals/lancet/article/PIIS0140-6736%2809%2960005-2/abstract; ver também Perlman e Bobak, "Assessing the Contribution".

20. L. Balcerowicz e A. Gelb. 1995. "Macropolicies in Transition to a Market Economy: A Three-Year Perspective", *Proceedings of the World Bank Annual Conference on Development Economics 1994*. Banco Internacional para Reconstrução e Desenvolvimento. Disponível em: http://www-wds.worldbank.org/servlet/WDSContentServe/IW3P/IB/1995 /03/01/000009265_3970716143745/Rendered/PDF/multi0page.pdf.

21. "A necessidade de acelerar a privatização é a mais crucial questão de política econômica com a qual se defronta a Europa Oriental", escreveu Jeffrey Sachs. "Se não ocorrer nenhuma mudança radical na privatização de grandes empresas no futuro próximo, todo o processo poderia ficar num impasse durante anos. A privatização é urgente e politicamente vulnerável". J. Sachs, "What Is to Be Done?" *The Economist*, 13 de janeiro de 1990. Disponível em: http://www.economist.com/node/13002085; J. Sachs, "Shock Therapy in Poland: Perspectives of Five Years", 1995. Disponível em: http://tannerlectures.utah.edu/lectures/documents/sachs95.pdf.

22. Um terceiro elemento fundamental da terapia de choque era a estabilização: uma combinação de austeridade e política monetária apertada para manter baixa a inflação. Lawrence Summers resumiu como era o apoio a essas três políticas centrais da terapia de choque: "As legiões de economistas que baixaram sobre as antigas economias comunistas forneciam conselho muito semelhante. As três "ações" — privatização, estabilização e liberalização — deveriam ser completadas o mais cedo possível". Citado em R. Stevens. 2004. "The Evolution of Privatisation as an Electoral Policy, c. 1970-90", *Contemporary British History* v18(2):47-75.

23. M. Friedman, "Economic Freedom Behind the Scenes", Prefácio a *Economic Freedom of the World: 2002 Annual Report,* por James Gwartney e Robert Lawson, com Chris

Edwards, Walter Park, Veronique de Rugy e Smitha Wagh (Vancouver, BC, 2002). Summers citado em T. Anderson, *A Concise Encyclopedia of Economics*. Disponível em: http://www.econlib.org/library/Enc/EnvironmentalQuality.html.

24. Stevens, "The Evolution of Privatisation as an Electoral Policy". O que não faltava eram conselhos sobre qual abordagem adotar. Os editores da revista *The Economist* argumentavam a favor da terapia de choque, escrevendo que a crescente aceitação do gradualismo era "o maior perigo agora enfrentado pelos países da Europa Oriental". Os editores da *Foreign Affairs* concordavam: "O esplendor da justiça e do sucesso alcançados no Ocidente é a força que levou as nações da Europa Oriental e a União Soviética a abandonar o que eram e tentar se tornar o que nós, as democracias, fizemos de nós mesmos. É um momento que não pode ser perdido". O. J. Blanchard, K. A. Froot, J. D. Sachs, *The Transition in Eastern Europe* (Chicago, 1994).

25. B. Naughton, *Growing out of the Plan: Chinese Economic Reform, 1978-1993* (Cambridge, 1996).

26. Richard A. Melanson, *American Foreign Policy Since the Vietnam War: the Search for Consensus from Richard Nixon to George W. Bush* (Nova York, 2005). Graham Allison e Robert Blackwill, "On with the Grand Bargain", *Washington Post*, 27 de agosto de 1991. L. Berry. "How Boris Yeltsin Defeated the 1991 Communist Coup", *The Guardian*, 18 de agosto de 2011. Disponível em: http://www.guardian.co.uk/world/feedarticle/9803554.

27. Fonte da Figura 2.2: Autores, adaptado de P. Hamm, L. King, D. Stuckler. 2012. "Mass Privatization, State Capacity, and Economic Growth in Post-Communist Countries", *American Sociological Review* v77(2): 295-324. Os países da Europa Central e Oriental incluem: Eslováquia, Eslovênia, Hungria, Polônia, República Tcheca. Antigos países soviéticos para os quais existem dados disponíveis desde 1990 incluem: Armênia, Azerbaijão, Bielorrússia, Cazaquistão, Estônia, Geórgia, Letônia, Lituânia, Moldávia, Quirguistão, Rússia, Tajiquistão, Ucrânia e Uzbesquistão. As mudanças percentuais estão dimensionadas para o PIB *per capita* de 1990, usando dólares internacionais a valores constantes de 2000, conforme informado na edição de abril de 2009 da base de dados TransMonEE do Unicef.

28. Banco Mundial, Indicadores Mundiais de Desenvolvimento (Washington, DC, edição 2013); Penn World Tables. Center for International Comparisons of Production, Income and Prices. Universidade da Pensilvânia. Disponível em: https://pwt.sas.upenn.edu/.

29. Stuckler, "Social Causes of Post-Communist Mortality". Ver P. Klebnikov, *Godfather of the Kremlin: Boris Berezovsky and the Looting of Russia* (Boston, 2000). Ver M. Ellman, 1994. "The Increase in Death and Disease Under 'Katastroika'", *Cambridge Journal of Economics* v18:329-55; C. Bohlen, "Yeltsin Deputy Calls Reforms 'Economic Genocide'", *The New York Times*, 9 de fevereiro de 1992. Disponível em: http://www.nytimes.com/1992/02/09/world/yeltsin-deputy-calls-reforms-economic-genocide.html.

30. Para uma discussão, ver T. Meszmann, "Poland, Trade Unions and Protest, 1988–1993", *International Encyclopedia of Revolution and Protest*, 2009. Disponível em: http://www.blackwellreference.com/public/tocnode?id=g9781405184649_yr2012_chunk_ g97814051846491199. Ver também Stuckler, "Social Causes of Post-Communist Mortality". Ver Klebnikov, *Godfather of the Kremlin*. Ver Ellman, "The Increase in Death and Disease Under 'Katastroika'". Governo polonês. Site oficial de divulgação da República da Polônia, Investimento Estrangeiro. Disponível em: http://en.poland.gov. pl/Foreign,investment,468.html. Como observa o site de investimento estrangeiro do governo polonês, "O capital estrangeiro que entra na economia polonesa desempenha um papel muito importante no processo de privatização e reestruturação. A maior parte do investimento estrangeiro na Polônia tem assumido a forma mais desejável — investimentos diretos. Esses investimentos têm significado a criação de empresas que estão começando do zero ou a compra de empresas já existentes no mercado polonês".

31. P. Hamm, L. King, D. Stuckler. 2012. "Mass Privatization, State Capacity, and Economic Growth in Post-Communist Countries", *American Sociological Review* v77(2): 295–324.

32. Como relatou Noreena Herz, que na época trabalhava para o Banco Mundial, ela foi enviada à Rússia para supervisionar a implantação da privatização, morando nas fábricas e mandando informações para a sede. "Passei meses nas fábricas. Em uma delas, eu dormia em uma ala vazia de um sanatório. Em muito pouco tempo, percebi que o plano mestre de privatizar a indústria russa da noite para o dia iria impor enormes custos sobre centenas de milhares de pessoas. Aquelas fábricas estavam produzindo bens que, uma vez lançados em um mercado extremamente competitivo, ninguém quereria comprar. Eles teriam de cortar dezenas de milhares de empregos. Além disso, aquelas fábricas forneciam escolas, hospitais, serviços de saúde e aposentadoria — do berço ao túmulo. Expressei essas preocupações em Washington, dizendo que não existiam redes de segurança. Para mim, era óbvio que se tratava, na verdade, de um jogo político, que eles queriam tomar os ativos das mãos do Estado para que o Partido Comunista não pudesse voltar".

33. O. Adeyi, et al. 1997. "Health Status During the Transition in Central and Eastern Europe: Development in Reverse?" *Health Policy and Planning* v12(2): 132–45.

34. Sachs, "Shock Therapy in Poland".

35. Hamm, et al., "Mass Privatization, State Capacity, and Economic Growth in Post--Communist Countries". As consequências se provariam mais graves para os empregados da grande indústria pesada e de fábricas de grandes dimensões. Dentre todas as empresas privatizadas, esses grandes empreendimentos eram os menos bem equipados para subitamente passar a competir em reais condições de mercado. Seu maior grau de ineficiência e de atraso tecnológico significavam que sofreriam as maiores perdas de postos de trabalho, e seus empregados, que só sabiam utilizar a tecnologia soviética, se tornariam redundantes e teriam grande dificuldade para encontrar novos empregos. L. King, P. Hamm, D. Stuckler. 2009. "Rapid Large-Scale

Privatization and Mortality Rates in Ex-Communist Countries: An Analysis of Stress-Related and Health System Mechanisms", *International Journal of Health Services* v39(3): 461–89; estimamos que essa perda foi de cerca de 15 médicos para cada 10 mil habitantes.

36. A. Åslund, *Building Capitalism: the Transformation of the Former Soviet Bloc* (Cambridge, 2002); ver também Anders Åslund, "Is the Belarusian Economic Model Viable?" em A. Lewis, org., *The EU and Belarus: Between Moscow and Brussels* (Londres, 2002), p. 182.

37. Stuckler, King, McKee, "Mass Privatization and the Post-Communist Mortality Crisis".

38. Fonte da Figura 2.3: Adaptado de Ibid.

39. Ver também P. Grigoriev, V. Shkolnikov, E. Andreev, et al. 2010. "Mortality in Belarus, Lithuania, and Russia: Divergence in Recent Trends and Possible Explanations", *European Journal of Population* v26(3): 245–74. A conclusão do artigo é consistente com a nossa: "Diferenças na velocidade e na extensão da mudança para uma economia de mercado resultaram em efeitos muito diversos sobre as tendências da mortalidade. A Rússia sofreu o maior crescimento da mortalidade no início da década de 1990, causado por dolorosas reformas no mercado que não foram acompanhadas pela criação de sólidas instituições de mercado ou por um compromisso do Estado de cumprir suas obrigações sociais. Em contraste, a Bielorrússia, que seguiu o caminho da transição lenta, sofreu o menor aumento na taxa de mortalidade."

40. Para dar uma medida comparativa, descobrimos que o conflito militar na região havia causado um aumento de 20% na mortalidade. Em outras palavras, a escolha de fazer privatizações em massa havia tido um impacto quase tão nocivo quanto o dos violentos conflitos militares na Europa Oriental. Stuckler, King, McKee, "Mass Privatization and the Post-Communist Mortality Crisis". L. King, P. Hamm, D. Stuckler. 2009. "Rapid Large-Scale Privatization and Mortality Rates in Ex-Communist Countries: An Analysis of Stress-Related and Health System Mechanisms", *International Journal of Health Services* v39(3): 461–89.

41. L. Pritchett e L. Summers. 1996. "Wealthier Is Healthier", *The Journal of Human Resources* v31(4): 841–68. Disponível em: http://www.jstor.org/discover/10.2307/146149?u id=3739560&uid=2129&uid=2&uid=70&uid=4&uid=3739256&Sid=21101670942437. Quando se comparam populações como um todo, também se constata que as mais ricas também são mais saudáveis, pois os governos têm mais recursos para investir em políticas de proteção social. Quando se usam modelos estatísticos que distinguem os benefícios da maior proteção social que acompanha um PIB crescente, a associação entre PIB e melhor saúde cai 75%. Para mais detalhes, ver D. Stuckler, S. Basu, M. McKee. 2010. "Budget Crises, Health, and 'Social Welfare Programmes'", *British Medical Journal* v340:c3311.

42. Quando a renda das pessoas dobrou, sua expectativa de vida aumentou dois anos, em média. Contudo, são necessárias duas décadas, em média, para o crescimento

econômico dobrar quando a economia está crescendo à taxa de 4%. Assim, pode-se dizer com segurança que, ao diminuir em dois anos a expectativa de vida, a privatização em massa equivaleu a retardar o desenvolvimento humano na Rússia em pelo menos 20 anos. Ver Hamm, King, Stuckler, "Mass Privatization, State Capacity, and Economic Growth in Post-Communist Countries".

43. A economista Elizabeth Brainerd, que havia colaborado com outros economistas da equipe de terapia de choque de Harvard, reproduziu nossos resultados e chegou à mesma conclusão: "Um sinal da perturbação ocorrida na vida dos trabalhadores é a extensão da privatização de empresas estatais. Embora, sem dúvida, seja um avanço benéfico para a economia como um todo e um claro indicador do progresso da reforma, a privatização também pode criar estresse adicional e incertezas para os trabalhadores individuais. Essa interpretação da privatização pode explicar a correlação positiva e significativa entre o aumento do setor privado e as crescentes taxas de mortalidade por causas cardiovasculares." E. Brainerd. 1998. "Market Reform and Mortality in Transition Economies", *World Development* v26(11): 2013-27. Citado em E. Brainerd. 1998. "Market Reform and Mortality in Transition Economies", *World Development* v26(11): 2013-27. Disponível em: http://people.brandeis.edu/~ebrainer/worlddev198. pdf. No final da década de 1990, Stanley Fischer, outro defensor da terapia de choque, debatia-se com o fato de que "os países que, nesse período, se empenharam em realizar a mais intensa reforma (de acordo com esta medida) parecem ter sofrido os maiores aumentos nas taxas de mortalidade. Isso é intrigante". Citado em Brainerd, "Market Reform and Mortality in Transition Economies". Friedman, citado em M. Hirsh, *Capital Offense: How Washington's Wise Men Turned America's Future over to Wall Street* (New Jersey, 2010), p. 134.

44. J. Sachs, "'Shock Therapy' Had No Adverse Effect on Life Expectancy in Eastern Europe", *Financial Times*, 19 de janeiro de 2009. Disponível em: http://www.ft.com/ cms/s/0/0b474e44-e5c9-11dd-afe4-0000779fd2ac.html; C. J. Gerry, T. M. Mickiewicz, Z. Nikoloski. 2010. "Did Mass Privatization Really Increase Mortality?" *The Lancet* v375: 371. Ver também nossa resposta: Resposta dos autores. 2010. *The Lancet* v375:372-73.

45. Fonte da Figura 2.4: Autores. Banco Mundial, Indicadores Mundiais de Desenvolvimento, edição 2012.

46. "Mass Murder and the Market", *The Economist*, 22 de janeiro de 2009. Disponível em: http://www.economist.com/node/12972677. Ver D. Huff, *How to Lie with Statistics* (Nova York, 1993). Este livro clássico usa excelentes exemplos de tortura de dados (como o relatado) para ensinar a estudantes de estatística o que não fazer com os dados e como detectar jogadas sujas.

47. Nossos estudos também examinaram países que estavam fazendo uma privatização acelerada, pois queríamos compreender por que alguns tiveram resultados piores que outros. A Rússia, por exemplo, teve um aumento mais acentuado nas mortes

do que a Ucrânia. Embora um determinante das diferenças tenha sido a rapidez da privatização (na Rússia maior do que na Ucrânia), a Ucrânia mantivera em melhor forma os seus programas de apoio social. O país também tinha um nível mais alto daquilo que os cientistas sociais chamam de "capital social". Havíamos constatado que, quando as pessoas eram membros de organizações sociais como igrejas, sindicatos ou clubes esportivos, seu risco de morrer durante uma privatização rápida era muito mais baixo do que o de pessoas solitárias, solteiras. Da mesma forma, na República Tcheca, onde mais da metade da população pertencia a grupos comunitários como esses, a privatização praticamente não acarretou nenhum risco de mortes relacionadas a estresse. Na Romênia, no entanto, onde menos de 10% das pessoas pertenciam a uma organização comunitária de um tipo ou de outro, houve um aumento de cerca de 15% nas mortes decorrentes da rápida privatização. Conforme descrito por Bob Putnam em seu livro *Bowling Alone*, os benefícios do capital social são potentes: durante tempos difíceis, ele ajuda a pessoa a ter alguma coisa ou alguém com quem contar, seja um banco de igreja onde dormir ou o ombro de um amigo para chorar, em vez de ficar sozinha se embebedando.

48. Fonte da Figura 2.5: "Mass Murder and the Market". Em 1897, Émile Durkheim, um dos fundadores da Sociologia, escreveu em *Le Suicide*: "Quando quer que ocorram fortes reajustes na ordem social, devidos ou não a um crescimento súbito ou a uma catástrofe inesperada, os homens se tornam mais inclinados à autodestruição". A rápida privatização foi um desses casos. Embora tenha sido previsto algum sofrimento no curto prazo, os terapeutas de choque nunca anteviram que seus métodos causariam tantos danos. As economias podem ter sido capazes de se reestruturar, é verdade — mas as pessoas não conseguiram se ajustar tão rapidamente. A transição russa nos mostrou quanto perigo existe quando os formuladores de políticas fazem escolhas econômicas sem levar em conta os efeitos potenciais sobre a saúde.

49. Banco Mundial, Indicadores Mundiais de Desenvolvimento, edição 2013. Disponível em: http://data.worldbank.org/indicator/SP.DYN.LE00.IN.

50. No entanto, algumas pessoas questionam se a transição chegou a se completar, dado que as reações sociais e políticas contra a reforma rápida criaram pressões para que o Estado recuperasse o controle sobre a economia. Para detalhes sobre a disseminação da tuberculose na Europa Oriental, ver Organização Mundial da Saúde, *Global Tuberculosis Report* (Genebra, 2012). Disponível em: http://www.who.int/tb/publications/global_report/en/; D. Stuckler, S. Basu, L. King. 2008. "International Monetary Fund Programs and Tuberculosis Outcomes in Post-Communist Countries", *Public Library of Science Medicine* v5(7):e143.

51. Departamento Nacional de Estatísticas da China. 2013. Disponível em: http://www.stats.gov.cn/english/statisticaldata/; Banco Mundial, Indicadores Mundiais de Desenvolvimento, edição 2013.

CAPÍTULO 3: DE MILAGRE A MIRAGEM

1. W. Bello, S. Cunningham, K. Poh Li, *A Siamese Tragedy: Development and Disintegration in Modern Thailand* (Oakland, 1999).
2. Banco Mundial. Maio de 1996. *Managing Capital Flows in East Asia.* Disponível em: http://elibrary.worldbank.org/content/book/9780821335291; Banco Mundial, Crescimento percentual anual do PIB. Disponível em: http://data.worldbank.org/indicator/NY.GDP.MKTP.KD.ZG?page=3.
3. Banco Mundial. 1993. The *East Asian Miracle: Economic Growth and Public Policy.* Banco Mundial, Relatórios de Pesquisa de Políticas.
4. M. Brauchli, "Speak No Evil: Why the World Bank Failed to Anticipate Indonesia's Deep Crisis", *Wall Street Journal*, 14 de julho de 1998. Disponível em: http://www.library.ohiou.edu/indopubs/1998/07/14/0013.html. Em setembro de 1997, poucos meses antes do colapso, o Banco Mundial exibiu uma notável carência de visão prospectiva. O relatório louvava a Indonésia: "A Indonésia alcançou um excelente desenvolvimento econômico na última década e é considerada uma das economias com melhor desempenho na Ásia Oriental. A Indonésia fez grandes avanços na diversificação de sua economia e na promoção de um setor privado competitivo por meio de uma sólida administração macroeconômica, maior desregulamentação e maiores investimentos na infraestrutura de serviços." N. Bullard, W. Bello, K. Malhotra, "Taming the Tigers: the IMF and the Asian Crisis", *Third World Quarterly* 19:505–55. Disponível em: http://focusweb.org/node/358.
5. Paul Krugman. 1994. "The Myth of Asia's Miracle", *Foreign Affairs* v73(6): 62–78. Disponível em: http://www.ft.com/intl/cms/b8268ffe-7572-11db-aea1-0000779e2340.pdf; Pietro Masina, *Rethinking Development in East Asia: From Illusory Miracle to Economic Crisis* (Londres, 2001).
6. Brauchli, "Speak No Evil". Ver também T. Ito, "Asian Currency Crisis and the International Monetary Fund, 10 Years Later: Overview". Disponível em: http://www.researchgate.net/publication/4720855Asian_Currency_Crisis_and_the_International_Monetary_Fund_10_Years_Later_Overview. Dados sobre cotação de moedas disponíveis em Index Mundi: http://www.indexmundi.com/xrates/graph.aspx?c1=IDR&c2=USD&days=5650; Stephen Radelet e Jeffrey Sachs, "The Onset of the East Asian Financial Crisis", NBER, agosto de 1998. Disponível em: http://online.sfsu.edu/jgmoss/PDF/635_pdf/No_29_Radelet_Sachs.pdf; Iskandar Simorangkir, "Determinants of Bank Runs in Indonesia", *Bulletin of Monetary, Economics and Banking,* julho de 2011. Disponível em: http://www.bi.go.id/NR/rdonlyres/59B51C7D-140E-405E-A67C-5ADBD2108CAE/25291/IskandarSimorangkir.pdf; Stanley Fischer, "Lessons from East Asia and the Pacific Rim", *Brookings Papers on Economic Activity* 2:1999. Disponível em: http://www.brookings.edu/~/media/Projects/BPEA/1996%202/1996b_bpea_fischer.PDF; Bello, et al., *A Siamese Tragedy*; Brauchli, "Speak No Evil".

7. I. Fisher, "The Debt-Deflation Theory of Great Depressions". Disponível em: http://
fraser.stlouisfed.org/docs/meltzer/fisdeb33.pdf. O economista Irving Fisher descreveu
as espirais de deflação da dívida na Grande Depressão: "A menos que surja alguma
causa que se contraponha e impeça a queda do nível de preço, uma depressão como
a de 1929-33 (em que, quanto mais os devedores pagam, mais eles devem) tende a
continuar e a se aprofundar, em um círculo vicioso, durante muitos anos. Não existe,
assim, nenhuma tendência de que a inclinação do barco diminua, até que emborque.
Por fim, é óbvio, mas somente depois de uma bancarrota quase universal, o endividamento deve parar de crescer e começar a diminuir. E, então, vem a recuperação e
tem início a tendência para novo ciclo boom-depressão. Esse é o chamado caminho
'natural' para se sair de uma depressão, uma via desnecessária e cruel marcada por
falências, desemprego e fome." Organização Internacional do Trabalho, "ILO Meeting
Highlights Asia Jobs Challenge", 1999. Disponível em: http://www.ilo.org/asia/info/
public/pr/WCMS_BK_PR_1_EN/lang—en/index.htm. Ver também Instituto Milken,
"Indonesia: Current Economic Conditions", Asia and the Pacific Rim, 10 de março
de 1999. C. Peter Timmer, "Food Security in Indonesia: Current Challenges and the
Long-Run Outlook", Center for Global Development, novembro de 2004. Disponível
em: http://www.cgdev.org/files/2740_file_WP_48_Food_security_in_Indonesia.pdf;
Relatório da CARE. 1998. El Niño in 1997–1998: Impacts and CARE's Response.
Disponível em: http://reliefweb.int/report/world/el-ni%C3%Blo-1997–1998-impacts-
-and-cares-response. Esse aumento equivalia a cerca de 33 milhões de pessoas serem
lançadas na pobreza. Ver D. Suryadarma e S. Sumarto. 2011. "Survey of Recent De-
velopments". Bulletin of Indonesian Economic Studies v47(2): 155–81. Disponível em:
http://www.danielsuryadarma.com/pdf/bies11.pdf.

8. Jemma Purdey, Anti-Chinese Violence in Indonesia, 1996–1999 (Honolulu, 2006). A
organização Voluntários para a Humanidade documentou 168 estupros em Jakarta,
Solo, Medan, Palembang e Surabaya. Das mulheres violentadas, pelo menos vinte
morreram durante ou após o trauma. Citado em G. Wandita, "The Tears Have Not Sto-
pped, the Violence Has Not Ended: Political Upheaval, Ethnicity and Violence Against
Women in Indonesia", Gender & Development v6(3): 34–41. O governo americano
estima que houve 66 estupros confirmados. Ver Relatório do Departamento de Estado
dos Estados Unidos: Indonésia Country Report on Human Rights Practices for 1998.
Disponível em: http://www.state.gov/www/global/human_rights/1998_hrp_report/
indonesi.html. Para discussão adicional, ver J. Purdey, "Problematizing the Place of
Victims in Reformasi Indonesia: A Contested Truth About the May 1998 Violence",
Asian Survey v42(4): 605–22; Purdey, Anti-Chinese Violence in Indonesia.

9. O economista Robert Wade resumiu a situação nestes termos: "Explicações são
basicamente a única coisa que não está em falta na crise asiática." Ver também FMI,
Articles of Agreement of the International Monetary Fund, 1944. Disponível em:
http://www.imf.org/external/pubs/ft/aa/index.htm.

10. John Williamson, "What Washington Means by Policy Reform", em John Williamson (org.), *Latin American Readjustment: How Much Has Happened* (Washington, DC, 1989). Disponível em: http://www.iie.com/publications/papers/paper. cfm?researchid=486. O FMI recomendou essas ações para os países da Ásia Oriental, mas foi além e estabeleceu condições ainda mais rigorosas para liberar os empréstimos, exigindo o fechamento imediato de bancos para conter a saída de capital do país e definindo quanto dinheiro os bancos deveriam manter para limitar operações de risco, reduzir o crédito e impedir empréstimos.

11. Como explicou Stanley Fischer, diretor-executivo substituto do Fundo Monetário Internacional em julho de 1998, "A verdadeira questão é com que rapidez se lida com os problemas estruturais subjacentes nos setores financeiro e corporativo. Quanto mais rapidamente isso for feito, menor o período de sofrimento e mais rápida a retomada do crescimento". Stiglitz comentou que a aplicação dessa política de tamanho único era tão habitual, que alguns economistas se esqueceram de que a função "localizar e substituir" do Word às vezes deixava escapar nomes de países. Ele disse: "Ouvi histórias de um incidente desastroso em que membros da equipe copiaram grandes trechos do relatório de um país e os colaram, na íntegra, no relatório de outro. O gesto poderia ter passado despercebido se a função 'localizar e substituir' não tivesse tido um problema, deixando o nome do país original em algumas passagens. Ôpa!" "For Sensitive and Sensible Economics", em V. Anantha-Nageswaran (org.), *Global Financial Markets: Issues and Perspectives* (Índia: ICFAI Press, 2002), p. 11. Ha-Joon Chang sustenta o contrário: os Tigres enriqueceram fazendo o oposto do recomendado, isto é, protegendo mercados para que as novas indústrias de tecnologia pudessem amadurecer antes da liberalização e competir em mercados globais.

12. Os críticos também expressaram preocupações quanto a quem, exatamente, o FMI estava ajudando. "Foram os ricos que se beneficiaram com o crescimento rápido", disse Khun Bunjan, um líder comunitário das favelas de Khon Kaen no nordeste da Tailândia. "Mas nós, os pobres, pagamos o preço da crise. Até nosso acesso limitado a escolas e saúde está começando a desaparecer. Tememos pelo futuro de nossos filhos." Ver C. M. Robb, "Can the Poor Influence Policy? Participatory Poverty Assessments in the Developing World", Banco Mundial, 1999. Mas por que deveriam os governos fazer profundas reformas estruturais e cortar orçamentos quando as causas da crise eram de curto prazo e temporárias? A região não precisava de maciços cortes orçamentários nem de uma política monetária apertada, mas de maiores investimentos públicos e aumento na oferta de moeda para contrabalançar a queda de empréstimos externos. Afinal, esses países da Ásia Oriental não tinham problemas significativos de dívidas antes da crise e haviam tido superávits orçamentários anteriormente. Diversos economistas argumentaram que, como o excesso de gastos públicos não era a causa da crise, não fazia sentido concentrar-se no corte de gastos para resolver o problema; de fato, como a crise havia resultado, antes de qualquer coisa, das transa-

ções especulativas no mercado e das geradas pelo pânico, não parecia provável que a desregulamentação dessas transações produzisse estabilidade. "O problema não era um governo imprudente, como na América Latina", disse Joseph Stiglitz, "o problema estava em um setor privado imprudente — todos aqueles banqueiros e os que tomavam empréstimos, por exemplo, e que participavam da jogatina da bolha imobiliária."

13. Como a maior parte dos empréstimos do FMI estava indo para as mãos dos banqueiros estrangeiros que, na realidade, haviam criado aquele caos, as críticas se multiplicaram. No entanto, os países da Ásia Oriental tinham poucas opções e tiveram que concordar com as estipulações do FMI. Sem as injeções de recursos do Fundo, teria sido difícil que qualquer um deles conseguisse dinheiro suficiente para lidar com a crise imediata. Para tornar atraente o seu plano, o FMI mobilizou o maior empréstimo até então — US$ 110 bilhões fornecidos pelos Estados Unidos e por outros membros ricos do Fundo. R. P. Buckley, S. M. Fitzgerald. 2004. "An Assessment of Malaysia's Response to the IMF During the Asian Economic Crisis", *Singapore Journal of Legal Studies*, pp. 96–116. Disponível em: http://papers.ssrn.com/sol3/papers.cfm?abstract_id=1020508. Outras razões do "Não" da Malásia ao FMI estavam associadas à história do país na década de 1980, quando ocorreram crises bancárias decorrentes da criação de regulamentações que limitavam os empréstimos no exterior. Como resultado, a Malásia estava menos exposta a um aumento no valor da dívida externa quando sua moeda, o ringgit, foi desvalorizada. J. K. Sundaram. 2006. "Pathways Through Financial Crisis: Malaysia", *Global Governance* v12:489–505. Disponível em: http://www.globaleconomicgovernance.org/wp-content/uploads/sundaram-pathways_malayisa.pdf. Também se argumenta que, na Indonésia, a rede familiar do presidente Suharto teve um papel na decisão de aceitar a ajuda do FMI, pois grande parte do dinheiro foi mantida no país, e não apenas em contas na Suíça (diferentemente do que fazia a liderança política malaia da época, que, ao que consta, mantinha recursos no exterior). N. Jones e H. Marsden, "Assessing the Impacts of and Responses to the 1997–98 Asian Financial Crisis Through a Child Rights Lens", Documento de Trabalho do UNICEF sobre Política Social e Econômica, 2010. Disponível em: http://www2.unicef.org/socialpolicy/files/Assessing_the_Impacts_of_the_97_98_ Asian_Crisis.pdf.

14. Baseado no PIB *per capita* corrente em dólares americanos. Banco Mundial, Indicadores Mundiais de Desenvolvimento, edição 2013. Sundaram, "Pathways Through Financial Crisis".

15. G. P. Corning, "Managing the Asian Meltdown: the IMF and South Korea. Institute for the Study of Diplomacy". Disponível em: http://graduateinstitute.ch/webdav/site/political_science/shared/political_science/1849/southkorea&imf pdf; S. S. Chang, D. Gunnell, J. A. C. Sterne, et al. 2009. "Was the Economic Crisis 1997–1998 Responsible for Rising Suicide Rates in East/Southeast Asia? A Time-Trend Analysis for Japan, Hong Kong, South Korea, Taiwan, Singapore, and Thailand", *Social Science & Medicine* v68:1322–31. Disponível em: http://www.ncbi.nlm.nih.gov/pubmed/19200631; as taxas

vinham crescendo na Coreia do Sul antes da crise, mas começaram a acelerar quando ocorreu o colapso do mercado. Ministério da Saúde Pública da Tailândia. Perfil da Saúde da Tailândia. Acessado em 29 de janeiro de 2004. Disponível em: www.moph. go.th/ops/thealth_44/index_eng.htm. Citado em S. Hopkins. 2006. "Economic Stability and Health Status: Evidence from East Asia Before and After the 1990s Economic Crisis", Health Policy v75:347-57.

16. AusAID, "Impact of the Asian Financial Crisis on Health: Indonesia, Thailand, the Philippines, Vietnam, Lao PDR, 2000". Acessado em 12 de fevereiro de 2004. Disponível em: http://www.ausaid.gov.au/publications/pubout.cfm?Id=4105_1515_1662_2276_2647 &Type=. J. Knowles, E. Pernia, M. Racelis, Social Consequences of the Financial Crisis in East Asia (Manila: Banco Asiático de Desenvolvimento, 1999); P. Gottret, et al., "Protecting Pro-Poor Health Services During Financial Crises: Lessons from Experience", Banco Mundial, 2009. Programa de Saúde e Nutrição. Disponível em: http://www.google.com/url?sa=t&rct=j&q=&esrc=s&source=web&cd=3&cad=rja& ved=0CEcQFjAC&url=http%3A%2F%2Fsiteresources.worldbank.org%2FINTHSD %2FResources%2F376278-1202320704235%2FProtProPoorHealthServFin.doc&ei= MHX4UNHhDaWViAK7hYCICw&usg=AFQjCNFWm3rlVyeIDnoEVERsAfb1CM EvAg&sig2=rPmVK71IY3Z_Yi1o7s8MWw&bvm=bv.41248874,d.cGE; Child Rights International Network, Harnessing Globalisation for Children: A Report to UNICEF, 2002. Disponível em: http://www.crin.org/resources/infoDetail.asp?ID=2918.

17. "Indonesia Unrest Growing Despite IMF Bailout". Albion Monitor News, Jacarta, Indonésia. Disponível em: http://www.monitor.net/monitor/9801a/jakartaunrest.html.

18. S. Fischer, "A Year of Upheaval: the IMF Was Right on High Interest Rates and Immediate Restructuring", AsiaWeek Magazine. Disponível em: http://www-cgi.cnn. com/ASIANOW/asiaweek/98/0717/cs_12_fischer.html.

19. P. Krugman explica: "Desde a crise na Ásia Oriental, houve uma mudança na postura do FMI a respeito do uso de controles de capital. O Fundo consolidou uma substancial mudança ideológica ao aceitar o uso de controles diretos para acalmar os fluxos voláteis de capital entre países, conforme empregados nos anos recentes por países com mercados emergentes." Em Alan Beattie, "IMF Drops Opposition to Capital Controls", Financial Times, 3 de dezembro de 2012. Hopkins, "Economic Stability and Health Status".

20. Citado em H. Waters, F. Saadah, M. Pradhan. 2003. "The Impact of the 1997-1998 East Asian Economic Crisis on Health and Health Care in Indonesia", Health Policy and Planning v18(2): 179.

21. Tabela 9 em V. Tangcharoensathien, et al. 2000. "Health Impacts of Rapid Economic Changes in Thailand", Social Science & Medicine v51:789-807. Disponível em: http://www.ncbi.nlm.nih.gov/pubmed/10972425. Citado em Waters, Saadah, Pradhan, "The Impact of the 1997-1998 East Asian Economic Crisis on Health and Health Care in Indonesia", p. 174. C. Simms e M. Rowson. 2003. "Reassessment of

Health Effects of the Indonesian Economic Crisis: Donors Versus the Data", *The Lancet* v361:1382-85. Disponível em: http:// mvw.medact.org/content/health/documents/poverty/Simms%20and%20Rowson%20- %20Reassessment%20of%20 health%20effects%20Indonesia.pdf.

22. Citado como: "O uso de qualquer serviço de saúde por crianças entre 10 e 19 anos foi particularmente afetado, declinando 26,8% para provedores públicos entre os levantamentos SUSENAS de 1997 e 1998", em Waters, Saadah, Pradhan, "The Impact of the 1997-1998 East Asian Economic Crisis on Health and Health Care in Indonesia". As clínicas também temiam que os pacientes processassem os médicos por fornecerem cuidados precários quando os medicamentos necessários tornaram-se indisponíveis e as pessoas foram removidas dos programas de subsídio aos serviços de saúde. Banco Asiático de Desenvolvimento, *Assessing the Social Impact of the Financial Crisis in Asia*. Relatório RETA 5799. (Manila: Asian Development Bank, 1999); e RAND Corporation, "Effects of the Indonesian Crisis—Evidence from the Indonesian Family Life Survey", Rand Labor and Population Program Research Brief (Santa Mônica, CA: RAND, 1999).

23. UNAIDS. Perfil de país: Tailândia. Disponível em: http://www.unaids.org /en/regions-countries/countries/thailand/. "Thailand's New Condom Crusade". 2010. *Bulletin of the World Health Organization* v88(6):404-5. Disponível em: http://www.who.int/bulletin/volumes/88/6/10-010610/en/index.html.

24. http:// www.thelancet.com/journals/lancet/article/PIIS0140-6736%2808%2960091-4/fulltext.

25. "Thailand's New Condom Crusade".

26. Ibid.

27. AusAid, *Impact of the Asian Financial Crisis on Health: Indonesia, Thailand, The Philippines, Vietnam, Lao PDR*, (AusAid, 2000). Ver também S. Hopkins, "Economic Stability and Health Status", em *The Impact of the Asian Financial Crisis on the Health Sector in Thailand* (AusAid, 2000), p. 6. Escritório das Nações Unidas para a Coordenação de Assuntos Humanitários, "Thailand: Activists Want Rights of HIV-Positive People Protected", 10 de agosto de 2006. Disponível em: http://www.irinnews.org/printreport.aspx?reportid=60176.

28. Fonte da Figura 3.1: Adaptado de ibid.

29. V. Tangcharoensathien, et al. 2000. "Health Impacts of Rapid Economic Changes in Thailand", *Social Science & Medicine* v51:789-807. Em 2001, o Grupo de Trabalho Tailandês sobre HIV/Aids estimou que 4 mil crianças haviam nascido infectadas com o HIV transmitido pelas mães. Com o uso efetivo de medicamentos como a nevirapina, essa transmissão é evitável. Hopkins, "Economic Stability and Health Status". Projeção feita em março de 2001 pelo Grupo de Trabalho Tailandês sobre HIV/Aids; citado em UNICEF. Capítulo 1. Introdução e Sumário. Long Term Socio-Economic Impact of HIV/AIDS on Children and Policy Response in Thailand. Na Indonésia,

depois de um corte semelhante de 50% imposto pelo FMI em 1999 nos programas de prevenção do HIV/Aids em 1999, houve um aumento de 10% de DST não tratadas e de HIV na população feminina. "Os números do Departamento de Seguridade Social sobre novas admissões de crianças abandonadas (abaixo de cinco anos) mostravam uma tendência ao crescimento durante a crise", citado em Tangcharoensathien, et al. "Health Impacts of Rapid Economic Changes in Thailand".

30. S. Aungkulanon, M. McCarron, J. Lertiendumrong, S. J. Olsen, K. Bundhamcharoen. 2012. "Infectious Disease Mortality Rates, Thailand, 1958-2009", *Emerg Infectious Diseases* v18(11). Disponível em: http://wwwnc.cdc.gov/eid/article/18/11/12-0637_article.htm.

31. Hopkins, "Economic Stability and Health Status"; "Thailand's New Condom Crusade".

32. Y. J. Han, S. W. Lee, Y. S. Jang, D. J. Kim, S. W. Lee, *Infant and Perinatal Mortality Rates of Korea in 1999 and 2000* (Seul: Korea Institute for Health and Social Welfare, 2002). C. Simms e M. Rowson. 2003. "Reassessment of Health Effects in the Indonesian Economic Crisis: Donors Versus the Data", *The Lancet* v361:1382-85. Disponível em: http://mvw.medact.org/content/health/documents/poverty/Simms%20and%20 Rowson%20-%20Reassessment%20of%20health%20effects%20Indonesia.pdf; UNDP. Human Development Report 2001 (Nova York: PNUD). Disponível em: http://hdr. undp.org/en/reports/global/hdr2001/. Observe-se que, desde então, a Indonésia acrescentou mais oito províncias; atualmente, são 33.

33. Mahani Zainal-Abidin, "Malaysian Economic Recovery Measures: A Response to Crisis Management and for Long-term Economic Sustainability". Disponível em http://www.siue.edu/EASTASIA/Mahani_020400.htm.

34. Joseph Stiglitz, "What I Learned at the World Economic Crisis", *The New Republic*, 17 de abril de 2000.

35. Baseado em termos econômicos reais, com valor ajustado pela desvalorização da moeda. Waters, Saadah, Pradhan, "The Impact of the 1997-1998 East Asian Economic Crisis on Health and Health Care in Indonesia".

36. D. E. Sanger, "IMF Now Admits Tactics in Indonesia Deepened the Crisis", *The New York Times*, 14 de janeiro de 1998. Disponível em: http://www.nytimes.com/1998/01/14/ business/international-business-imf-now-admits-tactics-in-indonesia-deepened-the- -crisis.html.

37. S. Kittiprapas, N. Sanderatne, G. Abeysekera, "Financial Instability and Child Well- -Being: A Comparative Analysis of the Impact of the Asian Crisis and Social Policy Response in Indonesia, Malaysia, Thailand, and South Korea", Escritório do UNICEF na Tailândia; Cap. 9 em G. A. Cornia (org.), *Harnessing Globalisation for Children*; Hopkins, "Economic Stability and Health Status". Waters, Saadah, Pradhan, "The Impact of the 1997-1998 East Asian Economic Crisis on Health and Health Care in Indonesia".

38. F. Ardiansyah, "Bearing the Consequences of Indonesia's Fuel Subsidy", East Asia Forum, 4 de maio de 2012. Disponível em: http://www.eastasiaforum.org/2012/05 /04/26135/.

39. E. Kaiser, S. Knight, "Analysis: Aid Recipients Welcome IMF's Shift on Austeri-ty", Reuter's, 14 de outubro de 2012. Disponível em: http://www.reuters.com/article/2012/10/14/us-imf-aid-admission-idUSBRE89D0GQ20121014.

PARTE II: A GRANDE RECESSÃO
CAPÍTULO 4: DEUS PROTEJA A ISLÂNDIA

1. Crise financeira; declaração completa de Geir Haarde, primeiro-ministro da Islândia. *The Telegraph*. Disponível em: http://www.telegraph.co.uk/news/worldnews/europe/iceland/3147806/Financial-crisis-Full-statement-by-Icelands-prime-minister-Geir--Haarde.html.
2. Citado em H. Felixson, *God Bless Iceland (Guðblessiísland)*, 2009.
3. "Iceland: Cracks in the Crust", *The Economist*, 11 de dezembro de 2008. Disponível em: http://www.economist.com/node/12762027?story_id=12762027; Relatório de País do FMI, Islândia, abril de 2012. Disponível em: http://www.imf.org/external/pubs/ft/scr/2012 /cr1291.pdf; H. Stewart, et al., "Five Countries That Crashed and Burned in the Credit Crunch Face a Hard Road to Recovery", *The Guardian*, 3 de janeiro de 2010. Disponível em: http://www.guardian.co.uk/business/2010/jan/03/credit--crunch-iceland-ireland-greece-dubai-spain; "Fighting Recession the Icelandic Way", Bloomberg, 26 de setembro de 2012. Disponível em: http://www.bloomberg.com/news/2012-09-26/is-remedy-for-next-crisis-buried-in-iceland-view-correct-.html.
4. Nem mesmo durante a Segunda Guerra Mundial os alemães pareciam notar a pequena ilha, que havia se declarado neutra — até que os britânicos a invadiram para impedir que fosse usada como base alemã.
5. J. Carlin, "No Wonder Iceland Has the Happiest People on Earth", *The Guardian*, 18 de maio de 2008. Disponível em: http://www.guardian.co.uk/world/2008/may/18/iceland; Jaime Díez Medrano, "Map of Happiness", Banco de dados. Disponível em: http://www.jdsurvey.net/jds/jdsurveyMaps.jsp?Idioma=I&SeccionTexto=0404&NOID=103.
6. G. Karlsson, *Iceland's 1100 Years: History of a Marginal Society* (Londres, 2000).
7. Silla Sigurgeirsdóttir e Robert H. Wade, "Iceland's Loud No", *Le Monde Diplomatique*, 8 de agosto de 2011. Disponível em http://mondediplo.com/2011/08 /02iceland.
8. BBC. 2006. Foreign banks offer best buys. Radio 4, Money Box. Disponível em: http://news.bbc.co.uk/2/hi/programmes/moneybox/6051276.stm; "Customers Face Anxious Wait Over Fate of Icesave Accounts", *The Guardian*, 8 de outubro de 2008. Disponível em http://www.guardian.co.uk/money/2008/oct/08/banks.savings; Sigurgeirsdóttir e Wade",Iceland's Loud No".
9. Banco Mundial, Indicadores de Desenvolvimento Mundial. "From Capital Flow Bonanza to Financial Crash", *Vox*, 23 de outubro de 2008. Disponível em http://www.voxeu.org/article/capital-inflow-bonanza-financial-crash-danger-ahead-emerging--markets. "Better Life Index", OECD. Disponível em http://www.oecdbetterlifeindex.org/countries/iceland/.

10. H. H. Gissurarson, "Miracle on Iceland", *Wall Street Journal*, 29 de janeiro de 2004. Disponível em: http://online.wsj.com/article/0,,SB107533182153814498,00. html. Citado em R. H. Wade e S. Sigurgeirsdottir. 2011. "Iceland's Meltdown: the Rise and Fall of International Banking in the North Atlantic". *Revista de Economia Política* v31(5). Disponível em: http://www.scielo.br/scielo.php?pid=S0101-31572011000500001&script=sci_arttext; ver também Arthur Laffer, "Overheating Is Not Dangerous", *Morgunblaðið*, Reykjavik, 17 de novembro de 2007.

11. Danske Bank, "Iceland: Geyser Crisis", 2006; Robert Wade. 2009. "Iceland as Icarus", *Challenge* v52(3): 5–33; R. Boyes, *Meltdown Iceland: Lessons on the World Financial Crisis from a Small Bankrupt Island* (Nova York, 2009); Pronunciamento de Geir Haarde durante o encontro anual de 2008 do Banco Central da Islândia. Citado em Robert H. Wade e Silla Sigurgeirsdóttir. 2010. "Lessons from Iceland", *New Left Review* v65:5–29. Disponível em: http://newleftreview.org/II/65/robert-wade-silla-sigurgeirsdottir-lessons-from-iceland.

12. Ver Felixson, *God Bless Iceland.*

13. EuroStat, edição 2012. Bruxelas, Comissão Europeia. "Hundreds in Iceland Protest Foreclosures", *Agence France Presse*, 1 de outubro de 2010. Disponível em: http:// www.google.com/hostednews/afp/article/ALeqM5ikamLDTVrWkyqkkLOHx8a89 nNPQA?docId=CNG.c41a43301a2a0ba462c063759615c08e.ad1.

14. "Iceland: Britain's Unlikely New Enemy", BBC News, 15 de outubro de 2008. Disponível em: http://news.bbc.co.uk/1/hi/magazine/7667920.stm.

15. Na realidade, os países nórdicos forneceram fundos de ajuda à Islândia para estimular a recuperação. Para uma análise do radical aumento da desigualdade no país, onde 1% da população acumulou adicionais 10% da renda total entre 2004 e 2007, ver S. Olafsson e A. S. Kristjansson. 2011. "Income Inequality in a Bubble Economy — the Case of Iceland 1992–2008". LIS—Luxembourg Income Study Conference, Inequality and the Status of the Middle Class, Luxemburgo, 28–30 de junho de 2010. Disponível em: http://www.lisproject.org/conference/papers/olafsson-kristjansson.pdf; "Iceland Faces Immigrant Exodus", BBC, 21 de outubro de 2008. Disponível em: http://news. bbc.co.uk/2/hi/europe/7680087.stm; L. Veal, "Iceland: Recovering Dubiously from the Crash", *Al Jazeera*, 31 de janeiro de 2012. Disponível em: http://www.aljazeera. com /indepth/features/2012/01/2012131144757624586.html.

16. T. Gylfason, et al., "From Boom to Bust: the Iceland Story". Cap. 7 em *Nordic Countries in Global Crisis: Vulnerability and Resilience* (2010), p. 157. Disponível em: http://www. etla.fi/wp-content/uploads/2012/09/B242.pdf.

17. Ibid. A desigualdade na Islândia aumentou acentuadamente antes do colapso. O peso da dívida também tinha uma distribuição desigual. Adicionalmente, existem 440 famílias cujas dívidas excedem em US$ 400 mil ou mais o valor de seus ativos. Das 182 mil famílias islandesas, 81 mil têm ativos abaixo de US$ 40 mil, enquanto 1.400 famílias têm ativos de US$ 1,2 milhão ou mais.

18. Essa conclusão baseou-se, predominantemente, em estudos que descobriram que o gasto nacional com saúde tendia a aumentar à medida que as economias cresciam. J. P. Newhouse. 1977. "Medical-care Expenditure: A Cross-National Survey", *Journal of Human Resources*. Como explicado por um artigo mais recente, "A Conclusão Geral Tem Sido Que as Estimativas da Elasticidade-renda Excedem a Unidade, Implicando Que os Serviços de Saúde São um Bem de Luxo". Citado em J. Costa-Font, et al., "Re-visiting the Healthcare Luxury Good Hypothesis: Aggregation, Precision, and Publication Biases?" HEDG, Documento de Trabalho 09/02, 2009. Disponível em: http://www.york.ac.uk/media/economics/documents/herc/wp/09_02_.pdf. O ministro da Saúde falou abertamente sobre a necessidade de reforçar os sistemas de saúde. Quando se demitiu, ele observou que não poderia seguir a posição do governo de continuar o processo de negociação para reembolsar o IceSave sem levar em conta a grande consolidação fiscal que isso produziria.

19. Comunicação pessoal com D. Stuckler, Fórum Europeu da Saúde em Gastein, Áustria, 2009.

20. Na Europa, nós estimamos que o multiplicador de defesa era negativo. Ver A. Reeves, S. Basu, M. McKee, C. Meissner, D. Stuckler. No prelo. "Does Investment in the Health Sector Promote or Inhibit Economic Growth?" *Health Policy*.

21. A última vez em que se convocara um referendo na Islândia havia sido em 1944, quando o país votou sua independência da Dinamarca.

22. Iris Erlingsdottir, "Iceland Is Burning", *Huffington Post*, 20 de janeiro de 2009. Disponível em: http://www.huffingtonpost.com/iris-lee/iceland-is-burning_b_159552.html.

23. Ibid.

24. Não se deve tomar esse voto como indicação de que todos os islandeses concordaram, especialmente porque nem todos os eleitores compareceram ao referendo. Anteriormente, havia ocorrido uma divisão durante o debate sobre se os islandeses deveriam pagar os empréstimos tomados pelo IceSave e arcar com a dívida e a austeridade que se seguiriam. No processo, os economistas do FMI divulgaram mensagens contraditórias na mídia islandesa: algumas vezes, argumentavam que não se deveria socializar dívidas privadas, mas também aconselhavam o pagamento e a consolidação fiscal associada.

25. Friedman liderou a pressão a favor da independência do Banco Central para excluir do processo de responsabilização democrática as decisões relativas a taxas de juros e oferta de moeda.

26. Wade e Sigurgeirsdóttir, "Lessons from Iceland".

27. Sigurgeirsdóttir e Wade, "Iceland's Loud No".

28. Ver D. Stuckler, C. Meissner, L. King. 2008. "Can a Bank Crisis Break Your Heart?" *Globalization & Health* v4(1). Disponível em: http://www.globalizationandhealth. com/content/4/1/1. Ver G. R. Gudjonsdittir, et al. 2012. "Immediate Surge in Female Visits to the Cardiac Emergency Department Following the Economic Collapse in Iceland: An Observational Study", *Emerg Med J* v29:694–98.

29. S. Sigurkarlsson, et al. 2011. "Prevalence of Respiratory Symptoms and Use of Asthma Drugs Are Increasing Among Young Adult Icelanders", *Laeknabladid* v97(9): 463–67. H. K. Carlsen, et al. 2012. "A Survey of Early Health Effects of the Eyjafj allajokull 2010 Eruption in Iceland: A Population-based Study", *BMJ Open* v2:e000343.

30. A. Kleinman, *The Illness Narratives: Suffering, Healing, and the Human Condition* (Nova York, 1988).

31. C. McClure, et al. 2013. "Increase in Female Depressive Symptoms Following the 2008 Financial Crisis in Iceland: A Prospective Cohort Study". Ainda não publicado.

32. J. Helliwell, R. Layard, J. Sachs. *World Happiness Report* (Nova York, 2012). Ver Figura 2.11, média de afeto positivo por país, baseada no GWP [Gallup World Poll] 05–11. Tem sido proposta a explicação de que, durante a crise, os islandeses experimentaram um alto grau de abertura política. Discussões e debates, antes suprimidos durante os anos de boom, emergiram, aumentando a felicidade das pessoas e sua satisfação com a vida.

33. T. L. Asgeirsdottir, et al. "Are Recessions Good for Your Health Behaviors? Impacts of the Economic Crisis in Iceland". Documento de Trabalho 18233. National Bureau of Economic Research, Cambridge, MA, 2012.

34. D. Batty, "McDonald's to Quit Iceland as Big Mac Costs Rise", *The Guardian*, 27 de outubro de 1999. Disponível em: http://www.guardian.co.uk/world/2009/oct/27/mcdonalds-to-quit-iceland; C. Forelle, "Fishing Industry Aids Iceland's Recovery", *Wall Street Journal*, 18 de maio de 2012. Disponível em: http://live.wsj.com/video/fishing-industry-aids-iceland-recovery/E1ED2AC5-D98B-4760-844E-67F8BA64A136.html.

35. No início de 2009, um membro do Parlamento, do Partido da Independência, também havia proposto o plano de romper o monopólio estatal sobre bebidas alcoólicas.

36. EuroStat. Statistics. Disponível em: http://epp.eurostat.ec.europa.eu/portal/page/portal/statistics/search_database; P. Gobry, "No, the United States Will Not Go into a Debt Crisis, Not Now, Not Ever", *Forbes*, 19 de outubro de 2012. Disponível em: http://www.forbes.com/sites/pascalemmanuelgobry/2012/10/19/no-the-united-states-will-not-go-into-a-debt-crisis-not-now-not-ever/. O aumento dos gastos sociais na Islândia foi significativo, mesmo depois de ajustar os números pela queda do PIB, devido à manutenção de estabilizadores automáticos intrínsecos ao seu sistema de proteção social.

37. OCDE. Economic Survey of Iceland, 2011. Disponível em: https://community.oecd.org/docs/DOC-27221/diff?secondVersionNumber=2.

38. EuroStat. Statistics. Disponível em: http://epp.eurostat.ec.europa.eu/portal/page/portal/statistics/searchdatabase; "Fighting Recession the Icelandic Way", Bloomberg. Isso correspondia a uma série de suicídios que ocuparam as manchetes na Espanha. Ver, por exemplo, M. Bennett-Smith, "4th Eviction-Motivated Suicide Rocks Indebted Spain; Protesters Shout Eviction Is 'Murder'", *Huffington Post*, 15 de fevereiro de 2013. Disponível em: http://www.huffingtonpost.com/2013/02/15/4th-eviction-suicide-spain_n_2697192.html; FMI, Relatório de País No. 12/89, abril de 2012,

2012 Article IV Consultation and First Post-Program Monitoring Discussion. Ver p. 6, Box 1: Safeguarding Iceland's social welfare system. Disponível em: http://www. imf.org/external/pubs/ft/scr/2012/cr1289.pdf. Em 2007/2008, o governo do Partido Social Democrata havia aumentado a garantia de renda mínima para proteger o grupo mais vulnerável de aposentados, e a medida entrou em vigor em 2008/2009. Tais programas foram planejados antes da crise e mantidos enquanto ela durou. Ver Welfare Watch, *The Welfare Watch Report to the Althingi*. [Tradução para o inglês]. Ministry of Social Affairs and Social Security, Islândia, janeiro de 2010. Disponível em: http://eng.velferdarraduneyti.is/media/velferdarvakt09/29042010The-Welfare--Watch_Report-to-the-Althingi.pdf.

39. Para uma análise de como o capital social da Islândia ajudou a promover a resiliência, ver K. Growiecz, "Social Capital During the Financial Crisis. The Case of Iceland". 2011. Disponível em: https://renewal.hi.is/wp-content/uploads/2011/05/KatarzynaSocial-Capital-during-Financial-Crisis-Growiec.pdf; OCDE, Society at a Glance 2011: OECD Social Indicators. Disponível em: http://www.oecd-ilibrary.org/sites/soc_glance-2011-en/06/01/index.html?contentType=&itemId=/content/chapter/soc_glance-2011-16-en&containerItemId=/content/serial/19991290&accessItemIds=/content/book/soc_glance-2011-en&mimeType=text/html.

40. EDA, 12 de outubro de 2009. Resenha de filme. Disponível em: http://www.economicdisasterarea.com/index.php/features/eda-film-review-god-bles-iceland-not--enough-mustard/.

41. S. Lyall, "A Bruised Iceland Heals amid Europe's Malaise", *The New York Times*, 8 de julho de 2012. Disponível em: http://www.nytimes.com/2012/07/08/world/europe/icelands-economy-is-mending-amid-europes-malaise.html?pagewanted=all&_r=0; "Fighting Recession the Icelandic Way", Bloomberg. A Fitch aumentou a classificação da dívida soberana da Islândia de BBB- para BB+. Ver também BBC, "Iceland Debt 'Safe to Invest' After Ratings Upgrade", fevereiro de 2012. Disponível em: http://www.bbc.co.uk/news/business-17075011.

42. Conforme explicação adicional do FMI, em vez de recorrer à austeridade, alcançou--se o ajuste fiscal por meio de maiores impostos sobre os ricos e da concentração dos cortes em áreas que não atingissem os programas de seguridade social: "Um objetivo crucial das autoridades islandesas no período após a crise foi preservar o sistema de seguridade social face à consolidação fiscal necessária para colocar as finanças públicas em um caminho sustentável. Com o rápido crescimento do desemprego e a queda do salário real, reconheceu-se, desde o início, que o impacto social da crise seria significativo. Assim, ao programar a consolidação fiscal, as autoridades buscaram proteger os grupos vulneráveis com algumas medidas específicas: introduziram um imposto de renda mais progressivo, aumentaram apenas as faixas superiores do imposto sobre circulação de mercadorias e serviços e concentraram os cortes de despesas em áreas onde pudessem ser obtidos ganhos de eficiência — criando, desse

modo, espaço para preservar os benefícios sociais." FMI, "Iceland: Ex Post Evaluation of Exceptional Access Under the 2008 Stand-By Arrangement", FMI, Relatório de País n. 12/91, 2012. Disponível em: http://www.imf.org/external/pubs/ft/scr/2012/cr1291. pdf. O FMI também explicou que "diante da consolidação fiscal resultante de uma grave crise, o *impacto social* pode ser aliviado cortando-se gastos sem comprometer os benefícios sociais."

43. Sigurgeirsdóttir e Wade, "Iceland's Loud No"; R. Milne e J. Cumbo, "Ex-Iceland Bank Chief Convicted of Fraud", *Financial Times*, 30 de dezembro de 2012. Disponível em: http://www.ft.com/intl/cms/s/0/76ff5a36-525e-11e2-aff0-00144feab49a. html#axzz2IT1E9eU8. Mais ainda: contrataram caçadores de recompensa para localizar os banqueiros (que os islandeses chamavam de "neo-vikings") que haviam se ocultado para evitar a prisão. Ver Charlotte Chabas, "Comment l'Islande traque ses 'néo-vikings' de la finance, responsables de la crise", *Le Monde*, 11 de julho de 2012. Disponível em: abonnes.lemonde.fr/europe/article/2012/07/11/l-is-lande-traque-ses-neo-vikings-de-la-finance-responsables-de-la-crise_1728783_3214. html?xtmc=islande&xtcr=2# reactions.

44. R. Robertsson, "Voters in Iceland Back New Constitution, More Resource Control", Reuters, 21 de outubro de 2012. Disponível em: http://www.reuters.com/article/2012/10/21/us-iceland-referendum-idUSBRE89K09C20121021. Para detalhes sobre o inovador modelo de *crowdsourcing* usado para redigir a constituição, ver Philippa Warr, "Iceland Vites for Crowdsourced Constitution", *Wired*, 23 de outubro de 2012. Disponível em: http://www.wired.co.uk/news/archive/2012–10/23/iceland--crowdsourced-constitution.

45. Felixson, *God Bless Iceland*.

46. Fonte da Figura 4.1: EuroStat 2013 Statistics. O produto interno bruto está ajustado por sazonalidade e por dias de trabalho, comparado com o ano anterior. Nota: os dados da Grécia são os últimos disponíveis no momento em que escrevemos.

CAPÍTULO 5: TRAGÉDIA GREGA

1. A lei 4075/11.04.2012 emendou o artigo 13 do Decreto Presidencial 114/2010 sobre "o estabelecimento de um procedimento único para conceder o status de refugiado ou de beneficiário de proteção subsidiária a estrangeiros ou a pessoas sem cidadania em conformidade com a Diretriz do Conselho 2005/85/EC sobre padrões mínimos de procedimentos nos Estados Membros para a concessão e cassação do status de refugiado (Lei 326/13.12.2005)". Citado em Human Rights Watch, Joint letter to UN Special Rapporteur on Health, maio de 2012. Disponível em: http://www.hrw. org/news/2012/05/09/joint-letter-un-special-rapporteur-health. A. Kentikelenis, M. Karanikolos, I. Papanicolas, S. Basu, M. McKee, D. Stuckler. 2011. "Health Effects of Financial Crisis: Omens of a Greek Tragedy", *The Lancet* v378(9801): 1457–58; D. Paraskevis e A. Hatzakis, 'An Ongoing HIV Outbreak Among Intravenous Drug

Users in Greece: Preliminary Summary of Surveillance and Molecular Epidemiology Data", EMCDDA Early Warning System, 2011. Ver também "Shocking Rise in HIV Infections, Health Ministry Reports", *Athens News*, 21 de novembro de 2011. Disponível em: http://www.athensnews.gr/portal/9/50680.

2. Depois das revoltas de 2008, a Grécia foi rotulada de "o homem doente da Europa". Ver EurActive, 2008. Disponível em: http://www.euractiv.com/socialeurope/greece--appear-sick-man-eu-summit-news-220919; A. Carassava, "Euro Crisis: Why Greece Is the Sick Man of Europe", *BBC News Europe*, 2011. Disponível em: http://www.bbc.co.uk/news/world-europe-16256235.

3. Na manhã de 1º de maio, Loverdos e sua equipe foram de bordel em bordel, 315 ao todo, e detiveram 275 prostitutas (e alguns imigrantes desgarrados). Depois, ele as submeteu à humilhação pública. Suas fotos e identidades foram publicadas, e tiraram amostras de sangue de cada uma. Quando os exames de 29 dessas mulheres mostraram resultado positivo para HIV, Loverdos as processou por "danos intencionais" ao público. Charlotte McDonald-Gibson, "The Women Greece Blames for Its HIV Crisis", *The Independent*, 25 de julho de 2012. Disponível em: http://www.independent.co.uk/news/world/europe/the-women-greece-blames-for-its-hiv-crisis-7973313.html; Rights Equality & Diversity European Network, 2012. O ministro da Saúde fala de "bomba sanitária" no centro de Atenas devida a mulheres estrangeiras prostituídas. Fotos publicadas pela polícia em Fileleftheros, 04.05.2012, Στη δημοσιότητα τα στοιχεία άλλων πέντειερόδουλων, αντιδράσεςγια τομέτρο. (Detalhes publicados sobre outras cinco prostitutas, reações à medida). Disponível em: http://www.philenews.com/el-gr/Eidiseis-Ellada/23/103185/sti-dimosiotita-ta-stoicheia-allon-pente--ierodoulon-antidraseis-gia-to-metro. Acessado em 5 de abril de 2012; D. Gatopoulos, "Greece Arrests 17 HIV-Positive Women in Brothels", *The Guardian*, 2 de maio de 2012. Disponível em: http://www.guardian.co.uk/world/feedarticle/10224544. No total, o número de casos positivos atingiu vinte e nove. Ver "Five of First 100 Men Checked After Unprotected Sex with HIV+ Prostitutes Test Positive", Athens New Agency, 9 de maio de 2012. Disponível em http://www.accessmylibrary.com/article--1G1-289305377/five-first-100-men.html; McDonald-Gibson, "The Women Greece Blames for Its HIV Crisis".

4. Embaixada de Atenas, 2006. "2006 Investment Climate Statement Greece". Disponível em: http://www.cablegatesearch.net/cable.php?id=06ATHENS131; A. Carassava, "In Athens, Museum Is an Olympian Feat", *The New York Times*, 20 de junho de 2009. Disponível em: http://www.nytimes.com/2009/06/20/arts/design/20acropolis.html_?r=0. Os mármores foram roubados da Acrópole de Atenas pelo Conde de Elgin no início do século XIX e expostos no Museu Britânico em Londres. Desde então, os diplomatas e historiadores gregos os queriam de volta.

5. D. Decloet, "As Greece Has Found, Foreign Investors Are No Cure", *Global and Mail*, 6 de setembro de 2012. Disponível em: http://m.theglobeandmail.com/report-

-on-business/rob-commentary/as-greece-has-found-foreign-investors-are-no-cure/ article4318255/?service=mobile.

6. No dia 2 de maio de 2008, a Bolsa de Valores de Atenas alcançou 4.214 pontos, caindo para 1.507 em 3 de março de 2009. Bloomberg. Athens Stock Exchange General Index. Disponível em: http://www.bloomberg.com/quote/ASE:IND/chart/.

7. Ver B. Rauch, et al. 2011. "Fact and Fiction in EU Governmental Economic Data", *German Economic Review* v12(3): 243–55.

8. Em janeiro de 2013, promotores gregos iniciaram uma investigação para saber se os números do déficit grego haviam sido artificialmente inflados para atender a grupos específicos interessados em provocar as medidas de austeridade. N. Kitsantonis, "Prosecutors Call for Investigation on Greek Deficit", *The New York Times*, 22 de janeiro de 2013. Disponível em: http://www.nytimes.com/2013/01/23/world/europe/ greek-prosecutors-seek-inquiry-over-deficit-claims.html?src=recg.

9. "Greek Bonds Rated 'Junk' by Standard & Poor's", BBC, 27 de abril de 2010. Disponível em: http://news.bbc.co.uk/1/hi business/8647441.stm.

10. M. Boesler, "The Controversial 'Lagarde List' Has Leaked, and It's Bad News for the Greek Prime Minister", *Business Insider*, 27 de outubro de 2012. Disponível em: http://www.businessinsider.com/lagarde-list-of-swiss-bank-accounts-leaked-2012-10

11. Foi proposto que a dívida grega fosse perdoada, pois representava apenas 4% de toda a dívida existente na Europa, bem como que se criasse um "Eurobond" para ajudar a financiar os compromissos gregos. Mas essas soluções compassivas estavam fora do controle do governo grego; o destino do país encontrava-se nas mãos da Europa e da comunidade financeira internacional, que não eram simpáticas ao drama da Grécia.

12. H. Smith, "Greece's George Papandreou Announced €140bn Bailout Deal", *The Guardian*, 2 de maio de 2010. Disponível em: http://www.guardian.co.uk/world/2010/ may/02/greece-economy-bailout-euro-eu-imf.

13. G. Thesing e F. Krause-Jackson, "Greece Gets $146 Billion Rescue in EU, IMF Package", Bloomberg, 2010. Disponível em: http://www.bloomberg.com/apps/news?p id=2065100&sid=aqUKEXajkSzk. A Anistia Internacional apresentou relatos sobre a brutalidade da polícia, citando o suposto uso de agentes químicos causadores de câncer e o excesso de gás lacrimogêneo. Ver N. Kosmatopoulos, "Europe's Last Sick Man. Greek Austerity Measures Result in Cuts of Public Sectors Services with One Exception—The Police Force", *Al Jazeera*, 2011. Disponível em: http://www.aljazeera. com/indepth/opinion/2011/09/20119269954438617.html. Entrevistada no programa PBS News Hour em dezembro de 2012, uma poeta americana, Alicia Stallings, vivendo na Grécia como seu país adotivo, leu parte de um poema: "Chore, Péricles, ou talvez apenas se embebede. / Vamos leiloar o Panteão para comprar pão. / Se for para acreditar nas manchetes, estamos arruinados, / a Grécia afundou ainda mais no lixo." Na Bienal de Veneza, a artista grega Diohandi apresentou uma instalação intitulada "O Efêmero É Eterno: Mais Além da Reforma". Os visitantes do Pavilhão

Grego ficavam confusos quando entravam em um salão vazio, exceto por grandes espelhos d'água e uma passarela entre eles. A crítica de arte Maria Marangou escreveu sobre o trabalho, a pedido do Ministério do Turismo e da Cultura da Grécia: "Com o trabalho específico de Diohandi, a instalação no pavilhão grego reflete, de alguma forma, a atual situação política da Europa e de todo o mundo. É, ao mesmo tempo, obviamente, um comentário sobre a experiência grega contemporânea, de recessão econômica e tutelagem pelo FMI: um ponto de luz lançado na escuridão e no declínio, agarrando-se, quase a contragosto, parece, a esperanças de reconstrução espiritual e sócio-política; em outras palavras, a uma visão da luz que deve trazer a clareza mental, como se fosse a derradeira catarse." "Greek Pavilion at the Venice Biennale", Greek Ministry of Tourism and Culture, 2 de junho de 2011. http://www.e-flux.com/announcements/greek-pavilion-at-the-54th-venice-biennale/.

14. L. Alderman, "Greek Unemployed Cut Off from Medical Treatment", The New York Times, 24 de outubro de 2012. Disponível em: http://www.nytimes.com/2012/10/25/world/europe/greek-unemployed-cut-off-from-medical-treatment.html?pagewanted=all&r=0.

15. E. Mossialos. 1997. "Citizens' Views on Health Care Systems in the 15 Member States of the European Union", Health Econ v6:109–16.

16. C. Boyle, "What's the Solution to Chronic Greek Corruption?" CNBC, 16 de junho de 2012. Disponível em: http://www.cnbc.com/id/47830137/Whatrsquos_the_Solution_to_Chronic_Greek_Corruption.

17. "Insulin Giant Pulls Medicine from Greece Over Price Cut", BBC, 29 de maio de 2010. Disponível em: http://www.bbc.co.uk/news/10189367. Assistindo ao desenrolar dessas tendências assustadoras, rogamos à Escola Nacional de Saúde Pública da Grécia que realizasse uma avaliação rápida e propusesse uma estratégia para evitar desastres médicos. Esperávamos identificar grupos vulneráveis e direcionar fundos de assistência à saúde àqueles em maior risco. Inicialmente, a Escola expressou interesse, chegando a preparar uma lista de dados de pesquisas que analisaríamos juntos, mas, depois de nossa troca de opiniões com o Departamento de Saúde da Grécia na The Lancet, os e-mails de nossa equipe internacional ficaram sem resposta. Diante disso, pedimos aos Médicos Sem Fronteiras, a organização que recebeu o Prêmio Nobel da Paz, que examinassem a questão. Sua resposta em 2010 foi que a Grécia tinha a capacidade, ainda que não tivesse a disposição, de lidar com seus próprios problemas de saúde. As empresas farmacêuticas retiraram mais de duzentos produtos médicos como reação à queda dos preços ou à falta de pagamento. "Over 200 Medicines Taken Off Greek Market Because of Low Prices", Ekathimerini, 8 de março de 2013. Disponível em: http://ekathimerini.com/4dcgi_w_articles_wsite1_1_07/03/2013_486155.

18. Foram realizados levantamentos sobre mais de dez mil gregos em 2007 e 2009: EU Statistics on Income and Living Conditions.

19. Em 2010, o percentual de participação dos gregos no pagamento dos serviços de saúde que usavam (38%) era um dos mais altos: OECD Health at a Glance in Europe

2012, OECD. Disponível em: http://ec.europa.eu/health/reports/docs/health_glance_2012_en.pdf. Como nos haviam ensinado os relatos recebidos da Rússia, "um médico faminto pode ser ruim para sua saúde".

20. Organização Mundial da Saúde, European Health for All Database, Copenhague, Dinamarca, 2012.

21. S. Bonovas e G. Nikolopoulos. 2012. "High-Burden Epidemics in Greece in the Era of Economic Crisis. Early Signs of a Public Health Tragedy", *J Prev Med Hyg* v53:169–71. P. Andriopoulos, A. Economopoulou, G. Spanakos, G. Assimakopoulos. 2012. "A Local Outbreak of Autochthonous Plasmodium Vivax Malaria in Laconia, Greece — A Re-Emerging Infection in the Southern Borders of Europe?" *Int J Infect Dis* v17(2):e125–28.

22. A Romênia foi o outro único país europeu em que se registrou um aumento do HIV. O crescimento foi atribuído ao uso de drogas injetáveis e à suspensão de tratamentos para o HIV.

23. Dois epidemiologistas pediram "uma ação urgente de saúde pública". D. Paraskevis e A. Hatzakis, "An Ongoing HIV Outbreak Among Intravenous Drug Users in Greece: Preliminary Summary of Surveillance and Molecular Epidemiology Data". EMCDDA Early Warning System, 2011. Ver também D. Paraskevis, G. Nikolopoulos, C. Tsiara, et al. 2011. "HIV-1 Outbreak Among Injecting Drug Users in Greece, 2011: A Preliminary Report", *EuroSurveillance* 16:19962; A. Fotiou, et al., *HIV Outbreak Among Injecting Drug Users in Greece: An Updated Report for the EMCDDA on the Recent Outbreak of HIV Infections Among Drug Injectors in Greece* (Atenas: European Monitoring Centre for Drugs and Drug Addiction, 2012).

24. CDC Fact Sheets. 2005. *Syringe Exchange Programs*. Disponível em: http://www.cdc.gov/idu/facts/aed_idu_syr.pdf; UCSF Fact Sheet. 1998. "Does HIV Needle Exchange Work?" Disponível em: http://caps.ucsf.edu/factsheets/needle-exchange-programs-nep/EKTEPN. Annual Report on the State of the Drugs and Alcohol Problem. Atenas: Greek Documentation and Monitoring Centre for Drugs, 2010.

25. Kentikelenis, et al., "Health Effects of Financial Crisis: Omens of a Greek Tragedy".

26. Em meio a todos esses sinais de sofrimento, a economia da Grécia continuava a afundar. O PIB caiu outros 6,9% em 2011, enquanto o desemprego de jovens ultrapassava a marca dos 50 por cento. No entanto, comentaristas têm observado que a popularidade de Papandreou vinha caindo na Grécia e que, independentemente do proposto referendo sobre a austeridade, ele poderia ter sido forçado a deixar o cargo diante dos crescentes protestos públicos.

27. Ver relatório completo em N. Polyzos. 2012. "Health and the Financial Crisis in Greece", *The Lancet* v379(9820): 1000. Um grupo independente de psiquiatras e cientistas sociais gregos da Universidade de Atenas realizou em todo o país um levantamento e testes exploratórios sobre saúde mental. Os especialistas vinham fazendo levantamentos permanentes de 2.820 pessoas representativas da população grega e podiam

comparar os resultados de antes e depois da recessão. Constataram que a prevalência de depressões graves havia passado de 3% antes da recessão para 8% em 2011. Como se podia esperar, aqueles que mais sofriam eram os que se encontravam nas piores dificuldades econômicas e tinham o menor acesso a serviços de apoio social.

28. L. Liaropoulos. 2012. "Greek Economic Crisis: Not a Tragedy for Health", *British Medical Journal* v345:e7988.

29. K. Kelland, "Basic Hygiene at Risk in Debt-Stricken Greek Hospitals", Reuters, 4 de dezembro de 2012. Disponível em: http://newsle.com/article/0/48972507/; K. Kelland, "Health Officials Tell Greece to Act Fast to Control HIV", Reuters, 29 de novembro de 2012. Disponível em: http://www.reuters.com/article/2012/11/29/greece-health--hiv-idUSL5E8MT71H20121129.

30. Polyzos, "Health and the Financial Crisis in Greece".

31. "Health Scourge Hits Greece: Malaria, Once Mostly Eradicated, Returns as Crisis Erodes Government Safety Net", *Wall Street Journal*, 14 de novembro de 2012. Disponível em: http://online.wsj.com/article/SB1000142405297020478930457808946330 87817162.html.

32. Ibid. Isso era consistente com o encontrado por experientes epidemiologistas gregos: "Um fator adicional que o comitê considerou merecer atenção é a bem fundamentada suspeita de que alguns usuários estão intencionalmente infectados com o HIV devido ao benefício a que têm direito (aproximadamente €1.400 a cada dois meses) e também porque isso lhes garante "admissão excepcional" no Programa de Substituição [de opiácios pelo medicamento metadona]. É fato bem conhecido que o Programa de Substituição tem uma longa fila de espera e que a pessoa pode ter que aguardar de três a quatro anos para ser admitida." I. Gregoriadi, et al. Report of the ad hoc expert group of the Greek focal point on the outbreak of HIV/AIDS in 2011. University Mental Health Research Institute. Disponível em: http://ewsd.wiv-isp.be/ Rapid%20communications%20 %20extra%20information/Report%20of%20the%20 Greek%20FP%20expert%20group%20- %20AIDS.pdf. O BBC World Service noticiou em janeiro de 2012: "Numa manhã, poucas semanas antes do Natal, uma professora de um jardim de infância em Atenas encontrou um bilhete relativo a uma de suas alunas de quatro anos." Dizia o seguinte: "Não virei buscar Anna hoje porque não tenho mais como cuidar dela. Por favor, cuide bem dela. Sinto muito. Sua mãe." C. Hadjimatheou, "The Greek Parents Too Poor to Care for Their Children", BBC, 10 de janeiro de 2012. "Shocking Rise in HIV Infections, Health Ministry Reports", *Athens News*, 21 de novembro de 2011. Disponível em: http://www.athensnews.gr/ portal/9/50680.

33. "Shocking Rise in HIV Infections". IMF, *IMF Staff Country Report. Greece: Fourth Review Under the Stand-by Arrangement and Request for Modification and Waiver of Applicability of Performance Criteria* (Washington, DC, julho de 2011). Disponível em: http:// www.imf.org/external/pubs/ft/scr/2011/cr11175.pdf; Andrew Jack e Kerin

Hope, "Greek Crisis Gets Under Skin of Vulnerable", *Financial Times*, 12 de maio de 2012. Disponível em: http://www.ft.com/intl/cms/s/0/d1cc3256-78c3-11e1-9f49-00144feab49a.html#axzz2KBJ3FFxp.

34. H. Smith, "IMF Official Admits Austerity Is Harming Greece", *The Guardian*, 1 de fevereiro de 2012. Disponível em: http://www.guardian.co.uk/business/2012/feb/01/imf-austerity-harming-greece. O. Blanchard e D. Leigh, "Growth Forecast Errors and Fiscal Multipliers". Disponível em: http://www.imf.org/external/pubs/cat/longres.aspx? sk=40200.0. Ver também B. Scoble, "The IMF Admits That Austerity Was a Miscalculation", *L'Humanité*, 11 de janeiro de 2013. Disponível em: http://www humaniteinenglish.com/spip.php?article2212.

35. Essa era uma lógica intrigante; o argumento "deixe que quebrem" havia sido aplicado pela Islândia aos seus banqueiros, não ao seu povo. BBC. "Eurozone Approves Massive Greece Bailout", 2010. Disponível em: http://news.bbc.co.uk/2/hi/europe/8656649.stm.

36. "Iceland: Cracks in the Crust", *The Economist*, 11 de dezembro de 2008. K. Connolly, "Germany Approves 50 Billion Euro Incentive Package", *The Guardian*, 27 de janeiro de 2009. Disponível em: http://www.guardian.co.uk/world/2009/jan/27/germany--europe. Na Cúpula Mundial da Saúde de 2012, Daniel Bahr explicou: "Sem nosso sistema de seguridade social, o crescimento econômico dos alemães nunca teria sido possível." UHC Forward. 11 de novembro de 2012. Disponível em: http://uhcforward.org/headline/german-federal-minister-health-daniel-bahrs-opening-remarks-world--health-summit-focus-stron.

37. Citado em D. Stuckler e M. McKee, "There Is an Alternative: Public Health Professionals Must Not Remain Silent at a Time of Financial Crisis", *European Journal of Public Health* v22(1): 2–3. Krugman também se refere à austeridade como "punição coletiva". Citado em D. Aitkenhead e Paul Krugman, "I'm Sick of Being Cassandra. I'd Like to Win for Once", *The Guardian*, 3 de junho de 2012. Disponível em: http://www.guardian.co.uk/business/2012/jun/03/paul-krugman-cassandra-economist--crisis.

38. Um ex-deputado trabalhista do Reino Unido chegou a argumentar que, "assim como a Alemanha destruiu a Europa uma vez na Segunda Guerra Mundial, está se empenhando agora em fazê-lo pela segunda vez". Ver "Athens Police Fire Tear Gas in Crackdown Clashes at Anti-Merkel Protest", RT, 8 de outubro de 2012. Disponível em: http://rt.com/news/greece-protests-germany-merkel-946/.

PARTE III: RESILIÊNCIA
CAPÍTULO 6: CUIDAR OU NÃO CUIDAR

1. Nome mudado para manter a confidencialidade.

2. J. Steinhauer, "California Budget Deal Closes $26 Billion Gap", *The New York Times*, 25 de julho de 2009. Disponível em: http://www.nytimes.com/2009/07/25/us/25calif.

html?hp. IRS, Administrative, Procedural and Miscellaneous. http://www.irs.gov/pub/irs-drop/rp-09-29.pdf. Normalmente, o atendimento de rotina estava coberto, mas nem todos os americanos sabiam o que estava incluído e o que não estava. Ver C. Fleming. "New Health Affairs: High-Deductible Health Plan Enrollees Avoid Preventive Care Unnecessarily". Health Affairs Blog, 3 de dezembro de 2012. Disponível em: http://healthaffairs.org/blog/2012/12/03/new-health-affairs-high-deductible-health--plan-enrollees-avoid-preventive-care-unnecessarily/.

3. A. Wilper, et al. 2009. "Health Insurance and Mortality in US Adults", *American Journal of Public Health* v99(12): 2289-95.

4. Ibid. As pessoas que não têm seguros estão a um passo da falência com apenas uma ida ao pronto-socorro. Durante a recessão, cerca da quarta parte dos não segurados usou todas as suas economias para pagar despesas médicas. Cerca de três em cada quatro americanos estão lutando para pagar essas despesas ou dívidas relativas a cuidados de saúde, um número superior ao dos que enfrentam dificuldades para pagar hipotecas. New Hampshire Medicaid Enrollment Forecast, SFY 2011-2013 Update. Disponível em: http://www.dhhs.nh.gov/ombp/documents/forecast.pdf. K. Carollo, 2010. American Medical Association condemns insurance "purging". Disponível em: http://abcnews.go.com/Health/HealthCare/american—medical-association--condemns-insurance-purging/story?id=10920504.

5. Antes da Lei de Proteção do Paciente a Custo Acessível (PPACA), a fim de qualificar--se para o Medicaid o candidato precisava ser pobre e, *adicionalmente*, enquadrar-se numa destas categorias: a) com filhos que atendessem a certos critérios de elegibilidade (p.ex., deficientes), b) idoso, deficiente ou cego, c) com filho abaixo de seis anos de idade ou mãe grávida, d) com filhos em idade escolar entre seis e 18 anos.

6. Kaiser Commission of Medicaid and the Uninsured, State Fiscal Conditions and Medicaid Program Changes, FY 2012- 2013, 28 de novembro de 2012. Disponível em: http:// www.kff.org/medicaid/7580.cfm; Erica Williams, Michael Leachman e Nicholas Johnson, "State Budget Cuts in the New Fiscal Year Are Unnecessarily Harmful — Cuts Are Hitting Hard at Education, Health Care, and State Economies", Center for Budget and Policy Priorities, atualizado em 28 de julho de 2011. Disponível em: http://www.cbpp.org/cms/index.cfm?fa=view&id=3550.

7. A. Haviland, et al. "High-Deductible Health Plans Cut Spending but Also Reduce Preventive Care". RAND Health Fact Sheet, 2011. Disponível em: http://www.rand.org/pubs/research_briefs/RB9588.html; M. Buntin, et al. 2011. "Healthcare Spending and Preventive Care in High-Deductible and Consumer-Directed Health Plans", *The American Journal of Managed Care* v17(3): 222-30.

8. The Commonwealth Fund, "Help on the Horizon", março de 2011. Disponível em: http://www.commonwealthfund.org/~/media/Files/Publications/Fund%20Report/2011/Mar/1486_Collins_help_on_the_horizon_2010_biennial_survey_report_FINAL_v2.pdf; S. Dorn, et al. 2012. "Impact of the 2008-2009 Economic Recession

on Screening Colonoscopy Utilization Among the Insured", *Clinical Gastroenterology and Hepatology* v10(3): 278–84. Disponível em: http://www.sciencedirect.com/science/article/pii/S154235651101278X; J. D. Piette, et al. 2011. "Medication Cost Problems Among Chronically Ill Adults in the US: Did the Financial Crisis Make a Bad Situation Even Worse?" *Patient Preference and Adherence* v5:187.

9. Desde 2008, foram cortados mais de 49 mil empregos em departamentos estaduais e municipais de saúde pública. "Kaiser Commission on Medicaid and the Uninsured. Emergency Departments Under Growing Pressures", 2009. Disponível em: http://www.kff.org/uninsured/upload/7960.pdf.

10. Emily Walker, "Health Insurers Post Record Profits", ABC News, 12 de fevereiro de 2010. Disponível em: http://abcnews.go.com/Health/HealthCare/health-insurers--pos—record-profits/story?id-9818699. Ver, por exemplo, Emily Berry, "Health Plans Say They'll Risk Losing Members to Protect Profit Margins", *American Medical News*, 19 de maio de 2008. Disponível em: http://www.ama-assn.org/amednews/2008/05/19/bil10519.htm.

Figura 6.1 Seguradoras com Fins Lucrativos — Lucros nos Primeiros Nove Meses de 2010

Empresa	Lucros em 2010 (primeiros nove meses)	Lucros em 2009 (primeiros nove meses)	Mudança nos Lucros (primeiros nove meses)	Mudança Percentual nos Lucros
UnitedHealthcare	US$3,59 bilhões	US$2,88 bilhões	+713 milhões	+24,8%
WellPoint	US$2,34 bilhões	US$2,00 bilhões	+334 milhões	+16,7%
Aetna	US$1,55 bilhão	US$1,11 bilhão	+441 milhões	+39,7%
Humana	US$992 milhões	US$789 milhões	+203 milhões	+25,7%
Coventry	US$288 milhões	US$133 milhões	+155 milhões	+116,4%
AmeriGroup	US$194 milhões	US$109 milhões	84,6 milhões	77,5%
HealthSpring	US$143 milhões	US$94,8 milhões	+48,6 milhões	+51,3%
HealthNet	US$124 milhões	−US$3,8 milhões	+127,6 milhões	—
Centene	US$69,4 milhões	US$60,0 milhões	+9,4 milhões	+15,7%
Molina	US$37,3 milhões	US$35,3 milhões	+2,0 milhões	+5,7%

Fonte: Relatórios de ganhos no terceiro trimestre compilados pelo gabinete do deputado Pete Stark.

11. Kenneth J. Arrow, "Uncertainty and the Welfare Economics of Medical Care", *The American Economic Review*, dezembro de 1963; P. Krugman, "Why Markets Can't Cure Healthcare", *The New York Times*, 2009. Disponível em: http://krugman.blogs. nytimes.com/2009/07/25/why-markets-cant-cure-healthcare/.

12. J. Hart. 1971. "The Inverse Care Law", *The Lancet* v297(7696): 405–12. Como observa o artigo, "essa lei do cuidado inverso funciona de forma mais completa onde os serviços médicos estão mais expostos às forças do mercado, e de forma menos completa quando essa exposição é reduzida".

13. Ao contrário da crença convencional, os americanos não buscam médicos com tanta frequência, nem usam as tecnologias mais caras — por exemplo, fazem menos ressonâncias magnéticas *per capita* do que no Japão e um menor número de dispendiosas cirurgias de quadris do que na Europa, mas estão simplesmente tendo que pagar mais caro pela mesma ressonância. A população internada em clínicas e casas de idosos também é proporcionalmente menor. Institute of Medicine. "U.S. Health in International Perspective: Shorter Lives, Poorer Health", 2013. Disponível em: http://www.iom.edu/ Reports/2013/US-Health-in-International-Perspective-Shorter-Lives-Poorer-Health. aspx. As razões dos elevados gastos com saúde nos Estados Unidos são examinadas em relatório do Commonwealth Fund, disponível em: http://www.commonwealthfund. org/Publications/Issue-Briefs/2012/May/High-Health-Care-Spending.aspx. Para os dados sobre gastos com pesquisa e desenvolvimento de remédios, ver Families USA. "Profiting from Pain: Where Prescription Drug Dollars Go", 2009. Disponível em: http://www.policyarchive.org/handle /10207/6305.

14. Institute of Medicine, "U.S. Health In International Perspective: Shorter Lives, Poorer Health", 2013. Disponível em: http://www.iom.edu/Reports/2013/US-Health-in- -International-Perspective-Shorter-Lives-Poorer-Health.aspx. Atualmente, os Estados Unidos ocupam o último lugar em termos de expectativa de vida de indivíduos do sexo masculino entre os países desenvolvidos (mesmo depois de levar em conta sua taxa excepcionalmente alta de mortes por armas de fogo).

15. A. Lusardi, D. Schneider, P. Tufano, "The Economic Crisis and Medical Care Usage", Dartmouth College. Disponível em: http://www.dartmouth.edu/~alusardi/Papers/ healthcare_031610.pdf.

16. Muitos fatores contribuíram para o crescimento do Sistema Nacional de Saúde. O sistema foi implantado como parte de um conjunto de grandes reformas que deram início ao Estado do bem-estar social na Grã-Bretanha no período pós-guerra. Ver D. Stuckler, A. Feigl, S. Basu, M. McKee, "The Political Economy of Universal Health Coverage. First Global Symposium on Health Systems Research", novembro de 2009. Disponível em: http://www.pacifichealthsummit.org/downloads/UHC/the%20political%20economy%20of%20uhc.PDF.

17. Jeremy Laurance, "NHS Watchdog Is Winning the Price War with Drug Companies", *The Independent*, 21 de dezembro de 2009. Disponível em: http://www.independent. co.uk/life-style/health-and-families/health-news/nhs-watchdog-is-winning-the-

-price-war-with-drug-companies-1846352.html. Ver princípios básicos do NHS, 2013. Disponível em: http://www.nhs.uk/NHSEngland/thenhs/about/Pages/nhscoreprinciples.aspx.

18. Anteriormente, o Commonwealth Fund e a OCDE haviam classificado o NHS como o sistema mais eficiente, efetivo e responsivo do mundo; o governo conservador agora o está transformando em um sistema de saúde não responsivo, baseado no mercado, como o dos Estados Unidos.

19. Sunny Hundal, "Revealed: the Pamphlet Underpinning Tory Plans to Privatise the NHS", *Liberal Conspiracy*, 3 de junho de 2011. Disponível em: http://liberalconspiracy. org/2011/06/03/revealed-the-pamphlet-underpinning-tory-plans-to-privatise-the--nhs/. Andy McSmith, "Letwin: 'NHS Will Not Exist Under Tories'", *The Independent*, 6 de junho de 2004. Disponível em: http://www.independent.co.uk/life-style/health--and-families/health-news/letwin-nhs-will-not-exist-under-tories-6168295.html. A austeridade avançou ainda mais: "Pois a todo aquele que tem, mais lhe será dado e ele terá abundância, mas quanto àquele que não tem, até mesmo o que tem lhe será tirado."

20. A grande diferença nos custos vinha de serviços privados de assistência à saúde, que acrescentou 1,6% no Reino Unido, 2,6% na França, 2,7% na Alemanha e 9,1% nos Estados Unidos. The Commonwealth Fund 2010 International Health Policy Survey. Ver também Rita O'Brien, "Kent, Keep Our NHS Public". Disponível em: http://www. keepournhspublic.com/pdf/howdoestheNHScompare.pdf.

21. A Associação Médica Britânica teve sua primeira reunião de emergência em duas décadas, solicitando ao governo que retirasse o projeto de lei. Helen Duffett, "Nick Clegg's Speech on NHS Reform", *Liberal Democratic Voice*, 26 de maio de 2011. Disponível em: http://www.libdemvoice.org/nick-cleggs-speech-on-nhs-reform-24260.html.

22. Tom Jennings, "Action to Turn Round Health Centre Wins Praise", *Oxford Times*, 16 de janeiro de 2013. Disponível em: http://www.oxfordtimes.co.uk/news/yourtown/witney/10162757.print/.

23. "Further Privatisation Is Inevitable Under the Proposed NHS Reforms", *British Medical Journal*, 17 de maio de 2012. Disponível em: http://www.bmj.com/content/342/bmj.d2996.

24. Randeep Ramsh, "Public Satisfaction with NHS Slumped During Reforms Debate, Thinktank Finds", *The Guardian*, 11 de junho de 2012. Disponível em: http://www. guardian.co.uk/society/2012/jun/12/public-satisfaction-nhs-thinktank. Esses padrões eram consistentes com a pesquisa sobre um experimento natural feito no Serviço Nacional de Saúde da Itália, que constatou que as regiões que faziam as maiores privatizações dos serviços de assistência à saúde tinham o pior desempenho na prestação desse serviço. C. Quercioli, G. Messina, S. Basu, M. McKee, N. Nante, D. Stuckler. 2013. "The Effect of Health Care Delivery Privatization on Avoidable Mortality: Longitudinal Cross-Regional Results from Italy, 1993–2003", *Journal of Epidemiology & Community Health* v67(2): 132–38.

25. "A&E Waits Highest for a Decade", BBC News, 13 de fevereiro de 2012. Disponível em: http://www.bbc.co.uk/news/health-21444444.

26. "NHS Shakeup Spells 'Unprecedented Chaos,' Warns Lancet Editor", *The Guardian*, 24 de março de 2012. Disponível em: http://www.guardian.co.uk/society /2012/mar/24/ nhs-shakeup-chaos-lancet.

27. De acordo com a atual lei de concorrência da União Europeia, o NHS seria totalmente aberto para mercados competitivos compulsórios, e as empresas privadas devem ser elegíveis para receber os mesmos subsídios governamentais que os serviços financiados com recursos públicos.

28. F. Ponsar, K. Tayler-Smith, M. Philips, S. Gerard, M. Van Herp, T. Reid, R. Zachariah, "No Cash, No Care: How User Fees Endanger Health — Lessons Learnt Regarding Financial Barriers to Healthcare Services in Burundi, Sierra Leone, Democratic Republic of Congo, Chad, Haiti and Mali", *International Health*, 2011. Available at: http://fieldresearch.msf.org/msf/bitstream/10144/203642/1/Ponsar%20No%20 cash,%20No%20care.pdf.

29. D. Stuckler, A. Feigl, S. Basu, M. McKee. "The Political Economy of Universal Health Coverage". First Global Symposium on Heath Systems Research, 2009. Disponível em: http://www.pacifichealthsummit.org/downloads/UHC/the%20political%20 economy%20of%20uhc.PDF.

CAPÍTULO 7: VOLTANDO AO TRABALHO

1. B. Wedeman, "Death and Taxes in Italy", CNN, 9 de setembro de 2010. Disponível em: http://edition.cnn.com/2012/09/10/business/italy-economy-suicide/index.html; A. Vogt, "Widows of Italian Suicide Victims Make Protest March Against Economic Strife". *The Guardian*, 2012. Disponível em: http://www.guardian.co.uk/world/2012/ may/04/widows-italian-businessmen-march.

2. "May Day: Italy's 'White Widows' Give Private Pain a Public Face". Disponível em: http://thefreelancedesk.com/?p=543; A. Vogt, "Italian Women Whose Husbands Killed Themselves in Recession Stage March", *The Guardian*, 20 de abril de 2012. Disponível em: http://www.guardian.co.uk/world/2012/apr/30/italian-women- -husbands-recession-march.

3. K. N. Fountoulakis, et al., "Economic Crisis-Related Increased Suicidality in Greece and Italy: A Premature Overinterpretation", *Journal of Epidemiology and Community Health*, 12 de março de 2012. Disponível em: http://jech.bmj.com/content/ear- ly/2012/12/03/jech-2012-201902.full.pdf=html; nossa resposta está em R. De Vogli, M. Marmot, D. Stuckler. 2012. "Strong Evidence That the Economic Crisis Caused a Rise in Suicides in Europe: the Need for Social Protection". *Journal of Epidemiology and Community Health*. Disponível em: http://jech.bmj.com/content/early/2013/01/14/ jech-2012-202112.

4. "In Debt or Jobless, Many Italians Choose Suicide", NBC News, 9 de maio de 2012. Disponível em: http://worldblog.nbcnews.com/_news/2012/05/09/11621840-in-debt- -or-jobless-many-italians-choose-suicide?lite.

5. Fonte da Figura 7.1: Autores. Adaptado de R. De Vogli, M. Marmot, D. Stuckler. 2012. "Excess Suicides and Attempted Suicides in Italy Attributable to the Great Recession", *Journal of Epidemiology & Community Health*. doi: 0.1136/jech-2012-201607.

6. Examinando os dados desagregados por estado dos Centros para Controle e Prevenção de Doenças, descobrimos que os aumentos nas taxas de suicídio correspondiam, em termos temporais e quantitativos, às mudanças na taxa de desemprego de cada estado.

7. Fonte da Figura 7.2: Adaptado de A. Reeves, D. Stuckler, M. McKee, D. Gunnell, S. Chang, S. Basu. Novembro de 2012. "Increase in State Suicide Rates in the USA During Economic Recession", *The Lancet* v380(9856): 1813–14.

8. G. Lewis e A. Sloggett. 1998. "Suicide, Deprivation, and Unemployment; Record Linkage Study", *British Medical Journal* v317:1283. Disponível em: http://www.bmj. com/content/317/7168/1283.

9. O principal defensor dessa teoria era o professor Hugh Gravelle, que argumentava que as pessoas não ficavam doentes porque estavam desempregadas, mas ficavam desempregadas porque estavam doentes. O professor Mel Bartley, um epidemiologista social, criticou a lógica de Gravelle no *BMJ*: Onde, perguntou Bartley, estava a súbita epidemia maciça que teria antecedido o aumento de três milhões no número de pessoas desempregadas? Ele observou: "Realmente, não há como sustentar de forma plausível o argumento de que um aumento na incidência de doença mental ou de alcoolismo poderia causar um aumento do desemprego de âmbito nacional que afetasse toda a população do país." K. Moser, P. Goldblatt, A. Fox, et al. 1987. "Unemployment and Mortality: Comparison of the 1971 and 1981 Longitudinal Study Census Samples", *British Medical Journal* v294:86–90. Para risco de suicídio, ver Lewis e Sloggett, "Suicide, Deprivation, and Unemployment; Record Linkage Study"; T. Blakely, S. C. D. Collings, J. Atkinson, "Unemployment and Suicide: Evidence for a Causal Association?" *Journal of Epidemiology & Community Health* v57(8): 594–600. Mon-tgomery e colegas constataram que o desemprego antecedia os sintomas de depressão e ansiedade. Ver S. Montgomery, D. Cook, M. Bartley, et al. 1999. "Unemployment Pre-dates Symptoms of Depression and Anxiety Resulting in Medical Consultation in Young Men", *Int J Epidemiol* v28:95–100.

10. Em 1994, o professor Mel Bartley explicou posteriormente no *Journal of Epidemiology and Community Health*: "Já não se pode argumentar com seriedade que não exista tal relação [entre desemprego e doença]. Níveis mais baixos de bem-estar psicológico são encontrados em todos os estudos que compararam pessoas desempregadas, de todas as idades e de ambos os sexos. De forma mais convincente, tem-se mostrado que essas diferenças na saúde mental surgem em pessoas jovens depois que entram no mercado de trabalho; enquanto ainda estavam estudando, tais distinções não foram registradas. A saúde mental melhora quando as pessoas jovens encontram emprego."

Disponível em: http://jech.bmj.com/content/48/4/333.full.pdf. As mulheres relatam níveis mais altos de depressão, mas a probabilidade de os homens cometerem suicídio é três vezes maior. As razões são várias, mas a diferença se explica, em parte, pelo fato de as mulheres terem maior probabilidade de buscar ajuda. R. Davis, "Antidepressant Use Rises as Recession Feeds Wave of Worry", *The Guardian*, 11 de junho de 2010. Disponível em: http://www.guardian.co.uk/society/2010/jun/11/antidepressant--prescriptions-rise-nhs-recession.

11. "Workers Turn to Antidepressants as Recession Takes Its Toll", *Mind*, 17 de maio de 2010. Disponível em: http://www.mind.org.uk/news/3372_workers_turn_to_antidepressants_as_recession_takes_its_toll. *The Telegraph* noticiou um aumento ainda maior de 7 milhões de receitas durante a recessão. Ver Martin Evans, "Recession Linked to Huge Rise in Use of Antidepressants", *Telegraph*, 7 de abril de 2011. Disponível em: http://www.telegraph.co.uk/health/8434106/Recession-linked-to-huge--rise-in-use-of-antidepressants.html.

12. O desemprego também estava correlacionado com o aumento de receitas para dores e úlceras de estômago. F. Jespersen e M. Tirrell, "Stress-Medication Sales Hold Up as Economy Gives Heartburn to U.S. Jobless", *Bloomberg*, 27 de dezembro de 2011. Disponível em: http://www.bloomberg.com/news/2011-12-27/stress-medications--holding-up-through-economic-doldrums-study-suggests.html.

13. Em consonância com pesquisas existentes, as evidências que encontramos mostraram que o medo do desemprego — insegurança econômica — podia causar tanto dano à saúde mental quanto a perda efetiva do emprego.

14. Descobrimos que isso se aplicava não apenas ao indivíduo, mas também a situações em que qualquer membro da família tivesse perdido o emprego recentemente. M. Gili, M. Roca, S. Basu, M. McKee, D. Stuckler. 2012. "The Mental Health Risks of Economic Crisis in Spain: Evidence from Primary Care Centres, 2006 and 2010", *European Journal of Public Health* v23(1):103–8. Disponível em: http://eurpub.oxfordjournals.org/content/23/1/103. Também constatamos que o despejo da moradia era um importante fator de risco para diagnósticos de saúde mental.

15. A OCDE define os ALMPs nestes termos: "Em primeiro lugar, eles condicionam o recebimento de benefícios à demonstração dada pelo recipiente de que está buscando trabalho ativamente e/ou disposto a tomar medidas para melhorar sua empregabilidade. Segundo, eles fornecem uma gama de serviços de pré-emprego e orientação para ajudar os indivíduos a encontrar trabalho ou se preparar para o trabalho." Para uma distribuição de políticas passivas *versus* ativas para o mercado de trabalho, ver J. P. Martin, "What Works Among Active Labour Market Policies: Evidence from OECD Countries' Experiences". Disponível em: http://www.rba.gov.au/publications/confs/1998/martin.pdf.

16. J. Vuori e J. Silvonen, et al. 2002. "The Työhön Job Search Program in Finland: Benefits for the Unemployed with Risk of Depression or Discouragement", *J Occup Health*

Psychol v7(1): 5–19; J. Vuori e J Silvonen. 2005. "The Benefits of a Preventive Job Search Program on Re-employment and Mental Health at 2-year Follow-up", *Journal of Occupational and Organizational Psychology* v78(1): 43–52. O programa Työhön específico incluía os seguintes componentes: as pessoas recentemente desempregadas eram acompanhadas por um treinador especialista em busca de emprego. O treinador trabalhava em cinco sessões, com duração de meio dia cada, para ajudar a inserir as pessoas desempregadas nas bases de dados de busca de emprego e melhorar suas habilidades — técnicas de entrevista, como encontrar trabalhos por meio de redes sociais, como organizar um currículo e preencher fichas para se candidatar a um emprego — a fim de superar as dificuldades mais comuns e impedir a queda no desemprego crônico. Os ALMPs também encorajavam as pessoas a aceitar empregos de tempo parcial, se possível, ou as ajudava a fazer uma formação profissional e mudar para outros tipos de trabalho. O apoio financeiro também era um componente dos programas ALMPs, mas os fundos só eram fornecidos àqueles que participavam da parte do programa que também os ajudava a voltar ao mercado. Os que participavam do programa conseguiam empregos de melhor qualidade, e os maiores benefícios estavam entre os que haviam perdido empregos havia apenas alguns anos. Evidências semelhantes de que os ALMPs ajudavam a impedir a depressão foram produzidas por estudos nos Estados Unidos. A. Vinokur, R. Price e Y. Schul. 1995. "Impact of the JOBS Intervention on Unemployed Workers Varying in Risk for Depression", *American Journal of Community Psychology* v23(1): 39–74; A. Vinokur, et al. 2000. "Two Years After a Job Loss: Longterm Impact of the JOBS Program on Reemployment and Mental Health", *J Occup Health Psychol* v5(1): 32–47. As estratégias dos ALMPs foram testadas em Michigan, no Centro de Pesquisa em Prevenção. Os pesquisadores criaram um programa de workshops (JOBS) nos quais 1.801 participantes foram aleatoriamente distribuídos em dois grupos: um deles recebia orientação para a busca de emprego, e o outro era um grupo de controle. Isso correspondia a um estudo de laboratório, mas feito no mundo real. Descobriu-se que, em dois anos, aqueles que receberam apoio para buscar emprego tinham maior probabilidade de estar trabalhando novamente, rendimentos mensais mais elevados e menores riscos de depressão. Uma pesquisa complementar constatou que aquelas pessoas não estavam simplesmente furando a fila para encontrar empregos; os ALMPs estavam ajudando a aumentar as taxas gerais de emprego em vários países.

17. O outro aspecto é que os ALMPs ajudam a promover o pleno emprego. Alguns deles atuavam junto às empresas para ajudá-las a reter os empregados, em vez de torná-los redundantes. Isso ajudaria a impedir que a recessão levasse as empresas a fechar mais postos de trabalho, e isso já reduzia o número de pessoas em risco de desemprego. Conforme definidos pelo Banco Mundial, "os ALMPs têm dois objetivos básicos: (i) econômico, ao aumentar a probabilidade de que os desempregados encontrem trabalhos e tenham produtividade e ganhos; e (ii) social, ao melhorar a inclusão e a

participação associadas ao emprego produtivo. Em consequência, eles podem contribuir para aumentar as oportunidades de emprego e lidar com os problemas sociais que muitas vezes acompanham altas taxas de desemprego".

18. OECD Database on Social Expenditure. Disponível em: http://www.google.co.uk/url ?sa=t&rct=j&que=esrc=s&source=web&cd=2&cad=rja&ved=0CDoQFjAB&url=htt p%3A%2F%2Fstats.oecd.org%2Ffileview2.aspx%3FIDFile%3D91c26892-ed0b-41f6-bf61-fd46e39a40e8&ei=gZMOUc2JJqnD0QX75oCgDA&usg=AFQjCNG-faugVqOy ViluaA1OX_9ZlYwMQ&sig2=qOCNRgH_F7x2unphGfzd8w&bvm=bv.41867550,d. d2k; http://www.oecd.org/els/employmentpoliciesand data/36780874.pdf.

19. L. Jonung e T. Hagberg, "How Costly Was the Crisis of the 1990s? A Comparative Analysis of the Deepest Crises in Finland and Sweden over the Last 130 Years", *European Commission. Economic Papers*, 2005. Disponível em: http://ec.europa.eu/ economy_finance /publications/publication692_en.pdf. Ver também L. Jonung, "The Swedish Model for Resolving the Banking Crisis of 1991–93. Seven Reasons Why It Was Successful". Disponível em: http://ec.europa.eu/economy_finance/publications/ publication14098_en.pdf.

20. OECD Social Expenditure Database, edição 2008.

21. Fonte da Figura 7.3: D. Stuckler S. Basu M. Suhrcke, A. Coutts, M. McKee. 2009. "The Public Health Impact of Economic Crises and Alternative Policy Responses in Europe", *The Lancet* v374:315–23.

22. Fonte da Figura 7.4: Stuckler, et al. "The Public Health Impact of Economic Crises and Alternative Policy Responses in Europe".

23. Jonung e Haberg, "How Costly Was the Crisis of the 1990s?".

24. Em 2011, nosso colega, o médico sir Michael Marmot, há havia alertado os formuladores de políticas do Reino Unido de que "a escala do desemprego juvenil era uma emergência de saúde pública". Ver Michael Marmot. 2011. "Scale of Youth Unemployment Is a Public Health Emergency, Marmot Says", *British Medical Journal*. Disponível em: http://www.bmj.com/content/343/bmj.d7608?tab=related.

25. Para uma versão que, no momento em que escrevemos, está disponível online, ver "Recession and Unemployment Could Be Blamed for 1,000 More Suicides", *London Evening Standard*, 2012. Disponível em: http://www.standard.co.uk/news/health/re-cession-and-unemployment-could-be-blamed-for-1000-more-suicides-8049459.html

26. Citado em B. Barr, D. Taylor-Robinson, A. Scott-Samuel, M. McKee, D. Stuckler. 2012. "Suicides Associated With the 2008–10 Economic Recession in England: A Time-Trend Analysis", *British Medical Journal* v345:e5142. Disponível em: http:// www.ncbi.nlm.nih.gov/pmc/articles/PMC3419273/.

27. H. Stewart, "Osborne's Austerity Drive Cut 270,000 Public Sector Jobs Last Year", *The Guardian*, 14 de março de 2012. Disponível em: http://www.guardian.co.uk/ business/2012/mar/14/osborne-austerity-270000-public-sector-jobs. Na Europa, as discussões sobre políticas assumiram esse mesmo tom de negação da realidade. Nove

vezes, durante sessões do Parlamento da União Europeia, alguns membros expressaram preocupações com o aumento de suicídios. John Dalli, o Comissário de Saúde da União Europeia, disse: "A Comissão está ciente do artigo de David Stuckler e outros, [mas] é preciso levar em conta que há uma gama de diferentes fatores econômicos, sociais e de saúde envolvidos, e várias causas." Em outras palavras, o governo iria afirmar que o problema era tão "multifatorial", que não havia nada a fazer a respeito; a questão simplesmente seria enterrada sob uma linguagem burocrática. Outra resposta dada pelo sr. Andor, representando iniciativas da área do trabalho, também observou que muito pouco estava sendo feito. "A Comissão não está ciente das estruturas de apoio à saúde mental criadas em Estados Membros para lidar com problemas dessa natureza que decorrem, especificamente, do desemprego. Os serviços públicos de emprego podem oferecer apoio personalizado, que a Comissão encoraja."

28. Havia um teste adicional para determinar se a relação entre os ALMPs e a probabilidade de suicídio era causal: se uma correlação encontrada no passado pudesse prever o que aconteceria no futuro. Enquanto constatávamos que o Reino Unido, os Estados Unidos e a Espanha estavam sofrendo aumentos significativos nos suicídios devidos a causas econômicas, víamos que a saúde mental da população sueca estava sendo protegida da Grande Recessão. Durante a recessão na Suécia, o PIB caiu tanto quanto o dos Estados Unidos, mas, graças aos ALMPs, o desemprego cresceu menos durante a recessão, passando de 6,1% em 2007 para 9,1% em 2010, quando atingiu o ponto mais alto. Entretanto, não houve nenhum impacto óbvio sobre os suicídios. Em 2007, as taxas de suicídio na Suécia foram de 11,4 por 100 mil habitantes com menos de 65 anos. Em 2010, essas taxas haviam de fato caído para 11,1 pelo mesmo número de habitantes.

29. D. Wasserman. *Mental Health and Suicidal Behaviour in Times of Economic Crisis: Impact and Prevention*. Mental Health and Suicidal Behaviour in Times of Economic Crisis: Impact and Prevention, Estocolmo, Suécia, 2009.

CAPÍTULO 8: UMA PRAGA EM TODAS AS SUAS CASAS

1. Os pássaros mortos estavam "sinalizando o Apocalipse", proclamou um dos moradores depois do sermão de domingo na Igreja Batista do Vale. "Local Men Suffer State's First West Nile Deaths", *Bakersfield Californian*, 3 de outubro de 2011. Disponível em: http://www.bakersfieldcalifornian.com/localx651158822/Two-local-men-suffer--states-first-West-Nile-deaths.

2. CDC. Symptoms of West Nile Virus. Disponível em: http://www.cdc.gov/ncidod/dvbid/westnile/qa/symptoms.htm.

3. "Heat Death in Kern Country", *Bakersfield Californian*, 21 de junho de 2007. Disponível em: http://www.bakersfieldcalifornian.com/local/x1756813242/Heat-death--in-Kern-County.

4. M. Engel, "Virus Linked to Foreclosures", *Los Angeles Times,* 31 de outubro de 2008. Disponível em: http://articles.latimes.com/2008/oct/31/science/sci-westnile31.
5. "Governor Declares State of Emergency for Kern County over West Nile", *Bakersfield Californian,* 2 de agosto de 2007. Disponível em: http://www.bakersfieldcalifornian. com/local/x1018063026/Governor-declares-state-of-emergency-for-Kern-County- -over-West-Nile-virus. W. K. Reisen, R. M. Takahashi, B. D. Carroll, R. Quiring. 2008. "Delinquent Mortgages, Neglected Swimming Pools, and West Nile Virus, California", *Emerging Infectious Diseases* v14(11): 1747–49. Disponível em: http://www.ncbi.nlm. nih.gov/pmc/articles/PMC2630753/.
6. "Fight the Bite! City Gets Sprayed for West Nile Virus". Disponível em: http://fight- thebiteblogspot.com/2007/08/bakersfield-prepare-to-be-sprayed.html.
7. S. Russell, "West Nile Virus Upturn Traced to Dry Climate", *SFGate,* 21 de julho de 2007. Disponível em: http://www.sfgate.com/health/article/CALIFORNIA-West-Nile- -virus-upturn-traced-to-dry-2551675.php.
8. RealtyTrac Staff: foreclosure activity increases 81 percent in 2008. 2009. Dis- ponível em: http://www.realtytrac.com/ContentManagement/pressrelease. aspx?ChannelID=9&ItemID=5681. Acessado em 5 de maio de 2009. "Foreclosure Statistics for US, Mass., During Recession", *Boston Globe,* 2 de dezembro de 2012. Disponível em: http://www.bostonglobe.com/business/2012/12/02/foreclosure- -statistics-for-mass-during-recession/GUf8zjEWw0xM3DQjhuYarN/story.html. L. Christie, "California Cities Fill Top 10 Foreclosure List", *CNN Money,* 14 de julho de 2007. Disponível em: http://money.cnn.com/2007/08/14/real_estate/California_ci- ties_lead_foreclosure/index.htm; Reisen, Takashi, Carroll, Quiring, "Delinquent Mortgages, Neglected Swimming Pools, and West Nile Virus". Uma das vítimas foi uma mulher de 96 anos, Marguerite Wilson. Não havia nenhuma água parada em volta de sua casa no nordeste de Bakersfield onde mosquitos pudessem se reproduzir, mas ela deve ter sido picada em outro lugar da cidade. Seu obituário a descreve as- sim: "Formou-se na faculdade quando já tinha 40 anos. Foi estagiária no Congresso quando já tinha 70. E viajou pelo mundo depois de completar 90." O senador Roy Ashburn, cuja campanha ela havia apoiado, disse que "Marguerite desafiava a ida- de". "É difícil acreditar que uma mulher consiga viver 96 anos e depois morra com uma picada de mosquito", disse sua neta. Sua companheira de viagem, Diane Flynn, refletiu que, "real e verdadeiramente, eu desejo que sua morte desperte um interesse pelo combate aos mosquitos".
9. Os mosquitos não eram a única ameaça. Em julho de 2008, Sheyenne Jenkins, uma garotinha de 5 anos, saiu para brincar no quintal de casa em Avon, Indiana, enquanto os avós a vigiavam. Sem que a vissem, ela passou para o quintal do vizinho — uma casa tomada pelo banco e deixada com a piscina cheia. A cobertura plástica, sem manutenção, havia começado a afundar. De alguma forma, Sheyenne caiu dentro da piscina. Quando foi encontrada, era tarde demais. "O que me enfurece é que nada

tenha sido feito, que minha filha me tenha sido tirada porque nada foi feito", disse a mãe de Sheyenne. Os bancos deixavam que as casas reempossadas ficassem sem manutenção e reparos. Nas palavras do repórter Kerry Sanders da NBC News, "A tragédia de Sheyenne é um exemplo extremo das consequências não antecipadas das execuções de hipotecas". M. Celizic, "Foreclosed Homes' Pools Can Be Death Traps", NBC News, 2009. Disponível em: http://today.msnbc.msn.com/id/31795988/ns/today-money/t/foreclosed-homes-pools-can-be-death-traps/.

10. O que impacta a saúde não é apenas o fato de ter uma moradia, mas também a qualidade da habitação e a vizinhança. Umidade, mofo e frio em moradias precárias criam condições de vida tóxicas que exacerbam a asma infantil e as mortes no inverno. Quando as pessoas vivem em ambientes mal ventilados, fechados, isso facilita a disseminação de doenças transmitidas pelo ar, como a tuberculose. Um estudo da RAND feito nos anos 1990 comparou bairros igualmente destituídos e descobriu que aqueles com habitações precárias tinham um efeito dramático sobre o aumento do risco de morte prematura. Adicionalmente, constatou-se que moradias precárias e bairros destituídos estão associados a maiores taxas de mortalidade infantil, HIV e doenças sexualmente transmissíveis, diabetes e doenças cardiovasculares, entre muitas outras ameaças à saúde, e de mortes violentas. Conforme concluiu uma revisão sistemática de estudos sobre o tema, "O investimento em habitação pode ser mais do que um investimento em tijolos e cimento: pode também formar um alicerce para a saúde futura e o bem--estar futuro da população". Para mais detalhes, ver p. 11, Department of Health, 2010. Disponível em: http://www.dh.gov.uk/prod_consum_dh/groups/dh_digitalassets/@dh/@en/@ps/documents/digitalasset/dh_114369.pdf.

11. G. G. Bennett, M. Scharoun-Lee, R. Tucker-Seeley, "Will the Public's Health Fall Victim to the Home Foreclosure Epidemic?" *PLoS Medicine*, 2009. Disponível em: http://www.plosmedicine.org/article/info%3Adoi%2F10.1371%2Fjournal.pmed.1000087; D. Alley, et al. 2011. "Mortgage Delinquency and Changes in Access to Health Resources and Depressive Symptoms in a Nationally Representative Cohort of Americans Older Than 50 Years", *American Journal of Public Health* v101(12): 2293–98. Disponível em: http://ajph.aphapublications.org/doi/abs/10.2105/AJPH.2011.300245. Os pesquisadores também controlaram por sintomas e comportamentos preexistentes. Isso significa que esses efeitos estavam verdadeiramente relacionados com as próprias dificuldades de pagamento da hipoteca, e que não se tratava de uma mera correlação.

12. C. E. Pollack, et al. 2011. "A Case-Control Study of Home Foreclosure, Health Conditions, and Health Care Utilization", *Journal of Urban Health* v88(3): 469–78. Disponível em: http://link.springer.com/article/10.1007%2Fs11524-011-9564-7?LI=true.

13. J. Currie e E. Tekin, "Is There a Link Between Foreclosure and Health?" NBER Documento de Trabalho n. 17310, 2012. Disponível em: http://www.nber.org/papers/w17310.pdf; S. M. Kalita, "Tying Health problems to Rise in Home Foreclosures", *Wall Street Journal*, 2011. Disponível em: http://online.wsj.com/article/SB10001424040

531119041994045765382937718700006.html. De forma semelhante, no Reino Unido as idas a um pronto-socorro também cresceram, mas a uma taxa menor, passando de 12,3 milhões para 13,8 milhões: http://www.hesonline.nhs.uk/Ease/servlet/Cont entServer?siteID=1937&categoryID=1834.

14. J. Nye, "How Foreclosures Ate America", *Daily Mail*, 2 de outubro de 2012. Disponível em: http://www.dailymail.co.uk/news/article-2212071/How-foreclosures-ate--America-Incredible-interactive-map-shows-wave-property-repossession-past-years. html#axzz2KA5qnpGS. No mês de janeiro de 2009, quando Obama tomou posse, houve 274.399 execuções de hipotecas em todo o país, e, só no mês de março de 2010, foram 341.180.

15. US Conference of Mayors, *A Hunger and Homelessness Survey, 2007.* Disponível em: http://usmayors.org/uscm/home.asp; ver também http://www.nationalhomeless.org/ factsheets/How_Many.html; citado em P. Markee, "The Unfathomable Cuts in Housing Aid", the *Nation*, 4 de dezembro de 2011. Disponível em: http://www.thenation.com/ article/165161/unfathomable-cuts-housing-aid.

16. Desemprego, pobreza e execuções de hipotecas são três grandes fatores de risco, associados à recessão, que conduzem ao desabrigo. Outros fatores incluem uso de bebidas alcoólicas e drogas, problemas de saúde mental e violência doméstica. Ver National Alliance to End Homelessness. Foreclosure and Homelessness, 2013. Disponível em: http://www.endhomelessness.org/pages/foreclosure. Um levantamento feito em 2009 com organizações de apoio aos sem-teto constatou que, entre seus beneficiários, de 5% (a estimativa feita por pessoas que trabalhavam em abrigos) a 20% (número dado por provedores de serviços a desabrigados) ficaram ao relento depois que suas casas foram executadas. Foreclosures and Homelessness: Understanding the Connection. Institute for Children, Poverty, and Homelessness, 2013. Disponível em: http:// www.icphusa.org/filelibrary/ICPH_policybrief_ForeclosuresandHomelessness.pdf. "Hunger and Homelessness Survey: A Status Report on Hunger and Homelessness in America's Cities: A 25-City Survey", the United States Conference of Mayors, 2008, p. 22. US Department of Housing and Urban Development. *The Third Annual Homeless Assessment Report to Congress* (Washington, DC: US Department of Housing and Urban Development, 2007). Entre 2006 e 2007, a taxa de sem-teto havia caído 11%, mas, com o aumento de hipotecas executadas nos anos seguintes, as taxas cresceram, alcançando um novo ponto máximo em 2009. Uma pesquisa com prefeitos de 25 cidades perguntou se haviam adotado alguma política para impedir que as famílias cujas casas foram retomadas ficassem desabrigadas; 13 responderam que sim, dez responderam que não, e dois não sabiam. M. W. Sermons e P. Witte, "State of Homelessness in America", National Alliance to End Homelessness. Disponível em: http://b.3cdn. net/naeh/4813d7680e4580020f_ky2m6ocx1.pdf. Os números de sem-teto são estimados de forma ligeiramente diferente neste relatório para incluir as pessoas sem casa e também sem abrigo, a fim de atender à mudança de classificação de pessoas

sem-teto adotada pelo Programa de Prevenção do Desabrigo e Realocação Rápida. (HPRP). As duas principais formas de estimar o desabrigo são a medida *point-in--time* e a prevalência. A *point-in-time* tende a subdimensionar o número de "sem-teto temporários", pessoas que rapidamente encontram onde morar. Para obter uma visão completa do desabrigo, é necessário examinar os dados sobre o número de pessoas que passam pela experiência do desabrigo em determinado ano. Aqui, apresentamos as duas fontes de dados. Para estimativas sobre a prevalência, ver HUD, The Annual Homeless Assessment Report to Congress. Disponível em: http://www.huduser.org /Publications/pdf/ahar.pdf. P. S. Goodman, "Foreclosures Force Ex-Homeowners to Turn to Shelters", *The New York Times,* 2009. Disponível em: http://www.nytimes. com/2009/10/19/business/economy/19foreclosed.html?pagewanted=all&r=0.

17. "Homeless Children: the Hard Times Generation", CBS News, 6 de março de 2011. Disponível em: http://www.cbsnews.com/8301-18560_162-20038927.html.

18. J. J. O'Connell, *Premature Mortality in Homeless Populations: A Review of the Literature* (Nashville, 2005). Foram observados riscos semelhantes no Reino Unido. Um grupo que estudava pessoas sem-teto e sozinhas investigou detalhadamente os registros policiais para obter dados sobre as áreas centrais de Londres, Manchester e Bristol entre setembro de 1995 e agosto de 1996. A partir dos registros detalhados dos casos de morte violenta, foi possível conseguir várias informações sobre 365 pessoas desabrigadas: idade, gênero, lugar da morte, causas da morte e eventos que conduziram à morte. A equipe também conseguiu associar aqueles dados a registros de hospitais que haviam dado às pessoas sem endereço fixo e sem um código postal um código único: "ZZ993VZ". Uma auditoria nacional feita sobre os sem-teto no Reino Unido também constatou que 80% tinham um problema de saúde física e 75% tinham algum problema mental, padrões semelhantes aos encontrados nos Estados Unidos.

19. "Hunger and Homelessness Survey", p. 45; Institute for Children, Poverty and Homelessness, "Foreclosures and Homelessness: Understanding the Connection", 2013. Disponível em: http://www.icphusa.org/filelibrary/ICPH_policybrief_Fore-closuresand-Homelessness.pdf. Nós estimamos que, em todo o país, havia cerca de 25 pessoas sem-teto para cada mil hipotecas executadas.

20. Homeless Assistance, US Department of Housing and Urban Development. Disponível em: http://portal.hud.gov/hudportal/HUD?src=/program_offices/comm _planning/homeless. A. Lowrey, "Homeless Rates in the U.S. Held Level Amid Recession, Study Says, but Big Gains Are Elusive", *The New York Times,* 10 de dezembro de 2012. Disponível em: http://www.nytimes.com/2012/12/10/us/homeless-rates-steady-despite--recession-hud-says.html?_r=0.

21. No entanto, as pessoas deveriam estar sóbrias para ter direito aos benefícios de muitos desses programas. Com isso, os grupos de mais alto risco — os alcoólatras, os usuários de crack e heroína — não se qualificavam. Um programa "Housing First" em Seattle, lançado em dezembro de 2005, buscou ajudar aproximadamente 500 pessoas que

cronicamente se embebedavam em público no centro da cidade. O programa ficou conhecido como 1811 Eastlake, o endereço onde foram construídas 75 unidades de habitação. Os pesquisadores tentaram avaliar o que poderia acontecer se esses grupos de alto risco fossem incluídos e tivessem permissão de beber em seus próprios quartos. Desnecessário dizer que o programa foi inundado por pedidos de candidatos sem-teto que queriam participar. A situação criou uma oportunidade única de se realizar um experimento natural. Os pesquisadores puderam comparar as pessoas que participavam do *Housing First* de Seattle (para pessoas desabrigadas e com graves problemas de alcoolismo) com as outras que estavam na lista de espera do programa. Estimou-se que, para cada pessoa participante do programa, a sociedade gastava mensalmente US$ 4.066 com hospitais, prisões e fornecimento de abrigo. Uma vez que essas pessoas passaram a ter uma moradia permanente, os custos totais caíram para US$ 1.492 mensais após seis meses e US$ 958 ao final de um ano. Os benefícios derivavam, em grande medida, do fato de os participantes beberem menos do que aqueles que permaneceram sem-teto. O fato de encontrar uma moradia ajudava a evitar riscos à saúde, mas o efeito final dependia da qualidade da vizinhança. Um estudo feito em 2011, publicado no *New England Journal of Medicine*, distribuiu aleatoriamente em três grupos 4.498 mulheres com filhos que viviam em alojamentos públicos em áreas urbanas extremamente pobres: 1.788 receberam vales-moradia que só poderiam ser usados se elas se mudassem para uma área menos pobre (onde menos de 10% dos moradores são pobres); 1.312 receberam vales tradicionais, sem restrições; e 1.398 foram colocadas em um grupo de controle que não recebeu nenhuma dessas oportunidades. De 2008 até o final de 2010, como parte de um estudo de acompanhamento de longa duração, os pesquisadores mediram dados sobre a saúde dos grupos. Constataram que a mera mudança de uma área com alto nível de pobreza para uma comunidade com um menor nível de pobreza estava associada a reduções significativas na obesidade e no diabetes. Esses notáveis benefícios pareciam acontecer porque as áreas mais ricas ofereciam aos moradores melhor acesso a alimentos saudáveis, além de mais espaços verdes que tornavam mais fácil e mais estimulante caminhar sem o medo de ser vítima de algum crime e da violência de gangues.

22. Fairmount Ventures Inc. *Evaluation of Pathways to Housing Philadelphia*, 2011. Disponível em: https:// www.pathwaystohousing.org/uploads/PTHPA-ProgramEvaluation.

23. J. Eng, "Homeless Numbers Down, but Risks Rise", NBC News, 18 de janeiro de 2012. Disponível em: http://usnews.nbcnews.com/_news/2012/01/18/10177017--homeless-numbers-down-but-risks-rise?lite. O número de leitos das casas de apoio permanente passou de 195.724 em 2008 para 274.786 em 2012, com financiamento significativo do programa HPRP. Disponível em: https://www.onecpd.info/resources/documents/2012AHAR_PITestimates.pdf.

24. V. Busch-Geertsema e S. Fitzpatrick. 2009. "Effective Homelessness Prevention? Explaining Reductions in Homelessness in Germany and England", *European Journal*

of Homelessness v2:69–96. UK Housing benefit fact sheet. Disponível em: https://www.gov.uk/housing-benefit/what-youll-get; nos casos em que isso não era suficiente para cobrir os gastos com aluguel, também era possível se candidatar a "pagamentos discricionários para habitação" para pagar a diferença. Há muito tempo a habitação tem sido um alvo-chave da intervenção na área da saúde pública. O fundador da Escola de Saúde Pública de Yale, C. E. A. Winslow, fez um famoso discurso perante a Associação Americana de Saúde Pública em 1937. "A habitação como um problema de saúde pública", argumentou, era um objetivo fundamental na saúde pública. "Convocamos vocês hoje para uma nova luta ainda mais difícil do que as anteriores — a luta pela habitação decente e higiênica para o povo americano." Ele apontou o exemplo da Inglaterra, observando: "Nenhum funcionário britânico da área da saúde pública apresenta um relatório anual sem uma seção sobre a moradia em um sentido positivo, e as mesmas inevitáveis leis do progresso social que atuaram lá estão nos pressionando aqui neste país."

25. R. Ramesh, "Warning on Benefit Cuts amid Rise in Homelessness", *The Guardian*, 4 de dezembro de 2012. Disponível em: http://www.guardian.co.uk/society/2012/dec/04/benefit-cuts-rise-homelessness. Posteriormente, o valor total da austeridade foi ligeiramente revisto e diminuído para chegar a um corte total nas despesas de £81 bilhões até 2014–15, conforme estabelecido na revisão orçamentária de junho. Isso incluía 11 bilhões de economia na reforma previdenciária e 3,3 bilhões com dois anos de congelamento nos salários do setor público. HM Treasury Spending Review 2010. Cm 7942. UK Treasury, outubro de 2010.R. Bury, "Social Housing to Be Hit With £8bn Cuts", *Inside Housing*, 2010. Disponível em: http://www.insidehousing.co.uk/social-housing-%E2%80%98to-be-hit-with-%C2%A38bn--cuts%E2%80%99/6512119.article. "Housing Benefit Cuts", *Crisis UK*, 2012. Disponível em: http://www.crisis.org.uk/data/files/publications/Crisis%20Briefing%20--%20Housing%20Benefit%20cuts.pdf. O governo escocês fez o mesmo, cortando 31% de seu orçamento para habitação de custo acessível. "Social Housing Budget 'To Be Cut In Half'", BBC, 19 de outubro de 2010. Disponível em: http://www.bbc.co.uk/news/uk-politics-11570923.

26. US Department of Housing and Urban Development, *Point-in Time Estimates of Homelessness: Volume I of the 2012 Annual Homeless Assessment Report* (AHAR), 2012. Disponível em: https://www.onecpd.info/resource/2753/2012-pit-estimates--of-homelessness-volume-1-2012-ahar/; UK Government, "Live Tables on Homelessness". Disponível em: https://www.gov.uk/government/statistical-data-sets/live-tables-on-homelessness. O número de famílias sem-teto em Londres cresceu de 9.700 para 11.680 entre 2010 e 2011 (dados do Departamento de Comunidades). Na cidade de Londres, o número de pessoas dormindo nas ruas aumentou 8%; os jovens eram afetados de forma especialmente negativa: o desabrigo entre pessoas abaixo de 25 anos cresceu um terço.

27. SSAC (novembro de 2010) Report on S.I. No 2010/2835 e S.I. No. 2010/2836. Citado
    na p. 19 em http://www.crisis.org.uk/data/files/publications/Crisis%20Briefing%20-
    -%20Housing%20Benefit%20cuts.pdf.

28. "Homelessness: A Silent Killer", *Crisis UK,* 2011. Disponível em: http://www.crisis.org.
    uk/data/files/publications/Homelessness%20-20a%20silent%20killer.pdf. O estudo
    epidemiológico buscou distinguir entre desabrigo e problemas de saúde preexistentes,
    avaliando a saúde das pessoas ao longo do tempo. Esses pesquisadores identificaram
    e acompanharam 6.323 adultos sem-teto durante cinco anos e os compararam com
    12.451 pessoas da mesma idade e gênero da população em geral. Constataram que
    os desabrigados tinham 4,4 vezes mais chances de morrer do que as pessoas que
    tinham onde morar. Mas, mais interessante ainda, mesmo quando os pesquisadores
    controlaram pelos riscos ligados a hospitalizações anteriores e problemas correntes,
    descobriu-se que não ter uma moradia implicava um risco significativamente maior
    de morrer prematuramente. Em outras palavras, o sem-teto que era saudável na época
    em que passou a não ter uma moradia acabava ficando mais doente do que os outros.
    Um relatório do Departamento de Saúde de 2010 estimou os custos com assistência à
    saúde dos sem-teto no Reino Unido em cerca de £2.115 por pessoa por ano. Department
    of Health. Março de 2010. Healthcare for single homeless people. Março de 2010. Se
    10 mil pessoas viessem a ficar desabrigadas, isso resultaria em um custo adicional
    de £20 milhões por ano. Unison Briefing on the Coalition Government's Housing
    Policies, Unison, Londres. Disponível em: http://www.unison.org.uk/acrobat/B5199.
    pdf. S. Salman, "How Have the Cuts Affected Housing?" *The Guardian,* 30 de março
    de 2011. Disponível em: http://www.guardian.co.uk/society/2011/mar/30/cut -housing.

29. "Tuberculosis Rises 8% in London — HPA Figures", BBC News, 2012. Disponível em:
    http://www.bbc.co.uk/news/uk-england-london-17485728. A. Gerlin, "Ancient Killer
    Bug Thrives in Shadow of London's Canary Wharf", Bloomberg, 23 de fevereiro de
    2012. Disponível em: http://www.bloomberg.com/news/2012-02-23/ancient-killer-
    -bug-thrives-in-shadow-of-london-s-canary-wharf-skyscrapers.html.

30. "Homeless Crisis as 400 Youths a Day Face Life on the Streets of Britain", *Mirror,*
    2011. Disponível em: http://www.mirror.co.uk/news/uk-news/homeless-crisis-as-400-
    -youths-a-day-95173. L. Moran, "Is Greece Becoming a Third World Country? HIV,
    Malaria, and TB Rates Soar as Health Services Are Slashed by Savage Cuts", *The Mail,*
    2012. Disponível em: http://www.dailymail.co.uk/news/article-2115992/Is-Greece-
    -world-country-HIV-Malaria-TB-rates-soar-health-services-slashed-savag-cuts.html.

31. ECDC, "West Nile Virus Infection Outbreak in Humans in Central Macedonia,
    Greece", ECDC Mission Report, julho-agosto de 2010. Disponível em: http://www.
    ecdc.europa.eu/en/publications/publications/1001_mir_west_nile_virus_infec-
    tion_out_break _humans_central_macedonia_greece.pdf.

32. A Grécia estima que a população sem-teto aumentou para 20 mil em 2011, um salto
    de 25% entre 2009 e 2011. Na Irlanda, o número de famílias desabrigadas passou de

1.394 em 2008 para 2.348 em 2011. Ver "Major Increase in Homelessness", *Irish Times*, 19 de dezembro de 2012. Disponível em: http://www.irishtimes.com/newspaper/breaking/2012/1219/breaking53.html. Ver também "On the Way Home?" FEANTA Monitoring report on homelessness and homeless policies in Europe. The European Federation of National Organisations Working with the Homeless, 2012. Disponível em: http://www.feantsa.org /IMG/pdf/on_the_way_home.pdf.

33. Ver "On the Way Home?".

34. Markee, "Unfathomable Cuts in Housing Aid".

35. "Stampede Chaos as Thousands of Dallas Residents Apply for Housing Vouchers", *Above Top Secret*, 16 de julho de 2011. Disponível em: http://www.abovetopsecret.com /forum/thread729362 /pg1. "Oakland Opens Waiting List for Section 8 Vouchers", *SFGate*, 26 de janeiro de 2011. Disponível em: http://www.sfgate.com/bayarea/article/Oakland-opens-waiting-list-for-Section-8-vouchers-2478260.php. "City's Homeless Count Tops 40,000", *Wall Street Journal*, 9 de novembro de 2011. Disponível em: http://online.wsj.com/article /SB10001424052970204190704577026511791881118.html mod=googlenews_wsj.

36. RealtyTrac, January 2013 Foreclosure Rate Heat Map, 2013. Disponível em: http://www.realtytrac.com/trendcenter/default.aspx?address=Duval%20county%2C%20FL&parsed=1&cn=duval%20county&stc=fl. Council on Homelessness. 2011 Report. Submitted June 2011 to Governor Rick Scott, p. E-2. Disponível em: https://docs.google.com/viewer?a=v& que=cache:lQVqDby8TywJ:www.dcf.state.fl.us/programs/homelessness/docs /2011CouncilReport.pdf=&hl=en&gl=uk&pid=bl&srcid=AD GEESjrwRb_ph_xCzTBGQ4vRvnrVQvXIAnreSVi3MrT6xlXE6f_5aJ9k_iJW1Ze-gjE0Wt3IxIbP2ENvqMUzgI-HD0CdbLwcge14wysl9dDI6FAp_lHqqjTxoSGwOyc3jkZf9dsuR6b5&sig=AHIEtbTSHKozwOFJZyewSqHKbsh-xJFoIA.

37. Conforme informado pelos Centros de Controle e Prevenção de Doenças (CDC), "Esta epidemia representa um dos mais extensos surtos de tuberculose a que já fomos chamados a atender desde o início da década de 1990, tanto em termos do tamanho quanto da rapidez de sua disseminação". Embora alguns comentaristas na Flórida tenham se apressado em culpar a população imigrante pela importação da doença, os CDCs descobriram que, à exceção de três casos, todos os outros 96 infectados eram cidadãos americanos.

38. K. Q. Seelye, "Public Health Departments Shrinking, Survey Finds", *The New York Times*, 1 de março de 2010. Disponível em: http://prescriptions.blogs.nytimes.com/2010/03/01/public-health-departments-shrinking-survey-finds/.

CONCLUSÃO

1. *Merriam Webster Collegiate Dictionary*.

2. Naomi Klein, *The Shock Doctrine* (Nova York, 2007).

3. Fonte da Figura C.1: EuroStat 2013 Statistics. O PIB é *per capita*, ajustado pela paridade do poder de compra, em dólares constantes de 2005. Para Estônia, Letônia, Lituânia e Hungria os valores são calculados em termos de declínio máximo dos gastos (*peak-to-trough austerity*) em 2008-10, para refletir uma introdução precoce da austeridade. A associação de mudanças orçamentárias e mudanças no PIB é consistente e estatisticamente significativa mesmo depois de ajustar pela intensidade da recessão anterior.

4. Laura Tiehan, Dean Jolliff e Craig Gundersen, "Alleviating Poverty in the United States: the Critical Role of SNAP Benefits", US Department of Agriculture, ERR-132, abril de 2012. Disponível em: http://www.ers.usda.gov/publications/err-economic—research-report/err132.aspx; Parke E. Wilde, "Measuring the Effect of Food Stamps on Food Insecurity and Hunger: Research and Policy Considerations", *Journal of Nutrition*, fevereiro de 2007. Disponível em: http://jn.nutrition.org/content/137/2/307.full.

5. Avaliações de Impacto sobre a Saúde foram usadas para políticas selecionadas do governo trabalhista do Reino Unido antes que os conservadores assumissem o governo. Somos gratos a Klim McPherson pela sugestão de se criar uma Secretaria de Responsabilidade pela Saúde [Office of Health Responsibility].

6. A. Reeves, S. Basu, M. Mckee, C. Meissner, D. Stuckler. "Does Investment in the Health Sector Promote or Inhibit Economic Growth?" *Health Policy*, ainda não publicado.

Publicações de pesquisas

B. Barr, D. Taylor-Robinson, A. Scott-Samuel, M. McKee, D. Stuckler. "Suicides associated with the 2008–2010 recession in the UK: a time-trend analysis". *British Medical Journal*. Agosto de 2012, v345: e5142.

A. Bessudnov, M. McKee e D. Stuckler. "Inequalities in male mortality by occupational class, perceived social status, and education in Russia, 1994–2006". *European Journal of Public Health*. Junho de 2012, v22(3): 332–37.

J. Bor, S. Basu, A. Coutts, M. McKee, D. Stuckler. "Alcohol use during the Great Recession of 2008–2009". *Alcohol and Alcoholism*. Janeiro de 2013. No prelo.

M. Bordo, C. Meissner e D. Stuckler. "Foreign currency debt, financial crises and economic growth: A long run view". *Journal of International Money and Finance*. Maio de 2010, v29: 642–65.

R. De Vogli, M. Marmot e D. Stuckler. "Excess suicides and attempted suicides in Italy attributable to the Great Recession". *Journal of Epidemiology and Community Health*. Agosto de 2012. No prelo.

R. De Vogli, M. Marmot e D. Stuckler. "Strong evidence that the economic crisis caused a rise in suicides in Europe: the need for social protection". *Journal of Epidemiology and Community Health*. Janeiro de 2013. No prelo.

M. Gili, M. Roca, S. Basu, M. McKee, D. Stuckler. "The mental health risks of unemployment, housing payment difficulties, and evictions in Spain: evidence from primary care centres, 2006 and 2010". *European Journal of Public Health*. Fevereiro de 2013, v23(1): 103–8.

P. Hamm, L. King e D. Stuckler. "Mass privatization, state capacity, and economic growth in post-communist countries: firm-and country-level evidence". *American Sociological Review*. Abril de 2012, v77(2): 295–324.

M. Karanikolos, P. Mladovsky, J. Cylus, S. Thomson, S. Basu, D. Stuckler, J. P. Mackenbach, M. McKee. "Financial crisis, austerity, and health in Europe". *The Lancet*. No prelo.

A. Kentikelenis, M. Karanikolos, I. Papanicolas, S. Basu, M. McKee, D. Stuckler. "Effects of Greek economic crisis on health are real". *British Medical Journal*. Dezembro de 2012, v345: e8602.

A. Kentikelenis, M. Karanikolos, I. Papanicolas, S. Basu, M. McKee, D. Stuckler. "Health effect of financial crisis: omens of a Greek tragedy". *The Lancet*. Outubro de 2011, v378(9801): 1457–58.

A. Kentikelenis, M. Karanikolos, I. Papanicolas, S. Basu, M. McKee, D. Stuckler. "Reply to Polyzos". *The Lancet*. Março de 2012, v379: 1002.

L. King, P. Hamm e D. Stuckler. "Rapid large-scale privatization and mortality rates in ex-communist countries: an analysis of stress-related and health system mechanisms". *International Journal of Health Services*. Julho de 2009, 39(3): 461–89.

M. McKee e D. Stuckler. "The assault on universalism: How to destroy the welfare state". *British Medical Journal*. Dezembro de 2011, v343: d7973.

M. McKee e D. Stuckler. "The consequences for health and health care of the financial crisis: a new Dark Age?" In Finnish. *Sosiaalilääketieteellinen Aikakauslehti*. Março de 2012, v49: 69–74.

M. McKee e D. Stuckler. "Older people in the United Kingdom: under attack from all directions". *Age and Ageing*. Janeiro de 2013, v42(1): 11–13.

M. McKee, S. Basu D. Stuckler. "Health systems, health and wealth: the argument for investment applies now more than ever". *Social Science & Medicine*. Março de 2012, v74(5): 684–87.

M. McKee, M. Karanikolos, P. Belcher, D. Stuckler. "Austerity: a failed experiment on the people of Europe". *Clinical Medicine*. Agosto de 2012, v12(4): 346–50.

M. McKee, D. Stuckler, J. M. Martin-Moreno. "Protecting health in hard times". *British Medical Journal*. Setembro de 2010. v341: c5308.

C. Quercioli, G. Messina, S. Basu, M. McKee, N. Nante, D. Stuckler. "The effect of health care delivery privatization on avoidable mortality: longitudinal cross-regional results from Italy, 1993–2003". *Journal of Epidemiology & Community Health*. 2013, v67(2): 132–38.

B. Rechel, M. Suhrcke, S. Tsolova, J. Suk, M. Desai, M. McKee, D. Stuckler, I. Abubakar, P. Hunter, M. Senek, J. Semenza. "Economic crisis and communicable disease control in Europe: A scoping study among national experts". *Health Policy*. Dezembro de 2011, v103(2–3): 168–75.

A. Reeves, D. Stuckler, M. McKee, D. Gunnell, S. Chang, S. Basu. "Increase in state suicide rates in the USA during economic recession". *The Lancet*. November 2012, v380(9856): 1813–14.

D. Stuckler e S. Basu. "International Monetary Fund's effects on global health: before and after the 2008 financial crisis". *International Journal of Health Services*. Setembro de 2009, 39(4): 771–81.

D. Stuckler, S. Basu, P. Fishback, C. Meissner, M. McKee. "Banking crises and mortality during the Great Depression: Evidence from U.S. urban populations, 1929–1937". *Journal of Epidemiology and Community Health*. Junho de 2012, 66(5): 410–19.

D. Stuckler, S. Basu, P. Fishback, C. Meissner, M. McKee. "Was the Great Depression a cause or correlate of falling mortality?" *Journal of Epidemiology and Community Health*. Novembro de 2012. No prelo.

D. Stuckler, S. Basu e M. McKee. "Budget crises, health, and social welfare". *British Medical Journal*. Julho de 2010, 340: c3311.

D. Stuckler, S. Basu e M. McKee. "Effects of the 2008 financial crisis on health: A first look at European data". *The Lancet*. Julho de 2011, v378(9876): 124–25.

D. Stuckler, S. Basu e M. McKee. "How government spending cuts put lives at risk". *Nature*. Maio de 2010, v465: 289.

D. Stuckler, S. Basu e M. McKee. "Public health in Europe: Power, politics, and where next?" *Public Health Reviews*. Julho de 2010, v1: 214–42.

D. Stuckler, S. Basu, M. McKee, M. Suhrcke. "Responding to the economic crisis: A primer for public health professionals". *Journal of Public Health*. Agosto de 2010, v32(3): 298–306.

D. Stuckler, S. Basu, M. McKee, et al. "An evaluation of the International Monetary Fund's claims about public health". *International Journal of Health Services*. Março de 2010, v40(2): 327–32.

D. Stuckler, S. Basu, M. Suhrcke, A. Coutts, M. McKee. "Financial crisis and health policy". *Medicine & Health*. Setembro de 2009, pp. 194–95.

D. Stuckler, S. Basu, M. Suhrcke, A. Coutts, M. McKee. "The public health effect of economic crises and alternative policy responses in Europe: an empirical analysis". *The Lancet*. Julho de 2009, 374(9686): 315–32.

D. Stuckler, S. Basu, M. Suhrcke, M. McKee. "The health implications of financial crisis: A review of the evidence" *Ulster Medical Journal*. Setembro de 2009, 78(3): 142–45.

D. Stuckler, S. Basu, S. Wang, M. McKee. "Does recession reduce global health aid? Evidence from 15 countries, 1975–2007". *Bulletin of the World Health Organization*. Abril de 2011, v89: 252–57.

D. Stuckler, L. King e S. Basu. "International Monetary Fund programs and tuberculosis outcomes in post-communist countries". *PLoS Medicine*. Julho de 2008, 5(7): e143.

D. Stuckler, L. King e S. Basu. "Reply to Murray and King". *PLoS Medicine*. Julho de 2008, 5(7): e143.

D. Stuckler, L. King e A. Coutts. "Understanding privatisation's impacts on health: Lessons from the Soviet Experience". *Journal of Epidemiology and Community Health*. July 2008, 62(7): 664.

D. Stuckler, L. King e M. McKee. "The disappearing health effects of rapid privatization: a case of statistical obscurantism?" *Social Science & Medicine*, March 2012, 75: 23–31.

D. Stuckler, L. King e M. McKee. "Mass privatisation and mortality". *The Lancet*. Abril de 2009, 373(9671): 1247–48.

D. Stuckler, L. King e M. McKee. "Mass privatisation and the post-communist mortality crisis: a cross-national analysis". *The Lancet*. Janeiro de 2009, 373(9661): 399–407.

D. Stuckler, L. King e M. McKee. "Reply to Earle and Gerry". *The Lancet*. Janeiro de 2010, v375(9712): 372–74.

D. Stuckler, L. King e M. McKee. "Response to Gentile: Mass privatization, unemployment, and mortality". *Europe-Asia Studies*. Junho de 2012, v64(5): 949–53.

D. Stuckler e M. McKee. "There is an alternative: public health professionals must not remain silent at a time of financial crisis". *European Journal of Public Health*. Fevereiro de 2012, v22(1): 2–3.

D. Stuckler, C. Meissner, e L. King. "Can a bank crisis break your heart?" *Globalization and Health*, Janeiro de 2008, 4(1): 1–12.

M. Suhrcke, M. McKee, D. Stuckler, et al. "Contribution of health to the economy of the European Union". *Public Health*. Outubro de 2006, 120: 994–1001.

M. Suhrcke, M. McKee, D. Stuckler, et al. "The economic crisis and infectious disease control". *Euro Surveillance*. Novembro de 2009, v14(45).

M. Suhrcke and D. Stuckler. "Will the recession be bad for our health? It depends". *Social Science & Medicine*. Março de 2012, v74(5): 647–53.

M. Suhrcke, D. Stuckler, J. Suk, et al. "The impact of economic crises on communicable disease transmission and control: a systematic review of the evidence". *PLoS One*. Junho de 2011, v6(6): e20724.

Agradecimentos

Somos profundamente gratos aos nossos inúmeros colegas que trabalharam conosco ao longo dos anos e nos deram apoio e orientação inigualáveis, oferecendo seus olhares críticos e vastos repositórios de sabedoria para rever este livro à medida que tomava forma. Em primeiro lugar, somos gratos a Martin McKee, nosso amigo querido e colega que trabalhou incessantemente conosco nesta pesquisa e continua a se provar um modelo de integridade e virtude na saúde pública. Também agradecemos a ajuda de nossos inúmeros colaboradores que, com seu apoio, permitiram que a pesquisa que utilizamos neste livro fosse tão bem desenvolvida: Adam Coutts, Christopher Meissner, Marc Suhrcke, Price Fishback, David Taylor-Robinson, Benjamin Barr, Alexander Kentikelenis, Irene Papanicolas, Michael Marmot, Roberto De Vogli, Marina Karanikolos, Alexey Bessudnov, Johan Mackenbach, Lawrence King, Jose Martin-Moreno, Vicente Navarro, Michael Harhay, Jacob Bor, Karen Siegel, Chris McClure, Margalida Gili, Miquel Roca, David McDaid, David Gunnell, Shu-Sen Chang, Jan Semenza, Gauden Galea, Aaron Reeves, Patrick Hamm e Ben Cave. Adicionalmente, reconhecemos e agradecemos o tempo e a energia dos que nos ofereceram comentários construtivos, críticas e conselhos em várias etapas da realização deste livro, inclusive Vladimir Shkolnikov, Sigur Sigurgeirsdottir, Shah Ebrahim, Ron Labonte, John Thompson, Margaret Whitehead e Bo Burgstrom. Inevitavelmente, não temos como agradecer nominalmente a todos os nossos colegas que contribuíram com comentários anônimos e nos ajudaram a fortalecer nossas análises. A revisão por pares é uma tarefa que fica sem agradecimento pessoal, e somos para sempre gratos a todos aqueles que contribuíram.

Um agradecimento especial vai para Molly Crockett por sua assistência extraordinária na preparação e revisão do manuscrito. Também somos gratos a Michelle Spring por nos introduzir no mundo editorial e nos ajudar a compor a proposta inicial do livro. Somos particularmente gratos a Shah Ebrahim e a Fiona Taylor por nos darem abrigo em Nova Délhi durante as etapas finais deste livro.

David gostaria também de agradecer aos seus pais, Danny e Margit, e à sua irmã, Michelle, pelo apoio inabalável. Sua pesquisa beneficiou-se com os *insights* e as orientações de Mary Ridgway, Lowell Levin, Mark Schlesinger, Larry King, Paul Schultz, Christopher Meissner e, especialmente, de Martin McKee. Meus agradecimentos ao apoio permanente e à amizade de Chris Lockamy, Elizabeth Rush e Louis Caron.

Sanjay também gostaria de agradecer aos seus pais por sempre o encorajarem a "ler, ler, ler, ler tudo" (de acordo com Faulkner) e a seus mentores Christine Balone por ensiná-lo a escrever, Lee Marek pela dádiva da ciência, Rudolph Tanzi pelo espírito da experimentação e Noam Chomski por ser a quintessência do intelectual público. Agradecimentos especiais a Paul Farmer por sempre modestamente lhe outorgar as lições da justiça social; a Jim Yong Kim por ensinar como escolher as batalhas certas; a Joseph Dumit pelos *insights* sobre a academia, e a Anita Desai, Alan Lightman e Jean Jackson pelos dons da escrita. Pelo aconselhamento em medicina e epidemiologia, meus agradecimentos a Rick Altice, R. Douglas Bruce, Gerald Friedland, Edward Kaplan, Sharad Jain, Stanton Glantz, Robert Lustig e Jack Farquhar. Grato a John Ioannidis por ser o modelo ideal de um cientista crítico, e a todos no Centro de Pesquisa em Prevenção de Stanford pelo espírito de família e pela paixão na busca da saúde pública. Grato pelo apoio constante e pela amizade de Jason Andrews, C. Brandon Ogbunagafor, Jay Varellas, Russell Bither-Terry, Sandeep Kishore, Amy Kapczynski, Gregg Gonsalves, Duncan Smith-Rohrberg Maru e à equipe Nyaya Health. Pelo encorajamento e pela crítica construtiva à escrita, agradeço também a Sandy Close, Viji Sundaram, Richard Rodriguez e aos amigos da New America Media. E, acima de tudo, agradeço a Palav Babaria, o amor da minha vida, que perdoou muitas noites sem dormir e que sempre me oferece uma diretriz crucial com *insights* fundamentados, encorajamento e parceria.

Este livro não teria sido possível sem a dedicação de uma incrível equipe editorial. Gratos a Lara Heimert da Basic Books por suas "ferozes, mas amorosas" revisões que fortaleceram nosso manuscrito, a Norman MacAfee por sua permanente camaradagem e pela maratona de sessões de edição de penúltima hora, e a Thomas Penn, da Penguin, por seu espírito intelectual, vasto conhecimento histórico e olho clínico para perceber detalhes. Somos muito gratos pelo apoio recebido de Katy O'Donnell e da equipe da Basic em todos os passos da realização deste livro; a Karen Browning e à equipe da Penguin pelo apoio na produção do livro; e a Iris Tupholme e à equipe da HarperCollins pela coordenação e sabedoria que nos ofereceram. Gratos, finalmente, a Patrick Walsh e à sua equipe na Conville and Walsh por serem a mais encorajadora agência que uma nova dupla de autores poderia desejar.

Índice

A

Active Labor Market Program (ALMP) [Programa Ativo para o Mercado de Trabalho], 154

Agência Norte-Americana para o Desenvolvimento Internacional (USAID), 57

Alemanha, 103, 124, 129-131, 142-143, 145

Aliber, Robert, 91

Arrow, Kenneth, 140

Ásia Oriental, crescimento econômico (anos 1980), 67-74

austeridade
a opção democrática alternativa à, 97-99, 103, 106, 108, 186-188
definição, 11
experimento em, na Grande Recessão, 10, 184
fracasso da, 184
impacto pessoal, histórias de, 18-19, 127--128, 130, 136
resposta do programa New Deal, 186-187

B

Bahr, Daniel, 131

Bakersfield, 165-168, 181, 190

Banco Central Europeu, 109, 112, 115, 117, 124, 129, 179

Banco Mundial, 47, 55-56, 60, 67, 71, 81

Bevan, Aneurin, 148

Beveridge, William, 186

Bielorrússia, política gradualista pós--soviética, 54, 57-58, 61-63

Braly, Angela, 140

Brown, Gordon, 101

Bush, George W., 180

Byrne, Peter, 153

C

Califórnia, 135-136, 138, 165-168

Cameron, David, 9, 25, 27, 43, 145, 184

Campaniello, Giuseppe, 149

Canadá, 14, 19, 30, 37, 76, 142-143, 195

Cazaquistão depois da era soviética, 54, 57, 63, 160

Centros de Controle e Prevenção de Doenças (CDC), 31, 34, 166, 190

Clegg, Nick, 145

Comissão Europeia, 113, 115

Consumo de bebidas alcoólicas, 36-37, 43, 49-51, 174

Controle de Mosquitos e Vetores de Kern, 167

Coreia do Sul, 74-75, 77, 81-82
corpo econômico, 129, 183-184, 187, 189
corpo político, definição, 183
corrupção, 60, 113, 120
crianças, impacto da austeridade sobre, 80, 172
crise da Ásia Oriental (anos 1990)
exigências de austeridade do FMI, 74
impactos da austeridade sobre a saúde, 118
impactos econômicos da austeridade, 73
impactos sociais, 186
países com proteção social, impactos sobre, 74-75, 82-83
crise de execuções hipotecárias. Ver também Grande Recessão (EUA, 2007–2009)
Estados Unidos, 165-175, 180
Reino Unido, 175-180
crise financeira europeia, 89
crise habitacional. Ver também crise de execuções hipotecárias
EUA/austeridade como resposta, 179-180
EUA/estímulo como resposta, 171-175
Reino Unido/austeridade como resposta, 175-177
cuidados de saúde
Alemanha, 143
custo-benefício, 102
direito humano a, outros países que não os EUA, 142
Estados Unidos, 137-144
sistema baseado no mercado, 140-142, 146
China, 67
Christoulas, Dimitris, 17, 132

D

Deming, W., 187
depressão, 102, 152-154, 170

austeridade como resposta na Grécia e, 113, 180
austeridade como resposta no Reino Unido e, 169, 176-178
crise de execuções e, 169-176, 180
estatísticas do Reino Unido *versus* EUA, 175
estatísticas, globalmente, 170
impactos econômicos, 173-174
impactos sobre a saúde, 168, 172-173, 178
programas de prevenção (EUA), 174, 177
taxas de mortalidade, 169, 176-177
desemprego
depressão e, 152-156
Grande Depressão, 29, 32
impacto pessoal, histórias de, 17
melhorias na saúde e, 31
novo New Deal, proposta de um, 187-188
política de austeridade e, 115, 123, 162
privatização gradual *vs.* rápida, 58-60
programas ALMPs e, 156-157, 189
suicídio e, 150-152, 157-163
uso de bebidas alcoólicas e drogas ilegais, 17, 52, 123
Dinamarca, 10, 98, 160
disparidade de renda
Grécia, 115
Islândia, 92-94, 106
Itália, 149
doença cardiovascular, 50, 197, 201, 208, 240
Donovan, Neil, 172
Dublin, Louis, 30
efeito protetor, 154-162, 188

E

efeitos da política de privatização gradual, 54, 58-62, 67
Eslovênia na era pós-soviética, 54
Espanha, 9, 88, 105, 114, 147-148, 153-155, 157, 159, 162, 179-180

Estados Unidos. *Ver também* Grande Recessão (EUA, 2007–2009)
apoio à política de privatização rápida, 57
política de desemprego, pré-recessão, 157
serviços de saúde, 137-144
Estônia, 54
Europa Oriental, recessão dos anos 1990, 159-160
ex-União Soviética, países da, 56, 58

F

febre do Nilo, 122, 166-168, 179, 181, 190
felicidade, 89, 102
Felixson, Helgi, 93, 106
Finlândia, 152, 156, 159-160, 179
Fischer, Stanley, 55, 76
Food Stamp Program [Programa de Cupons de Alimentação], 39-40, 186
França, 112, 129, 142-145
Friedman, Milton, 56, 64, 98-99, 126, 193
Friedman, Samuel R., 126
Fundo Monetário Internacional
estatutos de fundação, 73
fundos de resgate, mal uso dos, 129
multiplicador fiscal presumido, erros do, 96, 129
política de austeridade
como estratégia política, 130
condições de empréstimo, 73-74, 82
danos da, 18, 72, 96, 146-147
protestos públicos, 18, 94, 117-118, 128, 149-150
política de programas de proteção social, 82-83, 89, 92, 107

G

Gaidar, Yegor, 55
Galbraith, James, 131
gastos com seguridade social
impactos econômicos, 21, 75, 82, 103-109
desabrigo e, 173-174, 179

controles de doenças infecciosas com, 41, 67, 80, 82
desemprego e, 156, 189
impactos sobre a saúde, 15, 20, 39-43, 77-81, 154-158, 159-160, 163
Gkezerva, Zoi, 128
God Bless Iceland (Felixson), 93, 106
Gorbachev, Mikhail, 50, 54, 57, 65
Grande Depressão, 28-40
Grande Recessão (EUA, 2007–2009). *Ver também* New Deal
adiamento de assistência médica essencial por não poder pagar, 135-140, 169
aumento de inscrições no Medicaid, 139
austeridade como resposta, 139, 186
crise de execuções hipotecárias, 165-175, 181
histórias pessoais, 10, 18
lucros das seguradoras de saúde, 140
pacotes de resgate do setor bancário, 27
raízes da, 29
saúde mental, 153-154
taxas de mortalidade, 19, 142
taxas de suicídio, 29, 34-36, 42, 75, 121
Grécia
corrupção, antes da crise, 116, 120
crise financeira, raízes da, 113-116
economia, antes da crise, 113-116
plano de recuperação do FMI, 119
recuperação econômica, 109
suicídios, antes da crise, 19
Grécia, austeridade como resposta à crise financeira
condições dos empréstimos do FMI, 112, 116-117
corrupção e a, 120
democracia, suspensão da, 113, 124
desabrigo e a, 112, 179
fundos de resgate, mal uso dos, 129
impacto pessoal, histórias de, 17-18, 131

impactos econômicos, 114, 118, 121-125,
   129, 148
impactos sobre a saúde, 15, 17-18, 19,
   111-112, 118-128
impactos sociais, 17-18, 112, 131, 125,
   128-129, 131
insistência da Alemanha na, 131
protestos públicos, 18-19, 112, 117, 128-
   -129, 131
taxas de homicídio, 15, 112
Grímsson, Ólafur Ragnar, 107
Gripiotis, Jannis, 127

H

Haarde, Geir Hilmar, 87
HIV, 70, 78-81, 83, 111-112, 122-124, 126-
   -128, 179, 186
Holanda, 107
Home Owner's Loan Corporation
   [Corporação de Empréstimos a
   Proprietários de Casas], 39
Hoover, Herbert, 26, 38, 43
Housing First [Primeiro, a Moradia], 173-
   -175, 179
Huppert, Felicia, 102

I

Ieltsin, Boris, 57-58
impactos da austeridade sobre a saúde
adiamento de assistência médica essencial, 136
benefícios por invalidez, 26, 128
de crianças, 79-80
impacto pessoal, histórias de, 10, 17, 118-
   -119, 128
mortalidade infantil/subnutrição mater-
   na, 76, 81, 127
novo New Deal, proposta de um, 187
programas de ajuda emergencial para,
   127
qualidade da assistência, 140, 145

saúde mental, 121, 152
taxas de doenças infecciosas, 15, 79, 111-
   -112, 121-128, 178
taxas de mortalidade, 19, 45, 80, 127
taxas de suicídio, 29, 34-36, 46, 75, 121,
   125, 150, 152, 157
uso de drogas ilegais, 122-123
violência, 15
Impactos econômicos da austeridade
assistência médica para indivíduos, 77,
   136
cortes no orçamento de saúde pública,
   112, 120, 127, 147
desabrigo, custos do, 169, 176-179
desemprego, 116, 123, 162
pobreza, 72, 76-77
redução do déficit e recuperação, 13, 29,
   130
Impactos econômicos
da ameaça de execução hipotecária, 170-
   -171
da privatização gradual vs. rápida, 58-67
da Terapia de Choque, 58, 62
do estímulo, 13, 75, 52, 184, 186
impactos sobre a saúde
crise de execuções hipotecárias (EUA),
   165-172, 180-181
da privatização gradual, 54, 62-63, 67
da privatização rápida, 54, 63, 65
do desabrigo, 169-170, 172, 176-180
do desemprego, 43, 87, 123, 149-162
impactos sociais da austeridade
corrupção, 121
debate público, 145
democracia, suspensão da, 113, 117, 124
desabrigo, 112, 169-180
disparidade de renda, 93, 107
histórias pessoais, 18, 26, 132
protestos contra, 117
protestos públicos, 18, 59, 72, 94, 117-118,
   124, 149-150, 186

sobre a solidariedade nacional, 105
taxas de homicídio, 15, 112
xenofobia, 125
impactos sociais
da privatização rápida, 52-54, 60
do desabrigo, 172-174
Indonésia, 67, 71-78, 80-84
investimento para proteção do mercado de
trabalho, 154-163
Irlanda, 36, 179-180
Islândia
constituição, 108
disparidade de renda, 93-94, 106
economia antes da crise, 90-92
felicidade na, 89, 102
gastos com seguridade social, 15, 104-108
Islândia, crise financeira na
extensão da, 88
impactos econômicos, 92-93, 96
impactos sociais, 93-94, 105-108, 124
melhorias na saúde, 15, 100-104
plano de austeridade
a opção democrática, 98-99, 104, 107, 130, 186-187
debate sobre, 87-97
impactos sobre a saúde, planejamento dos, 88, 94-98
protestos contra, 94, 124
raízes da, 113
recuperação econômica, 104-109
Itália, 149-150

J

Japão, 19
Jonah, Claudia, 167
Jonsson, Sturla, 98

K

Kadafi, Muamar, 101, 124
Kennedy, Robert, 16, 190
Keynes, John Maynard, 26, 193

Krugman, Paul, 27, 71

L

Laffer, Arthur, 91
Layard, Richard, 102
Lei de Proteção do Paciente a Custo Acessível [Patient Protection and Affordable Care Act (PPACA)], 137
Lei de Recuperação e Reinvestimento [American Recovery e Reinvestment Act], 169, 186
Lei de Seguridade Social [Social Security Act], 39
Lei do Cuidado Inverso, 141-142
Lei Federal de Ajuda Emergencial [Federal Emergency Relief Act], 39
Lei Seca [lei Volstead], 36
Lei Seca, 36-37, 43
Lenin, Vladimir, 55
Letônia depois da era soviética, 54, 63
Letwin, Oliver, 145
Liaropoulos, Lycourgos, 126-127
Lituânia depois da era soviética, 63
Locke, John, 98
Louisiana, 41
Loverdos, Andreas, 111-112, 122, 124-126

M

Magnusson, Guðjón, 94-95
Major, John, 145
Malásia, 71, 75, 77, 80, 82-83, 187
Marcha Contra a Fome da Ford /Massacre, 38-39
Marrone, Tiziana, 149-150
McArdle, Brian, 25, 44
McArdle, Kieran, 25
Medicaid, 138-139
Médicins du Monde, 125
Médicos sem Fronteiras, 125, 127
melhorias na saúde
estímulos durante o New Deal, 39-42

gastos com programas sociais e, 38, 79- -81, 83

Grande Depressão, 29-36

recessões e, 13-14, 18-20, 81, 100-104

Merkel, Angela, 130-131

Mohamad, Mahathir, 75

mortalidade infantil/subnutrição maternal, 41, 76, 81, 127

mortes por acidente de trânsito, 34-35

mortes relacionadas ao álcool, 49-52

multiplicador fiscal presumido, erros do, 96-97, 129

N

Neo-Nazismo, 131

New Deal, 10, 39-44, 74, 84, 94, 99, 104, 132, 144, 186-187

Noruega, 14, 19

O

Obama, Barack, 13, 20

Obama, Barack, governo (2009/2012)

economia, 171

redes de proteção social, compromisso com, 44, 137, 142, 173-177

via do estímulo, 14 ,174 ,184 ,186

opção democrática, 98-99, 103, 106, 93, 186-188

Organização Mundial da Saúde, 78, 101, 123, 142

Organização para a Cooperação e o Desenvolvimento Econômico (OCDE), 104

Osborne, George, 176

P

países bálticos, recessão (anos 1990), 160

Papandreou, George, 117-118, 124

Pearl, Raymond, 31

política da Terapia de Choque, efeitos da, 54-59

política de privatização rápida

ajuda dos Estados Unidos para a, 57

corrupção e, 52-53, 60

debate sobre, 56

impactos econômicos, 58-64

impactos sobre a saúde, 45-55, 61-67, 159

impactos sociais, 59-60

países da ex-União Soviética, 58-63

Polônia depois da era soviética, 84, 90

Programa de Prevenção do Desabrigo e Realocação Rápida, 174, 242

programas de estímulo. Ver também New Deal

controle de doenças infecciosas com, 80, 82

crise de execuções hipotecárias (EUA), 168, 171-175

Grande Recessão, experimento com, 10

impactos econômicos, 75, 82, 184-187

Projeto Encefalite da Califórnia, 166, 181, 190

Public Works Administration [Agência de Obras Públicas], 39

Q

Quirguistão depois da era soviética, 57

R

Reagan, Ronald, 73, 91

recessão no Reino Unido, austeridade como resposta

impacto econômico, 60, 96, 161, 177-178

crise da habitação, 175

reformas do NHS, 137, 146

histórias pessoais, 25-26

privatização, 137, 146-148

impactos sociais, 169, 176-178

impactos sobre a saúde, 19, 26, 36, 147- -148, 151-154, 160-162, 178

recessões

fatores subjacentes, 89, 105

melhorias na saúde e, 13-15, 17-21, 81, 102
Reino Unido
acesso a serviços de saúde
benefícios econômicos do, 143-144
gastos com saúde, 144
gastos com seguridade social
pós-Segunda Guerra Mundial, 143-144,
185-186
pré-recessão, 150
relações com a Islândia, 90-91, 101, 108
Reisen, William, 167-168
Relatório das Nações Unidas sobre a
Felicidade no Mundo, 102
República Tcheca, política gradualista pós-
-soviética, 54, 59
Rojanapithayakorn, Wiwat, 78-79
Roosevelt, Franklin Delano, 10, 26, 37-40,
43, 76, 94, 186
Rose, Geoffrey, 154
Rússia, era soviética, 45-67, 69, 74
Rússia, transição para o capitalismo
(1990)
felicidade durante, 89
política da Terapia de Choque, efeitos
da, 55-57
privatização rápida
ajuda dos Estados Unidos para a, 57
corrupção e, 52-53, 60
debate sobre, 56-57
impactos econômicos, 47, 58-62
impactos sobre a saúde, 45, 48-52, 61-
-67, 159
proponentes da transição gradual, 46
Rutskoy, Alexander, 58

S

Sachs, Jeffrey, 55, 61, 64, 116
São Francisco, CA, 165, 172-174, 179
saúde mental. Ver também taxas de suicídio
ameaça de execução hipotecária e, 170

desemprego e, 152-158
efeito protetor dos ALMPs, 154, 159-162
na Islândia, 101
saúde pública
cortes da austeridade na, 113, 121-131,
91-92, 147
economia da, 13
efeito de políticas sobre, 13
fatores subjacentes, 183-184
gastos com seguridade social e, 15, 19
novo New Deal, proposta de um, 189-190
Schwarzenegger, Arnold, 167
Share Our Wealth [Partilhe Nossa Riqueza],
movimento, 41
Shleifer, Andrei, 55
Soros, George, 71
Sprenger, Marc, 126
Stalin, Joseph, 45-46
Stiglitz, Joseph, 56, 64, 82, 97
subnutrição/mortalidade infantil, 75, 83,
126
Suécia, 10, 14, 19, 152, 154-155, 157, 159-
-160, 162
Suharto, 72
Summers, Lawrence, 55-56
Sutiyoso, 76
Sydentricker, Edgar, 30
Synodinos, Dimitrios, 128
Syrigos, Kostas, 119

T

Tailândia, programa de austeridade na,
69-70, 72, 74-78, 80-84
taxas de doenças infecciosas
crise de execuções hipotecárias e, 165-
-169, 181
desabrigo e, 169, 178
gastos com seguridade social e, 39, 80-
-81, 83
impacto da austeridade sobre, 15, 77-84,
111-112, 122-128, 178

política de privatização rápida e, 67

prevenção de, 190

taxas de homicídio, 15, 49-50, 112, 197

taxas de mortalidade

desabrigo e, 170, 172, 176-177

efeitos da política de privatização gradual, 53, 62-63, 67

era do New Deal, 42

exigências de austeridade do FMI e, 81, 127

Grande Depressão, 29-38

Grande Recessão (EUA, 2007–2009), 19, 43, 137, 142, 172

mortalidade infantil, 75, 81, 127

taxas de pobreza

gastos com seguridade social e, 75

Grande Depressão, 29, 32

impacto da austeridade sobre, 71, 75-76

privatização gradual vs. rápida, 46-47, 58-59

taxas de suicídio. Ver também saúde mental

crise de execuções hipotecárias e, 172

desemprego e, 150, 152, 157-163

gastos com seguridade social e, 41-42, 100, 157-160

Grande Depressão, 29, 33-34

Grande Recessão, 19, 35, 150, 153

impactos da austeridade sobre, 17-19, 75,

122, 124, 14-150, 160-163

privatização rápida e, 60

Thatcher, Margaret, 56, 73

Thomas, Norman, 39

Tray, Dennis de, 71

Tsolakoglou, Georgios, 18

U

United Auto Workers Union, 39

V

Veizis, Apostolos, 127

Violencia

austeridade e, 15, 112

desabrigo e, 172, 178

Viravaidya, Meechai, 78

Virchow, Rudolph, 5

Virgin, 146

W

Wade, Robert, 91, 97

Welch, William, 42

Welding, Larus, 107

Wirjawan, Gita, 84

Wolf, Martin, 27

Works Progress Administration [Agência para o Progresso de Obras Públicas], 39

Este livro foi composto na tipografia
Minion Pro, em corpo 11/15, e impresso
em papel off-white no Sistema Cameron da
Divisão Gráfica da Distribuidora Record.